量表编制：理论与应用

Scale Development:Theory and Applications 3Ed

原书第**3**版

罗伯特·F.德威利斯（Robert F. DeVellis） 著

席仲恩 杜 珏 译

重庆大学出版社

图书在版编目（CIP）数据

量表编制：理论与应用：原书第 3 版/（美）罗伯特·F.德威利斯（Robert F. DeVellis）著；席仲恩，杜珏译.—重庆：重庆大学出版社，2016.10（2024.3 重印）
（万卷方法）
书名原文：Scale Development：Theory and Applications
ISBN 978-7-5689-0172-7

Ⅰ.①量… Ⅱ.①德…②席…③杜… Ⅲ.①社会测量—基本知识 Ⅳ.①C91-03

中国版本图书馆 CIP 数据核字（2016）第 236348 号

量表编制：理论与应用
（原书第 3 版）
罗伯特·F.德威利斯 著
席仲恩 杜 珏 译

责任编辑：林佳木 版式设计：林佳木
责任校对：邬小梅 责任印制：张 策

*

重庆大学出版社出版发行
出版人：陈晓阳
社址：重庆市沙坪坝区大学城西路 21 号
邮编：401331
电话：（023）88617190 88617185（中小学）
传真：（023）88617186 88617166
网址：http://www.cqup.com.cn
邮箱：fxk@cqup.com.cn（营销中心）
全国新华书店经销
重庆华林天美印务有限公司印刷

*

开本：940mm×1360mm 1/32 印张：7.25 字数：209 千
2016 年 10 月第 3 版 2024 年 3 月第 9 次印刷
ISBN 978-7-5689-0172-7 定价：34.00 元

作译者简介

罗伯特·F.德威利斯　美国北卡罗来纳大学教堂山分校公共卫生学院卫生行为和卫生教育系教授,他拥有30多年心理和社会测量方面的实践经验。他是美国国立卫生研究院《患者结局报告测量信息系统》路线图项目的活跃成员。他曾担任美国心理协会第38分会心理卫生分会的理事,曾获得2005年度美国风湿病专业委员会颁发的突出贡献学者奖。此外,他还担任过《关节炎护理与研究》学刊的副主编以及二十几本学术刊物的特约主编、特约副主编、审稿人等。目前,德威利斯博士的研究兴趣有:配偶及其他亲密关系对病情的不良影响,与健康和病情有关的社会变量及行为变量的测量。

席仲恩　博士,重庆邮电大学教授,主要从事心理测验和教育测量研究、翻译理论与翻译教学研究、国际学术论文写作规范与教学研究等工作,有丰富的学术翻译、学术写作及论文润色和修改经验。他对于心理测验和教育测量近期的主要研究兴趣是其中的计量学原理。

杜珏　重庆邮电大学教师,主要从事语言测试和外语教学研究。

前　言

　　自从开始考虑写一本关于量表编制的书,我就为自己设定了这样一个目标:把那些非常复杂的信息,用明了的方式呈现出来,以帮助广大读者理解测量工具的创造、使用及评价背后的逻辑,使读者对于量表的作用机理有所领悟。为了揭去蒙在测量之上的那层神秘面纱,只要有可能,我就联系大家都熟悉的经历去引导对测量概念的理解,弱化对测量的严格数学意义上的理解。我还尝试着把我自己多年在测量工作中的经验体会提炼出来,和大家一块儿分享,其中有些是我的老师和同事传授给我的,有些是自己在长期的测量实践中,从一开始对概念的错误理解中摸索出来的。这本小书的前两版出版之后,受到多个领域工作者的广泛欢迎,我颇感欣慰。我之前的学生们谈到,他们曾在根本没有想到的地方看到了《量表编制》一书,包括美国国家宇航局科学家的桌面上,以及很多远在其他大洲的国家。这本小书之所以如此受欢迎,我想可能是我用的讲述方式浅显易懂,且不需要多少预备知识。这一点,对于那些之前没有多少社会测量经验的读者尤为重要。因此,这一点依然是《量表编制》第 3 版所坚持的。为此,在第 3 版中,我在更新多个议题时,保留了那些在前一版中被证明行之有效的地方,并对其他一些议题做了扩充,增加了一些新的且更加明确的阐明概念的例子。

第 1 章是关于测量的历史渊源。本版对该章做了扩充，新增加了几个历史视角。特别是，增加了关于早期科学家（包括艾萨克·牛顿）如何看待观察结果不一致问题的内容。这个课题就是我们今天称作测量误差的问题。在本章和其他多处，我都明确地指出劳德和诺维克对社会测量学的具体贡献。因为最近，他们合写的那本出版于 1968 年的著作《心理测验分数的统计学理论》，经过几十年的沉睡和短缺，终于变得随处可得。

第 2 章是关于潜变量的介绍。在这一章中，我也增加了新的内容，包括如何考虑环境的方方面面以及受测人对于这些方面做出的反应之间的差别问题。环境和受测人对于环境所做出的反应是两个不同的变量，也是不时被混淆的概念。我还进一步澄清了真分数等价和真分数本质上等价这两个有微妙差别的模型。

第 3 章是关于信度的。我扩展了关于信度问题的背景，即把信度视作观察到的现象所反映出的某个过程的一致性程度。在此宽阔的背景之下，组内相关系数（ICC）就被看作是表达信号与信号加噪音之比的典型方式，从而在概念上把组内相关系数和其他表达信度的具体方式联系了起来，包括克伦巴赫 α 的计算与科恩 κ 系数的计算。在讨论评分者间信度时要用到科恩 κ 系数。尽管在最狭窄的意义上讲，科恩的 κ 系数才与量表信度搭上关系，但是，学生经常不能把关于观察者的信度与关于项目的信度联系起来。我坚信，把这两种概念的信度联系起来，能加深我们在更广泛意义上对信度概念的理解。本章我还讨论了最近学界关于克伦巴赫 α 系数的批评。

第 4 章是关于效度的。在这一章，我增加了一些例子，以便读者更好地理解效度是如何确立的。我还增加了关于在概念上区分标准效度和构念效度以及内容效度和表面效度的内容。此外，我还增加了一些关于相关系数衰减及其对于效度评估影响的讨论。

第 5 章依然是关于量表编制步骤的。这一章，我扩充了关于项目

冗余度的讨论，更清楚地区分了对于给定量表而言的"好"冗余与
"坏"冗余。

在第6章中，我扩充了因素分析的范围，对其中的多个例子做了
广泛修订。这些例子都配了新的图解。我相信，这样会进一步阐明因
素分析中的有关概念，例如因素旋转。我还增加了一部分讨论，讨论
如何用平行分析确定需要保留的因素个数。

我对第7章做了大量的扩展，以更好地反映过去几年业界对于项
目反应理论(IRT)的日益重视。尽管这一章是对项目反应理论的简
介，而不是对它的详细分析，我还是增加了关于如何从众多的 IRT 模
型中进行选择的内容，以及关于解释 IRT 分析图像结果的图示说明。
此外，我还扩展了经典测试理论相对于项目反应理论的作用的讨论，
总结了对这两种理论进行直接比较的研究的结果。

在第8章中，我对现用量表的有关信息进行了更新，并增加了一
些关于《患者结局报告测量信息系统》路线图的信息。这项计划由美
国国立卫生研究院发起，其目标是，建立一套更为系统的测定有关健
康变量的方法。在国立卫生研究院第一轮的工作中，我有幸参与了研
究工作，并主持了社会卫生组的工作。该项目中所研发出的一系列工
具，是健康研究人员的重要资源。因此，我向读者推荐了一些有关量
表详细研究的文献。我还圈点出了部分出自美国国立卫生研究院的
关于测量研究方法的论文，包括一些定性项目评论的方法过程。这
些，对于读者可能会有用处。

总之，《量表编制》第3版更新且扩充了前版的内容，剔除了一小
部分被实践证明不如我预想的那么对读者有帮助的材料，并增加了对
新近出现课题的讨论。我相信，这些变更会使本书更加清晰易读，更
加实用。我希望，你们能同意我的看法。

目　录

1

概 貌

在广阔的社会研究领域,测量至关重要。下面先看几个假设的情境:

1.健康心理学家普遍面临这样一个难题:他所需要的测量工具显然不存在,而他目前的研究正需要一种尺度,以便把个体看医生时的所要和所期(望)区分开来。这位心理学家发现,先前的研究疏忽了对这两个概念的区分,现存的量表对这两个概念的区分又不完全和他的要求一致。尽管他可以编写几个问题来探测所要和所期之间的差别,但他还是担心,用这些"编造"的项目来测量这两个概念,既不够可信,也不够有效。

2.流行病学家正在犹豫接下来的工作该如何做:他正在对一次全国健康调查的大量数据进行二次性分析(secondary analysis),想看一看感知到的心理压力的某些方面和健康状况之间有何关系。尽管在原初的调查表中并没有说明哪些项目旨在测量心理压力,但几个原本旨在测量其他变量的项目看上去可能与心理压力的内容有关。因此,有可能把这些项目汇总在一起,从而构成一个可信、有效的心理压力量表。不过,如果这些汇总在一起的项目构成的是一个糟糕的压力量表,那么研究者就可能据此得出错误的结论。

3.某营销组试图策划一个关于高价婴儿玩具的商业活动,但失败了。焦点小组(focus groups)分析表明,父母的购买决策受此类玩具是否对儿童具有明显的教育意义的影响非常强烈。营销组猜想,对婴儿教育和职业有高期望的父母,受这组新玩具的吸引最大。因此,营销组想根据一个更大的、地理上更分散的父母样本来估计父母的期望值。但其他的焦点小组分析表明，营销组可能很难构造一个足够大的消费者样本。

在以上每个情境中，对具体领域感兴趣的研究人员在研究一开始便都遇上了测量问题。尽管他们谁也不是主要对测量本身感兴趣，但是，他们中的每一位在处理主要的研究目标之前，都必须找到一个能量化特定现象的方法。可是对于每一种情况，"现成的"测量工具要么不合适，要么不存在。几位研究者都认识到，如果他们随便采用某种测量方法，就要冒获得的数据不准确这个风险。因而，似乎唯一的选择就是：自己动手，编制自己的测量工具。

许多社会科学研究者都遇到了类似的难题。对于这类难题常见的反应是：依赖现有的、可能不合适的测量工具，或者假定那些新近编制的"看起来"不错的问卷项目可以用来进行测量。常见的借口是：编制可信、有效测量工具太难，不熟悉测量工具的制作方法，或者无法得到如何编制测量工具的实用指导。为了获得量表编制技能，研究者很可能要么去阅读那些非常艰深、主要为测量学专家编写的资料，要么阅读那些过于笼统不可使用的材料。本书旨在为这类研究人员再多增加一个选择的对象。

测量概述

测量是一个基础性的科学活动。我们通过观察获得关于人、物、事件和过程的知识。要弄清楚这些观察结果，常常需要对它们量化，即要求我们测量那些我们有科学兴趣的事物。测量与其所服务的广泛的科学问题相互作用，二者间的边界并非常常清晰可察。测量过程中，当需要探测或凝练一个新的对象时，或者，当一种量化某个现象的方式可以对认识该现象提供新的启示时，二者间的交互作用就发生了。例如，史密斯、厄普及德维利斯（Smith, Earp & DeVellis, 1995）调查了妇女对受虐的感受。根据理论分析建立的先验模型暗示，受虐的感受有六个不同的侧面。而旨在编制一个测量这些感受的量表的实证工作显示，在受虐和未受虐的妇女中，是一个简单得多的概念贯穿其中,透彻地解释了研究对象为什么对测量所用的 40 个项目中的 37 个作出这样的回答。这一发现暗示,对于研究人员看作是变量复合体的概念,该社区中的妇女感受到的却是一个单一的、广泛的现象。于是,我们在设计关于妇女受虐感受的测量方法的过程中,发现了关于感受结构的新东西。

邓肯(Duncan,1984)认为,测量植根于社会活动,这些活动以及活动中的测量实际上都先于科学,"所有测量……都是社会测量。物理测量也是服务于社会目的的"(p.35)。在论及最早的形式化社会测量时邓肯指出,像投票、人口普查以及工作晋升等,"原本都是为了满足人们的日常需要,绝非仅仅为了满足科学好奇心而进行的实验"(p.106)。他进而指出,同样的例子也"可以从物理学史中拿出:古人在解决社会和实用问题的过程中,成功地实现了对长度(距离)、面积、体积、重量以及时间的测量,物理科学就是建立在这些成就的基础之上的"(p.106)。

不管最初的动机是什么,科学的每一个领域都发展出了自身的一套测量程序。例如,物理学发展出了特定的方法和设备来探测亚原子粒子。在行为科学和社会科学领域,一个专门研究心理和社会现象的测量问题的分支——心理统计方法(psychometrics)发展了起来①。典型的测量程序是问卷调查,所调查的变量是一个更广泛的理论框架的组成部分。

社会科学中的测量史源

几个早期的例子

常识和历史记载都支持邓肯的观点:社会需要使得测量在科学之

---

① 在我国,有些学者把 psychometrics 翻译成"心理计量学",这是错误的,因为,计量学的英语是 metrology。目前,英语词汇中还没有和汉语"心理计量学"相对应的术语,就算通过类比创造一个英语新词的话,也应该是 psychometrology,而不是 psychometrics。在社会(包括心理)测量领域至今还未谈计量,因为一谈到计量,必然涉及量的单位及量纲问题,没有单位,量的值是无法表示的。至今,社会测量领域还没有设计出自己的基本单位(如米、千克、秒),更不用说导出单位(如牛、伏特)了。——译者按

前就得以出现。毫无疑问，自史前以来，有些测量形式一直是我们人类技能中的一个部分。最早的人类必须对物体、财产以及对手作出评量，评量的基础通常是像大小这样的特性。邓肯（Duncan, 1984）引用圣经上的记载说明了早期人类对测量的关注程度（例如，"缺两上帝憎，足斤上帝悦"。《旧约·箴言》，第11节第1句），并指出，亚里士多德的著述中提到了专司度量衡的官员。阿纳斯塔西（Anastasi, 1968）指出，古希腊时所使用的苏格拉底式探究理解的方法，在某种程度上可以看作是知识测验。迪布瓦博士（P. H. DuBois）在他1964年的论文中记述到，早在公元前2200年，中国就有了"公务员"测验（Barnette, 1976）。赖特（Wright, 1999）也举了其他一些关于古代准确测量的重要例子，包括"七度（weight of seven）"这种七世纪的穆斯林征税原则。他还指出，有人把法国革命爆发的部分原因和农民受够了当时不公正的度量衡制度联系了起来。

测量结果中可能包含误差且可以通过一定的做法来缩小误差的思想是一个更加晚近的洞见。布赫瓦尔德（Buchwald, 2006）在其关于测量结果偏差及其对知识的影响的评论中指出，在1660年代后几年和1670年代头几年，还是二十几岁的艾萨克·牛顿就显然首次使用了平均多次观测结果的方法。牛顿的目的是，在自己关于天文现象的观察值存在差异时，用各次观测结果的平均值代表观测结果，以得到一个更为准确的测量结果。有趣的是，牛顿在其原初报告中并没有记述自己使用平均值这一做法，而且一直隐瞒了几十年。这一隐瞒，与其说是学术诚信问题，不如说是当年人们对于误差及其在测量中作用理解的局限问题。在评论另一位近代天文学家隐瞒自己观测结果的偏差时，艾尔德（Alder, 2002）指出，即使到了1700年代后期，隐瞒观测结果偏差这一做法"不仅普遍，而且被看作是智者的特权；而误差却被看作是道德的欠失"（P. 301）。同样，布赫瓦尔德（Buchwald, 2006）也指出：

> ［17世纪和18世纪科学家的］流行做法是，观测结果的差异不被看作是测量过程本身的不可避免的伴随品，而是工作的失败或技艺的不足；测量中的误差与测量中的任何错误行为，其潜在

的威胁并无多大的差别：它可能引起一些道德上的恶果，因此，必须妥当处理。(P. 566)

在 1600 年代晚期和 1700 年代早期，需要对自然现象进行系统观测的科学家当中不仅有天文学家，还有其他方面的。1660 年代，在根据英格兰罕不什尔郡的洗礼及葬礼记录编制当地的出生率和死亡率时，约翰·格朗特(John Graunt)就使用了平均值(这种方法现在已不常用)来总结自己的发现。根据布赫瓦尔德(Buchwald, 2006)的记述，格朗特使用平均值的动机，是要捕获住那瞬息可变的"真"值。当时他的想法是，出生率与死亡率之比遵循某种自然法则，但是，那些发生在任何一个年度的不可预测事件可能会掩盖那一基本事实。这种关于观察是通往自然真理的有缺陷窗口的观点间接表明，当时人们对于测量的看法已经变得越来越成熟：除了观察者的局限之外，其他因素也可能败坏经验信息；因此，对观测值的适当调整处理，可能会更准确地反映出所感兴趣自然现象的真实情况。

尽管有这些早期的洞见卓识，但只是在牛顿首次使用平均值一个世纪之后，科学家才开始广泛地认识到，凡测量皆有误差，平均值能使该误差降到最小(Buchwald, 2006)。根据物理学家及科普作家蒙洛迪诺(Mlodinow, 2008)记述，在 18 世纪后期和 19 世纪早期，天文学和物理学的发展，迫使当时的科学家更加系统地对待随机误差问题，因此也导致了数理统计学科的诞生。到了 1777 年时，丹尼尔·伯努利(更著名的雅克布·伯努利的侄子)对天文观测结果的分布和射箭飞行轨迹的分布进行了对比，发现两者都是围绕着某个中心分布，距中心越近分布的密度越大，距中心越远分布的结果越稀少。尽管关于该观察结果的理论处理在某些方面是错误的，但它标志着对测量误差进行形式分析的开始(Mlodinow, 2008)。布赫瓦尔德(Buchwald, 2006)指出，18 世纪的这种对于测量误差的解读，存在一个基本缺陷。那就是，未能区分随机误差和系统误差。直到 19 世纪初，人们才更深刻地理解了随机性问题。随着人们对随机性理解的加深，测量也有了长足的进展。随着测量的发展，科学也向前迈进了一步。

统计方法的出现和智力测验的作用

农纳利(Nunnally, 1978)支持这样的观点:对于随机性、概率以及统计学的更加深入的了解,是测量学得以繁荣的必要条件。农纳利指出,尽管系统的观察方法一直在进行,但由于没有可用的统计方法,关于人类能力测量的科学直到19世纪下半叶才得以出现。达尔文在进化论方面的工作以及他对物种间系统变异的观察和测量,使得适当统计方法的发展在19世纪终于启动。他的堂弟高尔顿男爵(Sir Francis Galton)把对差异的系统观察扩展到了人类——高尔顿主要关注的是解剖特质和智力特质的遗传问题。被誉为"统计学奠基人"(例如,Allen & Yen,1979, p.3)的卡尔·皮尔逊(Karl Pearson)是高尔顿的一个晚辈同事,他发展出了能系统考量变量间关系的数学方法,其中包括以他的名字命名的积矩相关系数。于是,科学家便能够量化可测特性间相互关系的程度。查尔斯·斯皮尔曼(Charles Spearman)继承前辈的研究传统,为20世纪初因素分析的发展和普及奠定了基础。值得一提的是,许多形式化测验的早期贡献者(其中包括20世纪初在法国发展出智力测验的阿尔弗雷德·比纳〔Alfred Binet〕)都对智力测验很感兴趣。因此,许多早期心理统计方法方面的成果都应用到了"智力测验"中。

心理物理学的作用

现代测量学的另一个历史根源是心理物理学。正如我们前面看到的那样,在天文学和物理科学之中,测量问题普遍存在,因此也受到艾萨克·牛顿爵士的关注(Buchwald,2006)。心理物理学存在于物理学和心理学的结合部,因此它关注的问题是刺激的物理属性以及刺激是如何被人类感知的。把物理学的测量程序应用于感觉研究的尝试,引起了关于测量本质的长期争论。纳仁思和卢斯(Narens & Luce,1986)总结这段争论时指出:19世纪晚期赫尔姆霍茨(Hermann von Helmholtz)发现,像长度和质量这样的物理属性具有和正实数一样的内部数学结构。例如,时间或长度可以和普通数一样进行排序和相加。20世纪早期,争论还在继续。英国科学促进会委员会(The

Commission of the British Association for Advancement of Science）认为，心理变量的基本测量还没有可能，因为在对感官知觉结果排序或相加时要遇到其固有的问题。斯蒂文斯（S. Smith Stevens）辩解道，适用于长度或质量这类量的严格可加性并不是必要的，并指出，个体可以对声音强度作出较为一致的比率性判断（例如，人可以判断一个声音的大小是另一个声音大小的两倍或一半），而这种比率属性使得来自这些测量中的数据可以进行数学运算。斯蒂文斯还把测量结果分为定类（nominal）、定序（ordinal）、定距（interval）和定比（ratio）这几个水平。他还指出，响度判断结果符合定比量的要求（Duncan, 1984）。大约就在斯蒂文斯为心理物理性质量化的合法性辩护的同时，瑟斯顿（Louis L. Thurstone）却在发展因素分析的数学基础（Nunnally, 1978）。瑟斯顿的兴趣横跨心理物理学和智力学科两个领域。根据邓肯（Duncan, 1984）的说法，斯蒂文斯认为，瑟斯顿应用心理物理方法对社会刺激进行了量化。可见，瑟斯顿的工作代表了两个不同历史渊源的心理学分支的汇合。

测量的后继发展

基本概念的演进

　　尽管斯蒂文斯在社会测量史上影响很大，但他提出的一系列测量学概念绝不是定论。他把测量定义为"根据规则对物体或事件赋数"（Duncan, 1984）①。邓肯（Duncan, 1984）向这一定义提出了挑战，他认为，斯蒂文斯对测量的定义犹如

　　　　把弹钢琴定义为根据一定模式敲击乐器的键盘"一样不够完备"，测量不单单是赋数等，它还是按照物体或事件的质（quality）……或属性（property）的不同度进行赋数。（p.126）

---

① 斯蒂文斯对测量的定义几乎成了社会测量学中的公认定义，但需要指出的是，这个定义和计量学中的定义差别很大。国际计量部门对测量的规范定义是：测量是一个通过实验对量的值进行确定的过程。——译者按

纳仁思和卢斯(Narens & Luce,1986)也指出了斯蒂文斯关于测量概念的局限,并提出了许多改进意见。尽管如此,他们都强调了斯蒂文斯的基本观点:在英国科学促进会委员会认定的测量模型之外,还存在其他的模型,而这些其他模型,使得测量方法不仅运用到物理科学,也运用到了非物理科学。这些对量数(measures)基本属性的讨论,在本质上确立了社会科学领域中诸测量程序的科学合法性。

智力测验的演进

尽管"智力测验"(现在通常叫"能力测验")一直以来都是心理统计方法领域中颇具活力的部分,但它并不是本书的主要讨论对象。虽然如此,由于智力测验对心理测量理论和方法做出了重大贡献,我在这里还是要向大家介绍一本心理统计学的书,这本书的名字是《心理测验分数的统计学理论》,于1968年首次出版,由劳德和诺维克编写,最近又再版发行(Lord & Norvick,2008)。这本书是美国教育考试服务中心心理统计研究小组的集体智慧。该书对到当时为止的智力测验做了非常全面的总结,也对现在我们称作项目反应理论的测验方法第一次做了颇令人信服的介绍。项目反应理论对于整个智力测验领域都特别适用。如果测量的目标是能力之外的其他特征,那么,心理统计方法领域中的许多新进展(包括项目反应理论)就不那么常用,也不那么容易应用。几十年过去了,新方法在能力测验之外的可用性已经变得更加显而易见,因此,我将在本书的后半部分,用专门的一章简单介绍项目反应理论。本书中我还是重点讨论"经典"测量方法,因为,这些方法在能力之外的心理和社会现象的测量中基本占据着统治地位,也更容易被非测量专家掌握,且能产生非常好的测量结果。

心理统计方法领域的扩展

邓肯(Duncan,1984)指出,心理统计方法在社会科学中的影响,已经超越了最初的感觉测量和智力测量领域。现在,它已经成为一种独立的方法论范式。邓肯用三个例子来支持他的观点:(1)心理统计方法中对信度和效度的定义被广泛使用;(2)因素分析在社会科学研究中备受欢迎;(3)采用心理统计方法编制的量表所测量的变量的范围已经远远超过了它最初所关注的那几种(p.203)。在以后的章节中,我们将一一讨论心理统计方法中的概念和方法在各种心理和社会现象测量中的应用问题。

测量在社会科学中的作用

理论与测量的关系

在社会科学中,我们试图测量的现象常常由理论衍生。因此,在构建测量问题的过程中,理论扮演了一个很重要的角色。事实上,劳德和诺维克(Lord & Norvick, 2008)非常看重理论问题在测量理论发展中的作用。理论家关心的是所感兴趣的构念与其指标量之间相关关系的估计问题。由于指标量的测量结果包含有误差,所以,所得到的相关系数低估了构念与其指标量之间的真实相关关系。为了矫正由于误差而导致的关系衰减,于是就发展出了心理测量理论这一独特的研究领域(p. 69)。当然,科学中的很多领域都有测量理论衍生出的东西——在亚原子微粒被测量确认之前,它仅仅是一个理论构念。不过,心理学与其他社会科学中的理论和物理科学中的理论很不相同。在社会科学中,科学家倾向于依赖大量的只关于狭小范围内现象的理论模型;在物理科学中,科学家使用的理论较少,但理论适用的范围却很广。例如,费斯廷格(Festinger,1954)的社会比较理论就只关注人类经验中一个相当狭小的范围,即人们通过与他人比较来评价自己的观点或能力的方式。相比之下,物理学家不断努力,试图建立一个大统一的场理论,这个理论可以在一个框架中囊括自然界所有的基本力。此外,社会科学不像物理科学那么成熟,因而,理论演进很快。待测现象无形无色、难以捉摸,而且衍生于多个变化不定的理论,这种测量向社会科学研究者提出了严峻的挑战。在这种学科背景下,高度关注测量程序,并全面认识它们的优缺点,就尤为重要。

研究者对所关注的现象、假设中建构的抽象关系以及可用的定量工具了解得越多,就越具备去编制可信、有效、可用的量表的条件。其中,对具体现象的细节的了解,可能最为重要。例如,社会比较理论有许多侧面,每个侧面蕴涵着不同的测量策略。甲研究问题可能要求把社会比较操作化地定义为:关于较高或较低他人信息的相对参照标准;乙研究问题则可能要求把社会比较操作化地定义为:多维度自我评定所参照的"典型人"。不同的量度从不同的侧面刻画同一现象(如"社会比较"),可能导致测量结果的不一致(DeVellis, et al., 1991)。尽管给变量冠以相同的名称,但所评估的却是几个本质上不同的变量。因此,编制一个最适合于具体研究问题的量表,需要理解理论的微妙之处。

不同的变量要求不同的评估策略。例如,从储罐中取出硬币,其值可以直接观察到。然而,社会和行为科学家感兴趣的绝大多数变量,其值是不能直接观察到的。信念、动机状态、期望、需求、情感以及社会角色觉察等,不过是众多其值不能直接观察的变量中的几个例子。有些不能直接观察的变量的值,也不能通过问卷调查确定,需要运用其他研究程序。例如,认知研究人员虽然不能直接观察个体怎样在其自我图式中构建性别信息,但他们可以通过回忆程序(recall procedures)推断出个体在思想上是怎样构建自我和性别的。不过在许多情况下,只能用纸笔测试评估社会科学变量,其他方法既不可能,也不实际。当我们关注的测量对象是理论构念时,情形虽不总是这样,但常常是这样。因此,一个对测量雌雄同体感兴趣的研究者可能会发现,用一套精心编制的问卷测量,要比用其他方法容易得多。

理论量度与非理论量度

至此,我们应该承认,本书的重点虽然在理论构念的测量方面,但并非所有的纸笔测试都需要理论构念,如性别和年龄就不需要理论构念。这两个变量可以成为理论模型的组成部分,也可用来描述被试,具体如何使用要取决于具体的研究问题。医院通过让病人以纸笔形式回答一系列问题来了解其饮食偏好的做法,就没有理论基础。有些情况下,研究可能以非理论始,但却以形成理论终。例如,市场研究者可能先让父母列一张他们给孩子买的玩具类型的清单,随后,该研究者可能会探究这些清单中的关系。根据所发现的消费模式,研究者会发展出一个消费行为模型。其他的相对非理论测量的例子就是各种各样的民意调查。例如,询问人们使用哪种品牌的香皂,或者,准备投哪个候选人的票,这类问题很少用来探索深层的理论构念。因为,研究者所关注的只是反应本身,而不是反应有可能折射出的其他特性。

有时,很难区分理论测量情境和非理论测量情境。例如,欲通过探寻投票者对总统候选人的偏爱来预测选举结果,就会要求调查对象报告各自行为的意向。调查者可能要问调查对象在投票决策过程中怎样做到不从个人利益出发,但目的只是预测最后的投票结果。但如果问同一些问题的背景是探究对特定问题的态度如何影响投票人的投票偏向时,那么研究深层就很可能有一个精当的理论在支撑。在这种情况下,有关投票的信息并不是为了揭示投票人将会投谁的票,而是为了探明个体的有关特征。在上述两个例子中,量度与理论有关与否,完全取决于研究人员的意图,而不是所用的程序。对如何编制非理论构念用途的问卷感兴趣的读者,可参考下面的著作:肯维斯及普莱斯(Converse & Presser, 1986)、查迦及布莱尔(Czaja & Blair, 1996)、迪尔曼(Dillman, 2007)、芬克(Fink, 1995)、福勒(Fowler, 2009)以及韦斯伯格、克劳里克及博文(Weisberg, Krosnick & Bowen, 1996)。

量　表

所谓量表,就是这样一种测量工具,它由多个项目构成,形成一个复合分数,旨在揭示不易用直接方法测量的理论变量的水平。有时,根据理论知识我们推断某些现象是存在的,而且我们想测量这些现象,但无法直接进行,这时,我们就需要编制量表[①]。例如,我们可能会用抑郁或焦虑来解释所观察到的行为。绝大多数的理论家都认为,抑郁或焦虑并不等同于我们所观察到的行为,但潜伏在这些行为的背后。我们的理论暗示,这些现象存在并影响着行为,但却无形。有时,通过它们引发的行为来推测其存在也可能是合适的。然而,在其他情况下,我们可能没有办法得到关于行为的信息(譬如只能用邮寄方式

---

① 这里的论述不够严谨。为了严谨,还须在"这时"之前再加上条件"也没有其他现成的量表可用"。——译者按

调查时),也不肯定如何解释手头的行为样本(譬如在遭遇某一事件时,绝大多数人都反应强烈,而某个人却不动声色),或者,我们可能不愿意假定行为与其背后的构念同构(譬如我们怀疑哭是因为高兴而不是因为悲伤)。在我们不能把行为当作现象的表示来解释的情况下,采用一个精心编制、严格效验过的量表进行测量也许会非常有用。

即使对于从理论中衍生出的变量,也存在一个隐连续统(implicit continuum),一端是相对具体的可观测现象,另一端是相对抽象的不可观测现象。并不是所有的现象都要用由多个项目组成的量表来测量,年龄和性别就是两个例子:它们确实和许多理论有关,但却不需要用多项目量表来精确测量。多数情况下,这些变量都是和具体的、相对清楚的性质(如形态)或事件(出生日期)关联的。除特殊情况(如神经受损)外,调查对象是不会不知道自己的年龄和性别的。这类问题,他们可以高度精确地回答。相比之下,种族倒是一个较为复杂和抽象的变量。典型情况下,它是体貌、文化和历史因素的综合,因此比性别或年龄要更无形,更像一个社会构念。定义一个人的种族固然复杂、费时,但是,绝大多数人都能自我定义,稍加思索便能报告自己的种族。因此,在大多数情况下,一个变量就足以确定种族。不过,许多其他的理论变量都需要被试对一些不太容易得到的信息进行重建、解释、判断、比较或者评价。例如,问已婚的人如果选择不同的配偶他们的生活会有怎样的不同。这样的问题回答起来就得费一番脑筋,而且一个项目可能涵盖不了所关注现象的复杂内容。对于这种情况,量表也许是最合适的测量工具。多项目可能会抓住此类变量的本质,达到单项目所不能达到的精确程度。就是这种不能直接观测又需要被试思考的变量,最适合用量表评估。

也应该把量表和其他获取复合分数的多项目量度加以对照。不同多项目量度之间的差别,无论是对于理论,还是对于实践,都非常重要。关于这些,在后面的章节里我们会加以揭示。在本书中,"量表"包含了伯伦(Bollen,1989:64-65;也可参见 Loehlin,1998:200-202)所谓的"效果指示(effect indicators)"——由潜伏构念(下章中称作"潜变量")引起的项目值。抑郁感的量度通常和量表的性征一致,因为对每个项目的反应都有一个共同的因,即作答者的情感状态。因此,一个人对诸如"我感到很悲伤"和"我的生活很乏味"这类问题的答法，很可能主要取决于他当时的感觉。我将用指标（index）来描述作为"原因指示（cause indicators）"的项目集，即那些确定构念水平的项目。例如，总统候选人的魅力，就可能是一个符合指标性征的量度。项目可能会估量候选人的住址、家庭大小、体貌吸引度、激励竞选工作人员的能力以及可能的经济资源。尽管这些性征可能没有共同的因，但它们可能有共同的果——增加总统竞选成功的可能性。对有可能汇集在一起产生复合分数的项目集团，有一个更一般性的名称——应急变量（emergent variable，例如，Cohen，Teresi，Marchi & Velez，1990）①，这类变量包括所有可以汇集在一起的共享某个性征、可以用一个类别名称概括的项目单位。把性征组成团未必隐含某种因果联系。例如，把以少于 5 个字母的单词开头的英语句子归在一起就很容易，尽管它们之间既没有共同的因，也没有共同的果。应急变量的"突然出现"仅仅是因为在研究过程中某人或某事（如数据分析程序）发现了项目间的某种相似性。

量表并非个个造来平等

遗憾的是，并非所有的量表都是精心编制的。许多量表，说是"拼凑"的可能比"编制"的更为合适。研究者往往把一些自以为能组成合适量表的项目凑在一起，而并不考虑这些项目是否有共同的因（因此构成一个量表）或共同的果（因此构成一个指标），或者只是共享了一个上位类别。同一上位类别并不意味着所有项目要么有共同的因，要么是共同的果（因此构成一个应急变量）。

在量表编制过程中，研究者不仅可能没有利用理论，也可能因为错误地解释了量表的所测而得出一个关于理论的错误结论。一个不幸且令人痛苦的问题是，研究者经常贸然得出某构念不重要、某理论不自恰之类的结论。而其实，只是他们所用的量表并不能反映他们所

---

① 这是一个事先没有设定的变量，只是把量表中的几个项目组合起来另外产生一个分数时才出现。由于临时决定把几个项目组合起来产生另外一个分数是为了应研究中的紧急需要，因此译作"应急变量"。——译者按

研究的变量。这种事为什么会发生呢？因为在研究中,人们很少直接检查变量之间的关系。如前所述,很多备受关注的变量并不能直接被观测,这一点,太容易被忘掉了。通常,人们评估替代物(例如诸量表)间的关系,并用这些替代物代表所关注的变量。但是,可观测的替代物和不可观测的变量很容易混淆。例如,乍一想,像血压和体温之类的变量是可以直接观测的,而事实上,我们观测到的是替代物水银柱。我们得出关于变量的结论时假定,可观测的替代物与它们所代表的隐藏变量密切关联。正如温度计这个例子,我们把温度计的水银柱高度说成了"温度",尽管严格地说,它只是温度(即热能)的一种可视化表现。温度和水银柱高度密切对应,这种情况下,用测量结果(水银柱的示值)指称变量(热能)几乎不会引起什么问题。但当变量与其指标之间的关系比温度与水银柱高度之间的关系弱得多时,混淆现象和现象的量度,就会得出错误的结论。考虑一个假设情形:某研究者希望对一组现存数据进行二次分析,假定这位研究者关注的是社会支持在后来职业成就上的作用。研究者发现,数据集中包含了许多关于被试在相当一段时间的职业和婚姻状况信息。事实上,在不同时间收集的关于几个项目的信息都与婚姻状况有关。再深一步假定,在没有可供评估社会支持之用的更详尽数据的情况下,研究者决定,把几个关于婚姻状况的项目合成一个量表,作为社会支持的量度。社会科学家大多认为,把社会支持和婚姻状况等同起来是没有道理的。因为,婚姻状况一则没有包括社会支持的很多重要方面(如对所受支持品质的觉察);二则包括了一些潜在的无关因素(如测量时作为孩子和作为成人)。如果研究者在运用该评估方法的基础上贸然地得出社会支持在职业成就中不起作用的结论,则该结论就很可能是完全错误的。事实上比较的只是职业成就和婚姻状况,仅当婚姻状况真正表示社会支持的水平时,所得结论才有效。

劣质测量的代价

如果一套劣质量具是唯一可用量具的话,使用这个量具的代价可能要比得到的好处更大。为了避免灾难性结果需要立即作出决策,为了决策就不得不凑合使用手头的"最佳"量具,这种情况在社会科学中非常罕见。即使在这种罕见的情况下，使用劣质量表的固有问题也没有消失。用不能评估所需评估对象的量具进行评估，这会导致错误的结论。这是否就意味着，我们只能使用那些经过精心编制且经过广泛效验的测量工具？不是。对于有些情境，使用不尽如人意的量具测量比不测量要好得多。我们应该认识到，在测量程序有缺陷时，我们要对结论作相应的调整。

研究者常常认为，研究的问题是主要的，测量是次要的，所以他们在测量上面尽量省事。可是，良好的测量结果是有效研究的必要条件。因此，研究者应该力争使他们感兴趣的理论构念与测量的操作化方法在本质上等同。劣质的测量结果是结论有效性的极限。对于一个尽可能重视学科问题而尽可能不重视测量本身问题的研究者来说，最合适的策略莫过于一开始就尽可能使测量结果准确无误，以便之后放心地去关注学科问题。

为了降低被试的负担，研究者可能会使用过分简短的量表。然而选择一份欠可信的问卷，无论被试如何喜欢它的简短，都是一个不好的主意：一半被试做一份可信问卷所能产生的信息，比全部被试做一份欠可信问卷所能产生的信息还多。如果不能确定数据的含义，所收集的数据就是无关数据。因此，让被试完成能产生有效数据的较长问卷是对他们时间和精力的有益利用，而让被试完成"便捷"但不能产生有意义数据的问卷是对他们时间和精力的浪费。

小结与预览

本章强调，测量是一切科学分支中的基本活动，其中包括行为科学和社会科学。作为社会科学中一个专司社会及心理现象测量问题的心理统计方法，心理测量学的历史可以溯至远古。在社会科学中，理论在量表编制中起着至关重要的作用。量表就是一组反映潜伏理论变量水平的项目。然而，并非任何一组项目都是这个意义上的量表。编制量表要比随便把几道题拼凑在一起复杂得多。使用"不正式"量度，其弊远大于利。在后面的章节中，我们将详细讨论量表编制的理论和方法;第 2 章(是后面各章的理论基础)探讨"潜变量",即量表试图量化的潜在构念;第 3 章论述信度的概念基础和信度系数背后的逻辑;第 4 章讨论效度;第 5 章是量表编制的具体步骤;第 6 章介绍因素分析的概念,讨论因素分析在量表编制中的作用;第 7 章对量表编制方法之一的项目反应理论作概念性的介绍;第 8 章简论量表怎样和研究过程配合。

2

解读潜变量

本章呈献一个概念框架，以帮助理解构念与构念的量度之间的关系。该框架绝非唯一的概念框架，我们将在第 7 章中探讨的项目反应理论是又一个概念框架。经典理论概念简单、计算方便、应用广泛，因此，是我们讨论的重点。经典测量模型假定，对于显示潜伏构念，每一个项目都是等价的。

构念及其量度

一般情况下，研究者关注的是构念，而不是项目或量表本身。例如，一个测量父母对孩子期望的研究，更为关注的是父母的情感以及父母对孩子将来成就所抱的希望这类无形的东西，而不是父母对问卷项目的答法。然而，在很多情况下，记录被试对问卷的回答是估量这些情感与期望的最好方法。通常，问卷中的项目不过是手段，对构念的估量才是目的。换句话说，项目是必要的，因为很多构念无法直接估量。在某种意义上，量度只是诸多不可直接观测变量的替代①。通过估量诸量数之间的关系，我们可以对构念之间的关系作出推断。例如，在图 2.1 中，虽然我们主要关注的是变量 A 和变量 B 之间的关系，

---

① 替代物通常是可以直接观测的，而且，替代物的测量是潜变量得以测量的基础。在社会测量中，这一原则显然被忽略了。于是，在没有实现替代物测量的条件下就急于探索潜变量的测量，项目反应理论就是一个典型的例子。——译者按

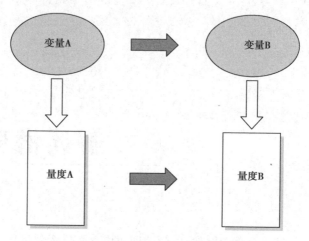

图 2.1　只有当每一个量度与其潜变量对应时,
量具之间的关系才与潜变量之间的关系对应

但事实上,我们只是在 A、B 替代物之间关系的基础上,来估计两变量之间的关系。

　　通常,潜变量就是量表欲反映的潜伏现象或构念。那么,潜变量确切指的是什么呢? 潜变量有两个主要特征(兹以前文提到的父母对孩子成就的期望为例,对两个特征加以说明):首先,它是潜在的,而不是显现的——父母对孩子成就的期望是直接观察不到的;其次,构念是可变的,而不是恒常的,即它的某些方面(例如强度或大小)在变化。父母对孩子成就的期望可能会随时(如婴幼儿期与青少年期)、随地(如在运动场与在教室)、随人(如具有不同背景和职业的父母)、随这些因素的组合以及这些因素和其他因素的组合而变化。潜变量才是真正被关注的现象。在该例中,潜变量就是对孩子成就的期望。

　　另外一个值得注意的方面是,潜伏变量是作为数据源泉的个体的典型特征。在我们正在讨论的这个例子中,父母对孩子的期望是父母亲的特征,而不是孩子的特征。因此,我们要通过在父母亲身上采集关于父母亲信念的数据来评估父母对孩子的期望。也许有些情况下,代理报告(proxy reporting,例如让父母报告一些关于孩子的事情)是合适的,但一般情况下,我们还是要询问受测者本人以获得关于他们自己的信息。不然的话(例如让父母描述自己孩子的期望),解读结果的信息时就要更加小心。在这个假想的例子中,把潜变量描述成"父母觉察到的孩子的期望"比"孩子自身的期望"也许更加准确。同样,如果我们让一组顾客来评价一家商场的特性,那么,我们所评估的是顾客对商场的感觉,而不是商场自身的特性(对此,通过直接观察的方法来评估也许更容易)。把对于反映人关于外部刺激感觉(例如对商场的感觉)的评估与对于外部刺激本身(商场自身)的评估区分开来是否重要,要取决于具体的评估目的。然而,无论如何,注意这一区分,并对最终数据做出适当的解读,这些始终是很重要的。虽然我们无法直接观察潜变量或者量化它,但我们假定,在特定条件下,潜变量会取一定的值。为测量潜变量而编制的量表,旨在估计潜变量在测量的当时和当地的实际大小,这个无法通过观察得到的"实际大小"叫真分数①。

作为项目得分假设原因的潜变量

潜变量这个概念,隐含着在变量和用来探测它的项目之间存在着某种关系。潜变量被认为是项目得分的因,也就是说,潜变量的强度或数量(即它的真值②)可能致使被试在某个项目(或项目组)上得某个分。

为了强调这一点,还是举个例子。下面是几个假设的用来估量父母对孩子成就期望的项目:

1.孩子的成绩决定着我自己的成功。

2.我几乎愿意做任何事情以确保孩子的成功。

3.如果有助于我的孩子取得成功,再大的牺牲都不为过。

4.对我而言,没有任何事情比孩子的成就更重要。

如果让父母表示他们在多大程度上赞同以上每一个项目,那么对自己孩子成就的潜在期望便会影响到他们对以上项目的反应。换句

---

① 严格地说,这里的"真分数"应该称作"潜变量的真值"。——译者按

② 真值和真分数等价。在自然科学和工程技术中,常用"真值",在社会测量中,多用"真分数"。——译者按

话说,每一个项目都显示了潜变量的强度,即对孩子成就的期望的强度。每个项目上的得分,都是由那个人在那个特定时间的特定潜变量的强度或数量决定的。

潜变量与其量度之间的关系,隐含着某种经验性关系。例如,如果一个项目值是由某潜变量造成的,那么,这个值与这个潜变量真值之间就应该严格相关。由于每个指标都与潜变量相关,因此,各个指标之间也相互相关。因为不能获得两者的真值,所以我们就不能计算潜变量与项目之间的相关关系。然而,当我们考察可能由同一潜变量引起的一组项目反应时,我们便可能考察项目间的关系。因此,如果有几个像以上测量父母对孩子的成就期望那样的项目,我们就可以直接看一看项目之间是如何相关的,并且根据项目间相关的信息,推断每个项目与潜变量间的相关情况。稍后,我将阐述所有这些是如何从项目之间的相关得到的。首先介绍一些图示方法,以便把问题解释得更清楚些。

路径图

这里,只介绍与量表编制有关的内容。对于路径图更深入的探讨,请参阅阿希尔(Asher,1983)和洛林(Loehlin,1998)的研究。

图示约定

"路径图"是一种用图来表示变量间因果关系的方法。路径图能够用于路径分析这种数据分析方法之中,不过,它还有一个更为广泛的用途,就是揭示一组变量之间的相互关系。为了不引起混乱,路径图就要有一些约定:从一个变量标签指向另一个变量标签的单纯箭头,表示这两个变量有因果关系,其中箭头所指向的变量是果。因此,$X \to Y$ 清楚地表示出,X 是 Y 的因。通常,路径名用变量标签表示,如图 2.2 中的字母"a"。

$$X \xrightarrow{\quad a \quad} Y$$

图 2.2　X 到 Y 的因果路径 a

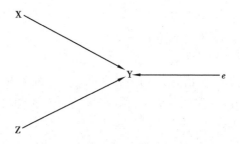

图 2.3 两个变量与误差一起决定 Y

变量间没有箭头的确切含义是,这两个变量之间没有关系。因此,A→B→C D→E 表明,A 是 B 的因,B 是 C 的因, C 和 D 之间没有关系,D 是 E 的因。关于路径图的另一个约定是表示"误差"的方法。在路径图中,误差通常被表示为额外的因。这个误差项指的是"残差",它表示图中所有未能被明确标出的因所解释的变异的因(见图2.3)。

由于误差项是残差,所以它代表 Y 的实际值和预测值之间的偏差。在本例中,我们根据有关 X 和 Z 的信息来预测 Y 的值。有时候,误差项被假定存在,但没有在路径图中标出来(见图 2.4)。

量表编制过程中的路径图

路径图既能帮助我们清楚地看出项目与潜变量间的因果关系,也能帮助我们理解项目间的某些关系是如何暗示着项目与潜变量之间的关系的。我们从路径图的简单计算规则开始(见图2.4)。

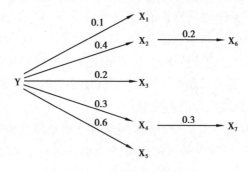

图 2.4 带路径系数的路径图,
可以用来计算变量间的相关程度

路径上的数字是标准路径系数,每一个数字表示箭头所联结变量间的因果关系的强度。系数是标准化后的,也就是说,所有的因果关系强度都在同一个尺度上。在图 2.4 中,Y 是 X_1 到 X_5 的因。路径系数之间的数量关系和诸 X 之间的相关关系(在量表编制路径图中,这种关系就是项目之间的关系)是很有用的。对于像图 2.4 所示的关系,即多个果共享一个共同的因(图中的 Y),任何两个 X 之间的相关系数值等于 Y 与两个 X 变量路径系数之积。例如,X_1 和 X_5 之间的相关系数就可以通过 Y 和 X_1 与 Y 和 X_5 的标准路径系数来计算,即,$r_{1,5} = 0.6 \times 0.1 = 0.06$。尽管联结变量 X_6 和 X_7 的路径要长一些,但它们也共享 Y,所以规则仍然适用。由 X_7 开始,我们可以返回到 Y,再往前走到 X_6;或者,我们也可以反过来从 X_6 走到 X_7。由于 $0.3 \times 0.3 \times 0.4 \times 0.2 = 0.007\,2$,所以,$r_{6,7} = 0.007\,2$。

路径系数和相关系数之间的这种关系,为我们估计潜变量和它所影响的项目之间的路径提供了一个基础。虽然潜变量是假设性的,是不可观测的[①],但项目是实实在在的,它们之间的关系也是可以直接计算的。通过这种关系,运用前面所述的简单规则,再加上关于项目与真分数之间关系的一些假定,我们就可以得到项目和它的潜变量之间的路径估计。我们可以从变量间的相关开始,然后,用根据路径与相关之间关系倒过来计算的方法,在假设假定是正确的前提下,确定特定路径的值。

让我们来看图 2.5 中的例子。这幅图与先前所讨论的图相似,但在以下几个方面不同:无路径值,去除了变量 X_6 和 X_7,剩下的 X 变量代表量表上的项目,每个项目还受一个误差变量 e 的影响。这些 e 变量对每个项目的影响是独特的,代表不能由 Y 解释的残差的变异。这幅图表明,所有的项目除受 Y 的影响外,还受一组独特变量的影响,这组独特变量统统被当作误差处理。

显然,这幅图是图 2.4 的修改,它表明 5 个单项目是如何与一个潜变量 Y 联系的。e 和 X 的下标表明,5 个项目各不相同,相应的 5 个误

---

① 原文的意思是"不可测量的",这显然是错误的,因为很多潜变量(血压、温度、电流)都是可测量的,而且是可直接测量的。——译者按

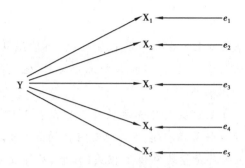

图 2.5　带误差项的路径图

差源也各不相同。图中没有直接联结不同 X 的箭头，也没有直接联结不同 e 以及 e 和其他 X 的箭头。所有这些，都是我们后面要讨论的假定。

　　假如这是 5 个已由一组被试做过的真实项目，我们就会得到这些项目的分数，并能计算它们之间的相关。根据前面讨论过的规则，我们便能由路径系数计算相关系数。如果再加上一些假定，我们就可以由相关系数来计算路径系数，即根据真实项目计算出的相关系数，可以确定每个项目是如何与潜变量联系着的。例如，如果 X_1 和 X_4 的相关系数是 0.49，那么我们就可以知道，从 Y 到 X_1 的路径系数与从 Y 到 X_4 的路径系数之积等于 0.49。我们之所以能够得知这些，是因为我们建立了规则，即两个变量间的相关系数等于联结它们的诸路径系数之积。如果我们还可以进而假定这两个路径系数的值相等，那么，它们将都是 0.70 *。

测量模型的进一步讨论

经典测量模型的假定

　　经典测量模型以假定项目与潜变量和误差源之间的以下关系为

---

* 虽然 -0.70 也是 0.49 的一个平方根，但是一般情况下，正根和负根并不像我们所想的那样重要。只要能使得项目之间成正相关（如第 5 章所讨论的那样，如果有必要，改变一下项目计分的方向即可），那么，潜变量和项目之间路径系数的正负号就会没有关系。不过要注意，正号暗示项目显示了更多的构念，负号则相反。

发端:

    1.单个项目上的误差是随机变化的,当被试样本很大时,误差的平均值为零。因此,在被试样本很大时,他们的项目平均得分受误差的影响趋于零。

    2.各项目上的误差与其他项目上的误差不相关——各项目仅通过潜变量联系在一起,而不通过任何的误差项。

    3.误差与潜变量的真值不相关(注意,从潜变量出发的路径不向外延伸至误差项):项目与其误差项之间箭头的方向与潜变量和项目之间箭头的方向相反。

其中,前两个假定是很多分析程序的共同假定,第三个假定等于把误差定义为残差,即充分考虑了一组预报量与结果之间关系以后的剩余部分。对于量表而言,就是一组项目和潜变量之间的关系。

平行测试

最正统的经典测量理论是建立在平行测试这一假定之上的。平行测试的意思是,每一个测量结果都是潜变量的观测值①。然而对于我们的目的而言,用"平行项目"才更准确些。

平行项目模型的一个优点是,根据我们对项目之间相关情况的观察,可以非常容易地得出关于每个项目与潜变量关系的结论。前文中曾经指出,如果知道项目之间的相关信息,再加上一些假定,便可以对项目与其造因之间的路径作出推断。在下一章中我们将会看到,给潜变量和项目之间的关系赋值是非常重要的。因此,在本节中,我将详细讨论平行项目假定如何使我们得出特定结论,从而让我们的赋值工作成为可能。

平行项目模型的基本理论是,对于测量潜变量而言,量表中的每

———————

① 原文的直译是:"术语平行测验源于这样一个事实,即每一个单独项目都可以看作是对潜变量的值的'测验'。"这是实践界对"平行测验"概念的典型误解和讹传。经典测量理论是以测验或量表为单位的,而不是以项目为单位的。以项目为单位的是现代项目反应理论。为了更正原文中的错误,后面译文中作了适当处理。——译者按

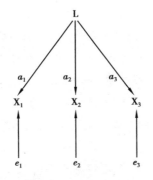

图 2.6 平行项目模型

注:图中,所有从潜变量(L)到项目(X_1,X_2,X_3)的路径系数
值都相等,各误差项到对应项目的路径系数值也相等。

个项目都是严格等效的。因此,每个项目都是严格平行的,即假设每个项目与潜变量之间关系的强度完全等同,每个项目上误差的大小完全等同。图 2.6 就是这个模型的图解。

这个模型在以前假定的基础上还得增加下面两个:

1.假定潜变量对每个项目的影响程度都一样。

2.假定每个项目上的误差和其他任何项目上的误差一样,即潜变量以外的因素对所有项目的影响相同。

这些增加的假定意味着,每个项目与真分数之间的相关系数相等。能够断定这些相关系数相等这一点非常重要,因为这将引出我们确定这些相等的相关系数的方法,并进而引出量化信度的方法——下一章我们将讨论信度问题。

断定真分数与各项目之间的相关系数相等,这需要前面增加的两个假定。相关系数的平方是两个变量共享方差的比例。因此,如果真分数与两个项目的相关系数相等,那么,真分数与每个项目共享方差的比例也必定相等。假定真分数对两个项目的方差贡献量相等,那么仅当每个项目对总方差的贡献相等时,它们各自所占总方差的比例才相等。为了使两个项目的总方差相等,每个项目来自真分数以外的方差也必须相等。由于真分数以外的所有变异合在一起统称误差,这就意味着这两个项目必须有相同的误差方差。例如,如果 X_1 从真分数那里获得了 9 个任意单位的变异,从误差那里获得了 1 个单位的变异,那么真分数的方差比例就是整个方差的 90%。如果 X_2 也从真分数那里获得了 9 个单位的变异,那么,只有在总方差为 10 时,X_2 的真分数方差占总方差的比例才能是 90%。总方差要等于 10,误差对 X_2 的方差贡献就一定得和 X_1 的一样,是 1。每个项目与真分数之间的相关系数,就等于真分数的方差占总方差比例的平方根,该例中大约是 0.95。

因为平行项目模型假定,潜变量对每个项目的影响量相等,其他源泉(误差)对每个项目的影响也相等,所以对于每个项目,潜变量的方差贡献比例相等,误差的方差贡献比例也相等。这也意味着,在平行项目假定下,由潜变量到每个项目的标准路径系数也相等。标准路径系数相等这一假定,使得根据项目间相关系数计算路径系数成为可能,前面的例子中就是这么做的。前面讨论过的路径图原则,即相关系数与路径系数之间的关系,能帮助我们理解,为什么接受了前述假定后这些等式才成立。

这个模型的假定还隐含了项目间的相关系数是相等的(例如,X_1 和 X_2 之间的相关系数与 X_1 和 X_3 以及 X_2 和 X_3 之间的相关系数相等)。我们是如何从假定得出这样的结论的呢?各项目间的相关系数之所以全部相等,是因为解释任何两个项目之间相关系数的机理是,联结任意两个项目的通道都只通过潜变量。例如,X_1 和 X_2 就只通过路径 a_1 和 a_2 联结,两者之间的相关系数可以通过有关路径系数相乘来计算。对于任何两个项目,这包含了把两个相同值(即 $a_1 = a_2 = a_3$)的路径系数相乘。乘数相同,积自然相等。

此外,该假定还隐含了,项目之间的相关系数等于潜变量到任意项目之间路径系数的平方。这个结论又是怎么得出的呢?两个不同路径系数(如 a_1 和 a_2)的乘积等于其中任意一个路径系数的平方,因为两个路径系数相等。如果 $a_1 = a_2 = a_3$,且 $(a_1 \times a_2) = (a_1 \times a_3) = (a_2 \times a_3)$,那么,每一个乘积一定等于任意路径系数自乘的积。我们再回过头来看一下图 2.6,这些关系以及它们之间的各种含义就会更加清楚。

通过模型的这些假定我们得出,与每一个项目相联系的误差方差的比例,跟与潜变量相联系的方差的比例互余。换句话说,任何不能由潜变量所解释的项目上的效应,必须由误差来解释,两者一起解释100%的项目上的变异。之所以这样,就是因为把误差项 e 定义为潜变量以外的所有变异源。

这些假设至少还支持这个结论:因为每个项目均等地受到潜变量和误差项的影响,所以各个项目不仅均值相等,方差也相等。如果能影响平均数的仅有的两个源泉对于所有项目都一样的话,那么显然,每个项目的均值肯定要相等。同理,每个项目的方差也相等。

总之,平行项目模型假定:

1.随机误差。

2.误差彼此不相关。

3.误差与真分数不相关。

4.潜变量对所有项目的影响均等。

5.每个项目上的误差相等。

有了这些假定,我们便可以得出很多令人振奋的结论。进而,模型使得我们能够根据项目彼此之间的相关对潜变量作出推断。不过,模型的所有绝活,靠的都是几个严格假定。

其他模型

令人惊讶的是,与严格平行测验相关的所有限定性假定,对于推断真分数和观察分数之间的关系,并不都是必要的。基于真分数本质上相等这一条件的模型,使假定条件有所放松[①],不要求在甲测验上的分数的误差方差等于在其他测验上的误差方差(Allen & Yen, 1979)。真分数相等测验仍然要求每一个项目的真分数相等,尽管把这个条件稍微放松一下就成了真分数本质上相等条件(或者,偶尔成为随机平行测验条件)。要满足真分数本质上相等条件,任何一对项目的真分

---

① 原作者把"真分数本质上相等模型"又称"随机平行测验",这是错误的,所以作了删除处理。真分数本质上相等指的是:对于每个被试,在甲测验上的真分数等于在乙测验上的真分数加一个常数。由于原作该节中的错误较多,翻译时作了适当处理。——译者按

数之间只能相差一个常数。当然,给一个项目的分数上加上一个常数,并不影响任何涉及该项目分数的相关程度。因为,相关系数是标准化后的结果,不受常数的影响。结果,把严格真分数相等条件放松到真分数本质上相等,任何两个项目之间的相关,或者,任何一个项目的真分数与自身的观察分数之间的相关并不受什么影响。在任何一种条件的情况下,从潜变量到每个项目之间路径的标准值都可能不相等。然而,对于潜变量到每一个项目的非标准路径系数(潜变量对每个项目的影响量而不是比例)仍然被假定是相等的。这意味着,尽管每个项目受误差的影响程度不一定相等,但是受潜变量的影响程度是相等的,因此各项目是平行的。按照严格平行假定,不同项目不但受真分数的影响程度相同,而且受误差影响的程度也相同。真分数本质上相等更容易被接受,因为它取消了"误差相等"条件。由于误差可能会变化,因此项目均值和方差都有可能变化。条件放松后的模型更有吸引力,因为实践中测量结果方差相等的情况十分罕见。假定条件放松了,我们还能得出与按照严格平行条件得出的结论一样的结论。读者可以把这个模型与农纳利和博恩斯腾(Nunnally & Bernstein, 1994)所讨论的"域抽样模型"做个比较。

在有些量表编制者眼里,即使真分数本质上相等这一条件,也限制得太紧。毕竟,我们有多少时候可以假定每个项目受潜变量的影响程度相同呢?在类平行模型(Joreskog, 1971)中,条件假定进一步得到放松(关于类平行模型,请参阅 Carmines & McIver, 1981)。该模型仅仅假定(除基本测量假定外)所有的项目共享一个共同的潜变量,不必要求每个项目和潜变量有相同程度的关系,而且它们的误差方差也不必相等,只要假定每个项目在一定程度上反映了真分数即可。当然,每个项目与真分数相关程度越高,量表的内部一致性就越高[1]。

---

[1]　根据原文应译作"量表就越可信",即信度越高。这是实践界的又一个常见错误。确切地讲,信度不是对于量表而言的,而是对于测量结果(即分数)而言的。量表可以有内部一致性和精度。内部一致性该高还是该低,这是一个效度问题,而不是信度问题。即使用一个内部一致性或精度不高的量表,多重复测量几次,测量结果的信度也可能很高,这就和用一把精度不高的尺子通过重复测量可以获得准确度较高的测量结果一样。——译者按

一个限制更小的进路是一般因素模型,该模型允许多个潜变量作为一组项目的基础。卡尔弥那斯与麦克艾维尔(Carmines & McIver,1981)、洛林(Loehlin, 1998)、隆(Long, 1983)探讨了这种一般模型的优点,其中主要优点是它与现实世界中的数据吻合更好。结构方程建模通常将因素分析纳入测量模型之中。这类多个潜变量作为一套指标的基础的情景,为一般因素模型提供了例证(Loehlin, 1998)。

类平行模型是因素模型的一个特例(即单因素情况)。同样,真分数本质上相等也是类平行模型的一个特例——该模型假定诸项目与潜变量之间的关系相等。最后,严格平行模型测试就是真分数本质上相等这一模型的特例。严格平行模型多加一个假定,要求每个项目与其相应误差之间的关系相等[①]。

还有一个测量策略应当提一下,这就是项目反应理论(IRT)。在能力测试的编制中,这种方法主要用于二分反应(如正确与不正确)项目,但不只是用于二分反应项目。项目反应模型有的基于正态累积函数,但更多是基于逻辑斯蒂函数。IRT假定,每个项目对潜变量的反映都有其独特的灵敏性,用项目特征曲线(item-characteristic curve, ICC)来表示。ICC是潜变量(如能力)与特定项目反应(如正确回答)概率之间的关系[②]。我们将在第7章中进一步讨论IRT。

除了在第7章讨论IRT,在第6章讨论因素分析之外,我们将着重探讨平行和真分数本质相等模型。理由如下:首先,它们是经典测量理论的例证;其次,讨论其他模型很费气力和篇幅;最后,经验证明,对那些专业志趣不在测量方面,但对测量问题持严肃态度的社会科学工作者,经典模型已经相当够用。这部分社会科学工作者,正是本书瞄准的读者群。对于这些人而言,只要根据经典模型的编制程序,通常就能编制出令他们满意的量表。尽管据我所知还没有统计数据,但我

---

① 严格地说应该是:严格平行条件是真分数相等条件的特例,真分数相等条件是真分数本质相等条件的特例,真分数本质相等条件是类真分数相等条件的特例。——译者按

② 这句话之后有这么一句话:"因此,曲线揭示了一个项目需要多大的能力才能答对。"考虑到这句话是对前一句话的错误解释,而且前一句话的意思已经足够清楚,所以作了删除处理。——译者按

觉得,除能力测试之外,社会科学研究中所使用的大量的有名量表和备受关注的量表,都是用经典程序编制出来的。

练　习

1.根据两个项目之间的相关,我们怎样来推断潜变量与这两个项目之间的关系?

2.平行测试与真分数本质等价模型在假设上主要有何不同?

3.哪个测量模型在所有测量方法的共同基本假设之外,还假设"仅当所有项目共享同一个潜变量时"?

3

信　度

　　信度是心理学测量中的一个基本议题,只要充分理解了信度的含义,其重要性就清楚可见。正如信度二字的字面意思,一个可信的工具,其作业表现就一致,就可以预测。一套量表要可信,那么,它所产生的分数就必须代表所测量变量的某种真实状态。在实践中,这就意味着,由量表产生的分数不应该变化,除非量表所测量的变量真正有变化。这样,每一个观测到的变化,都可以归因于该变量的真正变化。一套完美可信的量表,应该只反映真分数,而不反映任何别的东西。遗憾的是,这样的量表罕见。不过,我们可以估摸自己到底离理想有多远。我们通过量表所获得的分数越是能代表变量的真实分数,它就越少代表其他外在干扰变量的分数,那么,这个量表也就越可信。更正式些说就是,信度就是潜变量真分数引起的变异占总分方差的比例。虽然计算信度的方法多种多样,但是它们都是建立在这个基本定义基础上的。

　　虽然计算信度的诸方法看起来各不相同,它们背后的共同定义要求,各种貌似不同的信度计算方法,必须在某种基本的重要方面是等同的。事实上也的确如此。所有的计算信度系数的方法,都涉及对变量的真分数方差的估计以及观察分数方差的估计,并计算出前者占后者的比例。本书所讨论的测量模型(这在第 2 章中已讨论过)暗示,拟测变量的观察分数等于真分数与误差分数之和。其中,误差分数是由外在无关变量引起的。于是,我们就可以通过从观察分数的总方差中减掉误差分数方差的方法,估计出变量的真分数方差。然后,我们就

可以轻而易举地计算出真分数方差与观察分数方差之比。这就是信度系数。即:[1]

$$真分数 = 观察分数 - 误差分数$$

$$信度系数 = \frac{真分数方差}{观察分数方差}$$

各种关于信度系数估计方法的差异,主要表现在对误差分数方差的计算方法上。不同的方法专用于特定种类的数据,虽然它们都有一个共同的概念基础,即,信度系数就是观察分数方差归因于所测量变量真分数方差的比例。

基于方差分析的方法

估计误差分数方差的方法之一是方差分析(ANOVA)。这种分析方法能把观察分数的总方差分解成不同来源的方差分量,主要是分解成实质上感兴趣的来源(即信号)的方差分量和来源于误差的方差分量(即噪声),例如,由于抽样不完备而导致的误差。尽管方差分析法不是我们计算信度系数的重点,简单过一下可以揭示信度系数定义与信度系数不同估计方法之间的连续性。

为了简单起见,我们先看一个例子。这是一组关于物体温度的观测结果,涉及八个等同的物体,其中四个在太阳的直射之下,其余四个在阴凉之中。(为了简化问题,在本例中,我选择的物体的数量很少)。每个物体除日照情况之外,其他方面完全等同。不过,用来测定它们温度的温度计有点儿值得怀疑,因此是测量结果的一个误差源。我们可以通过记录这八个物体中每个物体的温度观测值并把结果按照不同方式排放的方式来估计误差的大小。首先,我们可以把全部八个物体看作一组,计算它们关于总平均数的离差的平方的总和。这个值就是总平方和 SS_T。总平方和除以样本的总自由度(即 $N - 1 = 8 - 1 = 7$),就得到了物体温度观测值的方差。下面的步骤将分解出不同来源的

---

[1] 原文中多处把方差说成了分数。为了便于读者阅读,在译文中直接做了改正。此外,在关于信度系数的定义及定义公式中,也都把不同分数的方差写成了分数,译文中也做了相应的更正,从而使译文更准确更忠实地反映学科知识的实际。——译者按

方差分量。接下来,我们可以进一步估计误差对那些分数的影响程度。这样,误差方差也就成了总方差的一个分量。在 ANOVA 框架中,这可以通过计算同等条件下的变异大小来实现。我们把四个在太阳直射下的物体看作一组同等条件,把四个在阴凉下的物体看作一组同等条件。在这两个分组中,假定每个物体都是等同的,所受的日照条件也是等同的。因此,观察分数中的任何差异都是某种形式的误差。这样,我们就可以通过考察组内物体温度变异的方法,计算出误差分数的平方和 SS_E。从 SS_T 中减去 SS_E,我们就可以计算出日照效应的平方和。这最后的平方和,本质上就是真分数的平方和。也就是说,该部分平方和反映的是剔除测量误差效应之后的物体温度之间的变异方差。于是,我们就可以通过该平方和计算出真分数的方差。最后,通过计算真分数方差与总方差的比值,我们就得到了总方差中归因于真分数方差(即太阳效应)的比例。这个比例值,就是我们要求的信度系数的值。

注意,如果所有日光直照下的物体温度都一样,所有阴凉处的物体的温度也都一样(可能都低一些),那么,误差分数的方差就是 0.0。这样的话,就不能从总方差 SS_T 中减掉任何东西,真分数方差和总方差就会相等,两者之间的比率就会是 1.0。

我把以上 ANOVA 分析中得出的比率叫信度系数,这是正确的。然而更一般地,ANOVA 分析中某个特定来源的方差与总方差的比率叫组内相关系数 ICC。根据 ANOVA 设计的种类及复杂程度不同,可以有多种不同的 ICC,每一种都有其不同的意义,并不是每一种都等同于测量的信度。对于 ICC,尽管读者可能不像对于其他表达式的信度系数那么熟悉,更特定意义上的信度系数的逻辑,与 ICC 的逻辑是完全一样的。也就是说,组内相关系数 ICC 以及其他计算信度系数的方法,都是建立在比较某种真分数方差估计与总方差这一基础上的。

连续值项目与二值项目

虽然项目可能有各种反应形式,但在本章中我们假定,项目的反应形式为多值反应选项。二值项目(即只有"是""否"两个反应选项

的项目,或有多个反应选项但可以分为"正确"与"错误"的项目)在能力测试中使用广泛,但是在其他测量情境中使用较少。例如:

1.苏黎世是瑞士的首都。　　A.正确　　B.错误

2.π值是多少?　　　　　　　A.1.41　　B.3.14　　C.2.78

利用二值反应的简单性来计算信度的特殊方法已经有了。普通测量课本,如农纳利及博恩斯腾的课本《心理统计理论》(Nunnally & Bernstein,1994),对这些方法都有详细介绍。这些方法估量信度的逻辑,和估量多分点、连续值项目的更一般的方法大体一样。事实上,在有些情况下,计算多反应项目信度系数的方法,只不过是二值项目情况的扩展。为了节约篇幅,本章将对二值项目量表测量结果的信度估量问题一笔带过。关于二值项目量表的特征,将在第 5 章中介绍。

内部一致性

顾名思义,内部一致性关注的是构成量表的项目的同质性①。基于经典测量模型的量表,旨在测量一种单一现象。在上一章中我们看到,测量理论暗含这样的逻辑关系:项目间的关系与项目和潜变量间的关系联系在一起。如果一个量表中的项目与潜变量之间的关系很强,那么,项目彼此之间的关系也会很强。虽然我们无法直接观察项目与潜变量之间的关系,但我们肯定能够确定项目之间的关系。构成量表的项目之间的相关程度就是量表的内部一致性程度。什么能够解释项目之间的相关呢? 有两种可能:项目之间有因果关系(例如项目 A 是项目 B 的因),或者诸项目有一个共同的因。大多数情况下,第一种解释是不可能的,于是第二种解释便成为更明显的选择。因此,项目间的高相关表明,这些项目测量了同样的东西,即同一个东西的实现。如果我们继续根据前一章的假定,就也能得出结论:项目之

---

① 原文用的是"内部一致性信度",这种名称很不严谨。所谓的内部一致性信度实际指的是,通过内部一致性途径而计算出的信度系数。还需要指出的是,内部一致性并不等同于同质性。——译者按

间的高相关隐含着项目与潜变量之间的高相关。因此,一个单维度量表,或一个复合量表的单维子量表应该由一组高度相关的项目构成。测量多种现象的复合量表(例如,多维健康控制点[multidimensional health locus of control, MHLC]量表[Wallston, Wallston, & DeVellis, 1978])实际上是一个相关量表簇,每个"维度"都是一个独立的子量表。

阿尔法系数

内部一致性经常和克伦巴赫(Cronbach, 1951)的阿尔法系数(α)联系在一起[1]。出于以下几方面的考虑,我们将详细讨论阿尔法系数。首先,作为对信度的一个量度,它被广泛使用;其次,它与信度定义之间的关系不像后面将讨论的其他信度量度(如复本法)那么显而易见,所以对于不熟悉信度内部原理的人来说,阿尔法可能比其他信度计算方法更为神秘;最后,对阿尔法系数计算过程中的逻辑的探索,会为我们理解其他估计方法提供一个参照,从而帮助我们把握信度的本质。

库—李公式 20 是阿尔法系数对于二值项目的特殊形式(Nunnally & Bernstein, 1994)。换句话说,当所有项目都是二值时,库—李公式 20 和克伦巴赫阿尔法系数就变成了同一个公式了。不过,像前面说过的那样,我们将重点讨论适用于多值项目的更一般的形式。

可以把一组项目分数的所有变异看作是由以下两者之一所致:①个体在量表所测量现象上的实际变异(即潜变量的实际变化);②误差。之所以这样,是因为经典测量模型把"现象"(如病人对于控制他们与医生之间互相作用的期望)看作量表分数中所有共变的源泉,把"误差"看作剩余的变异或不同的变化(如无意造成的一个项目有两个含义)。从另外一个角度看就是把总变异看作有两个分量:信号(即病人对控制所抱期望的真实差异)和噪音(即除控制所抱期望之外的全部因素引起的得分差异)。我们将会看到,计算阿尔法系数时,要把一组项目的总方差分解为信号方差和噪音方差两个分量,信号方差在总方差中所占的比例就等于阿尔法系数。因此,从另外一个角度看阿

---

[1] 原文把阿尔法系数等同于内部一致性的说法是错误的。——译者按

尔法的方法是,阿尔法系数等于 1 减去误差方差与总方差之比,或者反过来,误差方差占总方差的比例=1-阿尔法系数[①]。

协方差矩阵

为了更充分地理解内部一致性,讨论一下量表项目的协方差矩阵很有裨益,因为量表项目的协方差矩阵反映了该量表作为一个整体的重要信息。

协方差矩阵是相关矩阵更一般的形式。在相关矩阵中,各元素都被标准化,其方差为 1.0;在协方差矩阵中,各元素并没有被标准化。因此,非标准化形式包含了与相关矩阵相同的信息。由于协方差矩阵对角线上的元素是方差,即项目与自己本身之间的协方差,所以相关矩阵主对角线上的元素值都是 1.0。协方差矩阵主对角线之外的值是项目之间的协方差,表示了变量之间在没有标准化之前的相互关系;相关系数矩阵主对角线之外的值表示了变量之间在标准化之后的相互关系。因此,在概念上,协方差矩阵由单个变量的方差(在对角线上)和代表变量两两之间未标准化关系的协方差(在对角线外)构成。表 3.1 是一个关于三个变量 X_1、X_2、X_3 的典型协方差矩阵。

表 3.1　三个变量的方差和协方差

	X_1	X_2	X_3
X_1	Var_1	$Cov_{1,2}$	$Cov_{1,3}$
X_2	$Cov_{1,2}$	Var_2	$Cov_{2,3}$
X_3	$Cov_{1,3}$	$Cov_{2,3}$	Var_3

另外一种更简洁地表达矩阵、方差和协方差的常用方法是:

$$\begin{pmatrix} \sigma_1^2 & \sigma_{1,2} & \sigma_{1,3} \\ \sigma_{1,2} & \sigma_2^2 & \sigma_{2,3} \\ \sigma_{1,3} & \sigma_{2,3} & \sigma_3^2 \end{pmatrix}$$

[①]　根据原文,译文应该是:"阿尔法系数=1-误差方差,或者,误差方差=1-阿尔法系数。"这显然是错误的。——译者按

多项目量表的协方差矩阵

我们一起看一个由三个项目构成的量表的情况。上面的协方差矩阵有三个变量:X_1、X_2、X_3。假定这些变量分别是三个项目上的实际得分,且 X_1、X_2、X_3 组合在一起构成量表 Y。那么,这个矩阵能够告诉我们关于作为个体的项目与作为整体的量表之间关系的什么信息呢?

协方差矩阵有许多耐人寻味(至少是有用)的属性。其中之一是,假定所有项目等权且量表分等于项目分之和,那么,矩阵所有元素之和(即对角线上的方差之和加上对角线之外的协方差之和)正好等于量表分的方差。因此,如果把协方差矩阵中的各符号项加起来,其值就等于量表分 Y 的方差。这一点非常重要,需要再重复一遍:如果假定所有项目等权且量表分等于项目分之和,那么,量表分 Y 的方差就等于协方差矩阵诸元素之和。因此,对于由三个等权项目 X_1、X_2 和 X_3 构成的量表 Y,有关系 $\sigma_y^2 = C$,其中:

$$C = \begin{bmatrix} \sigma_1^2 & \sigma_{1,2} & \sigma_{1,3} \\ \sigma_{1,2} & \sigma_2^2 & \sigma_{2,3} \\ \sigma_{1,3} & \sigma_{2,3} & \sigma_3^2 \end{bmatrix}$$

欲了解更多关于方差—协方差矩阵信息的读者,请参见农纳利(Nunnally,1978)以及纳蒙波第瑞(Namboodiri,1984)关于统计学中的矩阵代数简要介绍。项目协方差矩阵还有其他有用信息,不过这里未加讨论。波恩斯特德(Bohrnstedt,1969)对由项目协方差矩阵衍生出的应用有较多的讨论。

阿尔法系数与协方差矩阵

阿尔法系数被定义为共源方差占量表分数方差的比例,这里的共源也许就是潜变量的真分数。因此,如果要计算阿尔法系数,有量表分数的方差值和共源方差即可。协方差矩阵给我们提供了做这件事情所需要的一切。回想一下我们在第 2 章中涉及的项目与潜变量关系的图示,如图 3.1。

项目中所有由潜变量 Y 引起的变异都是共享或共有变异(有时也

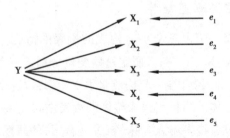

图 3.1　五个项目与共同潜变量 Y 之间的关系

称"联合变异"或"公共变异"）。当 Y 变化时（这是理所当然的，如个体的水平发生变化），所有项目上的分数也随之而变，因为 Y 是导致这些分数变化的因。因此，如果 Y 值高，所有项目上的分数也会变高；如果 Y 值低，所有项目上的分数也会变低。也就是说，各个项目上的成绩会联手变化（即彼此相关）。因为潜变量影响着所有的项目，所以诸项目彼此相关。与此不同的是，误差项是每个项目独特变异的源泉。虽然所有项目共享由 Y 引起的变异，但在我们的经典测量假定下，任何两个项目都不会共享同一个误差源泉。给定误差项只能影响一个项目上的分数，所以误差项彼此并不相关。因此，每个项目（以及所隐含的由项目所构成的量表）都是共同变异和独特变异的函数，随着共同变异和独特变异的变化而变化。于是，对于每一个项目以及由诸项目构成的量表整体，总变异（方差）一定是共同变异（方差）和独特变异（方差）的组合。根据信度的定义，阿尔法系数应当等于共同变异占总变异的比率。

　　现在，我们来考虑一个由 k 个项目构成的量表 Y，其协方差矩阵如下：

$$\begin{pmatrix} \sigma_1^2 & \sigma_{1,2} & \sigma_{1,3} & \cdots & \sigma_{1,k} \\ \sigma_{1,2} & \sigma_2^2 & \sigma_{2,3} & \cdots & \sigma_{2,k} \\ \sigma_{1,3} & \sigma_{2,3} & \sigma_3^2 & \cdots & \sigma_{3,k} \\ \vdots & \vdots & \vdots & & \vdots \\ \sigma_{1,k} & \sigma_{2,k} & \sigma_{3,k} & \cdots & \sigma_k^2 \end{pmatrix}$$

　　这个量表的方差 σ_y^2 等于所有矩阵元素之和。主对角线上的是各个项目的方差，第 i 个项目的方差用 σ_i^2 表示，所以主对角线上的元素和 $\sum \sigma_i^2$ 是单个项目的方差和。这样，根据协方差矩阵，我们便可以很方便地计算量表的总方差 σ_y^2 和单个项目的方差和 $\sum \sigma_i^2$。根据定义，前者等于矩阵中所有元素的和，后者等于矩阵主对角线上元素的和。从概念上可以这样解释这两个值：根据定义，矩阵所有元素之和就是 Y 的方差，即由诸单个项目所构成的量表的方差。如前所述，这个总方差可以分割为不同的部分。

现在，我们来看协方差矩阵是如何分解成共同方差和独特方差的，而首先要看的是主对角线上的元素与主对角线之外的元素有什么不同。所有的方差（对角线上的元素）都是单变量或"变量自身"的变异。前面已经说过，这些单变量可以看作项目与自身的协方差，每一个方差仅包含关于一个项目的信息。换句话说，每一个方差项所代表的都是基于单个项目的信息，而不是项目之间所分享的共同方差（单个项目上的变异，其中一部分来自共同的潜变量，因而与其他项目共享；另一部分则不是。然而，项目上的方差并不是共享方差的多少的量度，而只是该项目分数的离散程度，不管离散是由什么造成的）。对角线以外的元素都涉及项目对，因而是两个项目的共同变异或联合变异（协变）。因此，协方差矩阵中的元素（因而 Y 的总方差）由协方差（也可以用联合变异）和单个项目的非联合变异或非共同变异组成。图 3.2 是对协方差矩阵两部分变异的图解：对角线上的阴影区域是非共同变异部分，对角线以外的两个三角形区域一起，是共同变异部分。

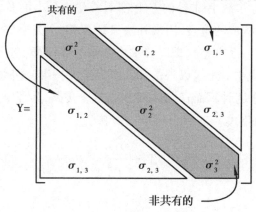

图 3.2　方差—协方差矩阵，主对角线上的方差（阴影部分）是非共同的，
对角线之外的协方差（非阴影部分）是共同的

由于协方差且只有协方差代表共同变异,所以全部非共同变异一定要由主对角线上的诸方差代表,即全部非共同变异为 $\sum \sigma_i^2$。当然,总变异用 σ_y^2 表示,即矩阵所有元素的和。这样,我们就可以把 Y 中的非共同变异与总变异之比表示为:

$$\frac{\sum \sigma_i^2}{\sigma_y^2}$$

这个比值与协方差矩阵对角线上元素的和对应。于是,我们便可以把共同变异或共有变异表示为这个比值的补,即:

$$1 - \frac{\sum \sigma_i^2}{\sigma_y^2}$$

这个补与协方差矩阵中对角线外的所有元素的和对应。可是,计算诸对角线元素的和并把该和从协方差矩阵所有元素之和中减去,这种方法似乎不正常,至少效率太低。为什么不直接计算对角线之外元素的和 $\sum \sigma_{i,j}$ 呢?其中 i 和 j 分别表示某协方差项所涉及的两个项目。事实上,通过直接计算对角线以外的元素之和,我们会得出完全相同的结果。以上那种求补的方法,是那个计算机还不普遍的时代的遗产,也或许是为了其他目的,已经计算了量表分 Y 的方差和各个项目 i 的方差,所以在此基础上求补很方便。即使没有为其他目的计算各个项目 i 的方差,用求补的方法,其计算量也会小很多。试想有一个由 20 个项目构成的量表,用求补法只计算 21 个方差(每个项目一个方差,整量表一个方差),用直接求协方差法要计算 190 个协方差(即协方差矩阵中主对角线以外的 380 个元素的一半),外加一个整量表方差。对于手工计算而言,选择求补法这个进路,其理由显而易见。

乍一看,公式

$$1 - \frac{\sum \sigma_i^2}{\sigma_y^2}$$

或者公式

$$\frac{\sum \sigma_i^2}{\sigma_y^2}$$

似乎抓住了阿尔法系数的定义,即构成量表诸项目的共同变异占总变异的比例。我们假设这个共同变异反映了潜变量的真分数。不过事情没有这么简单,我们还需要一个修正项——如果我们有五个完美相关的项目的话,为何需要修正就会显而易见。这样,我们就会得到一个完美的信度系数。此相关系数矩阵中就是一个各元素值都等于 1.0 的 5×5 矩阵。因而,前面公式中的分母应该等于 25,而分子却只能等于 20,因而得出的信度系数为 20/25 或者 0.80,而不是 1.0。为什么会这样呢?因为,协方差矩阵中的元素个数是 k^2,非共同变异元素(即主对角线上的元素)的个数是 k,所以共同变异元素(所有那些不在对角线上的元素)的个数为 k^2-k。可见,在我们的公式中,分子基于 k^2-k 个值,而分母却基于 k^2 个值。为了得到一个相对的值,我们就要对这种情况加以调整,以消除分子分母项数不等对这一结果所造成的影响。为此,我们对公式乘以 $k^2/(k^2-k)$,即 $k/(k-1)$,这样便把阿尔法系数的可能值限定在 0.0 到 1.0 的范围内。在刚刚讨论的五个项目的例子中,用 0.80 乘以 5/4 得到 1.0,这才是恰当的。大家可以心算一下其他大小的矩阵,很快就会发现,对于所有项目都完美相关的情景,只有给以上公式乘上因子 $k/(k-1)$,才能得到大小为 1.0 的阿尔法系数。这样,我们便有阿尔法系数的常见公式[①]:

$$\alpha = \frac{k}{k-1}\left(1 - \frac{\sum \sigma_i^2}{\sigma_y^2}\right)$$

总之,一组测量结果的信度系数等于潜变量引起的项目变异(因而是共同的)在总变异中所占的比例。阿尔法系数通过计算项目特有变异占总变异的比例,然后从 1 中减去这个比例,最后再给这个差乘上一个修正因子的方法,估计测量结果的信度系数。

另外一个阿尔法系数公式

另外一个阿尔法系数是以相关系数为基础的[②],而不是以协方差

[①] 原文把公式中的 σ_y^2 误写成 $\sigma_{y_i}^2$。——译者按

[②] 这个阿尔法系数通常叫作"标准化项目阿尔法"系数,英文是 standardized item alpha,为了区分,把前一个阿尔法系数称为"克伦巴赫阿尔法"系数。——译者按

为基础的。公式中实际使用的是 $\bar{r}$,即项目两两相关系数的均值。这个公式是:

$$\alpha = \frac{k\,\bar{r}}{1 + (k-1)\,\bar{r}}$$

这个公式可以通过以协方差为基础的克伦巴赫阿尔法公式推导出来。把克伦巴赫阿尔法公式用概念表示,我们有:

$$\alpha = \frac{k}{k-1}\left(1 - \frac{\text{项目方差之和}}{\text{项目方差与项目协方差之和}}\right)$$

　　注意,等式右边的分子是每个项目的方差的和,分母是每个项目的方差的和再加上项目两两间协方差的和。由于各项和恒等于项均值乘以项数(例如,k 个值之和等于 50,k 乘以 k 个值的均值也等于 50。为了进一步说明这一点,用 10 来代替 k。加起来等于 50 的 10 个值的均值必然等于 5,而 10 乘以 5 等于 50,这与用原始数据直接求和的结果相等),所以项目方差之和一定等于 k 乘以项目方差均值 $\bar{v}$,而分母一定等于 k 乘以项目方差均值 $\bar{v}$ 再加上 (k^2-k) 或 $k(k-1)$ 与平均协方差 $\bar{c}$ 的积,即:

$$\alpha = \frac{k}{k-1}\left(1 - \frac{k\bar{v}}{k\bar{v} + k(k-1)\bar{c}}\right)$$

　　为了让"1"从等式中消失,我们可以用等价式 $[k\bar{v}+k(k-1)\bar{c}]/[k\bar{v}+k(k-1)\bar{c}]$ 来代替"1",这样就可以把公式的右边转化成一个比率,即:

$$\alpha = \frac{k}{k-1}\left(\frac{k\bar{v} + k(k-1)\bar{c} - k\bar{v}}{k\bar{v} + k(k-1)\bar{c}}\right)$$

或者,等价公式:

$$\alpha = \frac{k}{k-1}\left(\frac{k(k-1)\bar{c}}{k[\bar{v} + (k-1)\bar{c}]}\right)$$

化简得:

$$\alpha = \frac{k\,\overline{c}}{\overline{v} + (k-1)\,\overline{c}}$$

我们所努力导出的公式只包含相关系数,而不是协方差,所以公式中的项是标准化的而不是非标准化的。标准化之后,协方差的平均值 $\overline{c}$ 就变成了相关系数的平均值 $\overline{r}$,方差的平均值就变成了1.0,则基于相关系数的阿尔法系数公式就变成

$$\alpha = \frac{k\,\overline{r}}{1 + (k-1)\,\overline{r}}$$

这个公式就是斯皮尔曼—布朗预测公式。这个公式的重要用途之一是通过折半法估计信度系数,这一点我们将在本章讨论折半法求信度系数时加以论述[①]。

上述公式是两个不同的公式,一个以协方差为基础,另外一个以相关系数为基础。有时候,把克伦巴赫阿尔法公式叫原始分公式,把标准化项目阿尔法公式叫标准分公式。原始分公式在计算过程中保存了项目均值和项目方差信息,因为计算协方差用的是由原始数据信息求得的原始测量结果。如果各项目的方差显著不同,原始分公式会对较大方差项目给予更大的权重。标准分公式由于用的是项目标准分,从而使得每个项目上的得分具有相同的均值和标准差,所以计算信度系数时,每个项目的权重相等。那么,用哪一个公式更好呢?这取决于具体的情况:如果量表中的项目是我们所关注项目的全部,而且,我们想估计重复测量情境下信度系数的一个下界,那么就用克伦巴赫阿尔法公式(即原始分公式);如果量表中的项目是我们所关注项目的全部,我们想得到重复测量情境下信度系数的无偏估计(而不是一个下界),那么用克伦巴赫阿尔法公式时,各项目成绩必须满足类真分数相等条件(即在一个项目上的成绩等于在另外一个项目上的成绩的线性变换);如果量表中的项目仅仅是我们所关注项目的一个随机样本,而且,我们想得到内容抽样情境下信度系数的无偏估计,那么就

---

① 在讨论信度概念时原著用了很多不严谨的表述,也存在一些内容偏颇,为了尊重学术实际,译文中作了相应的处理。为了节约篇幅,对于类似的处理,本章不再一一说明。——译者按

要用标准化项目阿尔法公式(即标准分公式);如果各项目分的均值差异很小,各项目分的方差值差异也很小的话,用两个公式计算出的结果差不多;各项目分的均值差异和各项目分的方差值差异越大,用克伦巴赫阿尔法公式计算出的结果,就越小于用标准化项目阿尔法公式计算出的结果。这几点,我们在使用中务必要加以注意。在应用中,我们一定要根据具体的测量情境决定具体使用的信度系数估计公式。通常,如果发现标准化项目阿尔法值和克伦巴赫阿尔法值有明显的差别(如 0.05 或更大),就表明选错了公式,后果会非常严重!

对阿尔法系数的批评

可以说,克伦巴赫阿尔法系数并不是一个理想的信度指标(例如,Sijtsma, 2009)。事实上,它只是真正信度系数的一个下确界,而不是真正信度系数的最佳估计。斯基茨马(Sijtsma, 2009)认为,内部一致性这一概念自身就有歧义,而且克伦巴赫阿尔法系数代表了内部一致性的最重要的观点也存在疑点。他认为,内部一致性是关于一组项目的因素结构方面,而阿尔法系数只是关于这方面的一种过度简化。在严格意义上讲,斯基茨马是正确的。斯基茨马还指出,作为阿尔法系数的替代选择项,信度系数的其他估计也存在问题(例如,信度系数的最大下确界 glb)。他建议,为了更加精确,还需要做更多的工作来完全搞清楚各种信度指标中的偏差类别。这一建议听起来很刺耳,但很适当。

在我看来,阿尔法系数依然很有用。作为下确界,它是信度系数的保守估计值。而且,如果在编写和选择项目时下了功夫,使得项目满足单维性的要求,很多使用阿尔法系数的风险会降低。最后,克伦巴赫阿尔法系数广为使用,很多研究者关于何时测量工具才足够可信的常模都建立在阿尔法系数的基础之上。如果说有些情况下阿尔法系数过于保守,那么,对于任何水平的信度系数值,其他估计方法不过得出一个比阿尔法更高的数值而已。这也许令人犯迷糊。任何一个量表在任何一种情况下,都有一个具体的信度。估计这个信度所用的方法可能产生一个更高的数值,但并不能改变该信度的丝毫。它只不过是该信度的不同表达而已。例如,对于某个具体情况,我们得出的阿尔法系数值是 0.80,最大下确界 glb 估计值是 0.82,但量表的信度并没有因为后者的数值高而发生改变。因此,采用一个新的计算信度系数的方法,那就要求我们重新校准我们的标准。这可不是一个简单的线性变换就能解决的问题。我们不可能在阿尔法系数值上加上一个什么常数再乘上一个什么系数就完事。(在下一章中讨论效度时,我会以同样的理由反对对相关系数衰减的矫正。)

阿尔法系数和信度系数以及其他信度指标在概念上联系密切。因此,阿尔法系数作为信度指标的局限,也是其他与阿尔法系数密切相关指标者的局限。阿尔法系数是组内相关系数 ICC 的一个特殊形式。两者都是把观测分数的总方差分解成真分数方差和误差分数方差。以前述的物体在太阳下和阴凉处的温度问题为例,阿尔法系数和 ICC 的结果完全相等。就像我们在本章后面将要看到的那样,阿尔法也和其他估计信度的方法密切联系,例如分半法信度(折半信度)。因此从逻辑上讲,要拒绝阿尔法系数,就应该也同样放弃这些其他的信度估计方法。

随着关于这些其他信度估计方法研究工作的继续,也许有朝一日,这些其他方法相对于阿尔法系数的优势,能使我们在更大的范围内采用它们。在我看来,对于绝大多数的研究者而言,这一日还尚未来到。

基于量表分数相关程度的信度

除了内部一致性进路外,还有其他一些估计信度系数的路径。这些路径通常要么需要用一个量表的两个不同版本施测于同一组人,要么需要用一个量表的同一个版本施测于同一组人多次。

信度系数的复本进路

如果一个量表有两个严格平行的复本,那么,只要用两个不同的复本施测于同一组人,然后计算这组人在两个不同复本上的成绩的相关系数,就可以得到我们要求的信度系数(即相关系数)了。例如,假定为了测量病人在与医生交流的过程中想要受到医生控制的欲望,某研究者一开始就编制了两套量表,分别由两组等价的项目构成。用这两套量表分别测量同一组病人的受控欲望,然后求一个量表分数与另外一个量表分数之间的相关系数,这个相关系数就是通过复本进路求得的信度系数,用语不慎的研究者称之为"复本信度"。不同的复本是平行的。回想一下前面讲过的内容:组成平行测验(即量表)的项目,无论就复本内而言,还是就复本间而言,都同样好地测量了潜变量。这就意味着,一个量表的不同复本测量相同的现象,它们的测量结果应该有相同的信度、均值和方差。本质上,严格平行量表由两组内容和形式一一对应的项目构成,所不同的仅仅是表述形式或措辞。在这种条件下,一个复本测量结果与另外一个复本测量结果之间的相关,就等价于一个复本的测量结果与它自身的相关,因为一个复本等价于另外一个复本①。

信度系数的折半进路②

通过复本进路估计信度系数有一个问题,即测量结果可能相当于多个复本(如人工评分)且所有的"复本"都能够满足,或者我们有理由使它们满足严格平行测量假定。这种情况下,可以把每个"复本"上的测量结果当作一个项目,然后求出两两不同测量结果间的相关系数,再在此基础上求出所有两两不同测量结果间相关系数的平均值,最后把这个平均值代入斯皮尔曼—布朗预测公式,计算最终测量结果的信度系数。在没有计算机和专业统计软件的时代,上述过程涉及的计算量太大而不够实用,为了解决这个实践问题(即减轻计算量),斯皮尔曼在 1910 年提出了信度系数的折半进路。

"折半进路"就是把所有"复本"上的测量结果(即同一组被试的所有不同评分结果)随机地分成两半,先分别计算出各个被试在每一半上的成绩(通常是各分半上的平均成绩),进而计算出两个分半成绩间的积矩相关系数 r_h,最后把计算所得的积矩相关系数代入折半矫正公式:

$$\alpha = \frac{2r_h}{1 + r_h}$$

---

① 原著中把"随机平行"当成"严格平行",系明显错误,也和下段开头所言相矛盾。因此,译文中作了适当的处理。——译者按

② 原著中本小节的题目是"折半信度"。本节的内容与学术史实和事实都有一定的出入,译文中作了适当的处理。——译者按

算出的结果便是我们要求的信度系数。在高速计算机和专业统计软件十分普及的今天,折半进路已经基本失去了实践意义。

关于折半进路一个典型的错误是,把这种进路推广到随机平行测验(量表)情境,并把克伦巴赫阿尔法当作折半进路的一般形式。这种错误做法的具体步骤是:把构成一个量表的所有项目看作来自一个无限总体的随机样本,于是,便认为可以把这个随机样本分成两个更小的样本,这两个更小的样本被进而当作是等价的或者平行的半长度量表。计算每位被试分别在这两个半长度量表上的成绩,并继而求出这组被试在这两个半长度量表上的成绩之间的积矩相关系数 r_h,最后把这个积矩相关系数代入折半矫正公式,所得结果便是全长量表分数的信度系数。

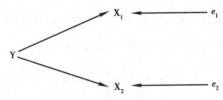

图 3.3 两个半测量结果(X_1,X_2)与
它们共同潜变量之间关系的路径

从理论上讲,可以有多种不同的折半方法,但其中最为常用的方法是奇偶法和随机法。所谓奇偶法,就是把所有的测量结果编号,把偶数号的分为一组,把奇数号的分为另外一组。由于严格平行条件的要求,这组被试在偶数号一组上的成绩的均值和方差,必须和他们在奇数号一组上的成绩的均值和方差相等。如果满足的条件不是严格平行测量条件,而是真分数相等、真分数本质上相等或者类真分数相等条件,那么,分半前必须对各测量结果作适当的预处理,从而使各种可能的分半结果平行或可比,即要使各种可能的分半结果具有相同的均值和方差。否则,折半进路失效!

所谓随机法,就是把所有的测量结果随机地分成两组。同样,由于严格平行条件的要求,这组被试在两个随机组上的成绩的均值和方差必须相等。如果满足的条件不是严格平行测量条件,而是真分数相等、真分数本质上相等或者类真分数相等条件,那么,随机分半前也必须对各测量结果作适当的预处理,从而使各种可能的分半结果具有相同的均值和方差。否则,折半进路同样失效!

信度系数的项目成绩标准化进路[①]

前面在讨论"另外一个阿尔法系数公式"时,已经介绍了信度系数的这种进路。值得注意的是,经典理论在研究信度问题时的两个重要假定是,平行条件和严格平行条件。平行条件只是在统计上的要求,对于一组被试,各测量结果或者项目成绩的均值和方差要相等。严格平行条件除这两条统计上的要求外,还有内容上的要求:各平行测验(即量表)的项目必须在内容上一一对应或者匹配。信度系数的项目成绩标准化进路,就是先使得各项目上的成绩满足平行条件,然后再计算出项目两两间的积矩相关系数,求出它们的均值 $\bar{r}$,然后再把均值代入下面的预测公式求出信度系数的估计值。

$$\alpha = \frac{k\bar{r}}{1 + (k - 1)\bar{r}}$$

式中,k = 项目个数。

尽管这个公式被称作"标准化项目阿尔法"公式,但这里的"项目"指的并不是字面意义上的项目,而是"独立测量结果"。当然,如果构成一个量表的项目是代表(或者可以看作代表)某个无限项目总体的随机样本,那么,每个单独项目也是该无限总体的样本。这样,项目就与量表或测验等价。显然,如果 $k = 2$,"标准化项目阿尔法"公式就变成了折半矫正公式。

对以上公式作适当变形,我们便可以得到关于项目相关系数均值的计算公式:

$$\bar{r} = \frac{\alpha}{[k - (k - 1)\alpha]}$$

例如,对于 $k = 9$,α 为 0.9,我们有:

[①] 该小节的标题是根据原文试图讨论的内容加的。原著中仅把项目成绩标准化进路作为折半进路的一般形式介绍,而且介绍和学术实际存在一些偏差。译文中我们作了具体的处理,以反映学术的真正面目。——译者按

$$\overline{r} = \frac{0.9}{9 - 8 \times 0.9} = 0.5$$

据此,我们可以预测 $k = 18$ 时的信度系数值:

$$\alpha = \frac{k\overline{r}}{1 + (k - 1)\overline{r}} = \frac{18 \times 0.5}{1 + (18 - 1) \times 0.5} = \frac{9}{9.5} \approx 0.947$$

可见,增大 k 可以提高测量结果的信度。由预测公式我们不难看出,在其他条件等同的前提下,k 值越大,测量结果的信度就越高。这一点也可能不会那么显而易见。如果每个项目都含有一定的信号和噪音,那增加项目数量不就是既增加了信号也增加了噪音吗? 答案是,是既增加了信号也增加了噪音。不过,正如劳德和诺维克(Lord & Norvick, 2008)证明的那样,增加项目时,误差以线性速度增加,信号却以指数速度增加(p. 86)。也就是说,随着测验的加长,真分数方差累积的速度比误差方差累积的速度更快。这就和总体参数估计值(例如,美国青少年的平均体重估计)精确度(即,更接近总体参数的真值)随着样本的增大而增加的方式一样。

评分者间一致性

至此,我们所讨论的关于信度系数的估计方法都是以项目作为指标的。对于一本关于量表编制的书,这样做肯定是恰当的。然而,在很多研究背景下,需要评分者或者裁判作为指标。尽管严格说来,这种情况与量表编制无关,不过,简要讨论一下评分者间的一致性(有关评分者间一致性的概述,请参见 DeVellis, 2005)问题也不无裨益。因为,这有助于我们认识评分者间一致性与基于项目的信度在概念上的相似性。对这两种情况,背后的逻辑要求,旨在一个共同目的的指标之间应该相互联系。就评分者或裁判而言,如果他们打出的分数反映的是所观察刺激的状况,而不是他们自身的情况,那所打出的分数就应该一致。该一致性的性质随着研究者的研究目的和评定一致性的方法的不同而异。

有些情况下,调查研究者需要把严格的一致认定为评判结果可信。例如,两个篮球裁判判罚的可信度就取决于此两人对于一系列情况判定结果的一致性程度。对于任何一个球是好球还是犯规的判定,要以篮球运动的规则为标准。因此,对于评判判定结果的可信性,要求绝对一致是合适的。对于其他情况,评判人评定结果的一致性可以在一个连续统上变化。例如,一个州集市上的质检评判当地自产的饼的质量时,用的等级尺度就会比简单的好坏多一些。对于这种情况,对评定结果一致性的要求就松一些,没有必要要求不同质检的评定结果完全一致,完全反映饼的质量情况。虽然有的质检可能松一些,总是给出较高的评分,而有些则严一些,总是给出较低的评分,但他们的评定结果之间必须大体一致,这样才能说他们的评定结果可信。对于这种情况,大体上的一致要比完美的一致也许更好。如果根据不同质检的质量评分,能够把饼子按照质量的高低比较一致地排列出来,我们就可以说,是饼子的质量决定了饼子的质量得分,而不是质检人员的好恶。不过,如果不同质检对质量标准的理解不一样(例如,质检员甲认为5分代表饼子的一般质量,质检员乙却认为6分代表饼子的一般质量)他们就怎么也不会得出真正意义上的一致结果的。在这种情况下,完美的一致并不是评判评定结果信度的合适尺度。

在一篇非常有影响力的文章中,帕特里克·E.舒罗特和约瑟夫·L.弗莱斯(Shrout & Fleiss, 1979)对不同情况下的评定评分者间一致性的评估方法进行了讨论。他们强调,研究者意向的重要特征决定了什么样的方法是最佳的评估评分者间信度的方法。就本书的目的而言,他们文章所讨论的最最重要的特征是:评分者之间的完全一致或简单的对应,是不是评分者之间一致性证据的最佳代表。在上面那个篮球裁判的例子中,绝对的一致显然是判定裁判是否可信的必要证据。适合于这种情况的组内相关系数ICC,与科恩(Cohen, 1960)的卡帕系数(κ)是等价的。这种方法确定的是,完全一致结果的频次超过随机一致频次的程度。与篮球裁判不同的是,集市饼子质量质检员并不需要完全一致的评判结果来证明自己的质量评定是可信的。对于这种情况,ICC评估的一致性形式与克伦巴赫阿尔法系数相等。

可见,如果研究者感兴趣的是项目成绩或者评分者评出的成绩对应的程度,那么,就可以用克伦巴赫阿尔法系数。对此两类情况,对应(即,项目之间或评分者之间的相关)源自深层变量对于指标的共同影响,无论这些指标是项目还是评分人。对此两类情况,潜变量的真分数方差占观察分数总方差的比例,就构成了这些指标的信度。对不同类型指标(评分者与项目)间可比性的这种解读,也就是克伦巴赫阿尔法系数作为信度指标之所以普遍有用的根源。

信度系数的历时进路

信度系数的历时进路就是在不同(通常是在两个)时间点上,用同一个量表测出同一组被试的成绩,然后求出这组被试在不同时间点上成绩间的相关系数。如果是两个时间点,这两个时间点上成绩间的相关系数就是信度系数;如果是多个时间点,各两两不同时间点上成绩间的相关系数的均值就是信度系数。通过历时进路求得的信度系数又叫作"历时稳定性(temporal stability)"或"重测信度(test-retest reliability)"。假定为了测量病人在与医生交流过程中想要受到医生控制的欲望,前文所述的那位研究者并没有编制两套量表,而只编制了一套量表。为了估计该量表一次性测量结果的信度,就得用这套量表在两个不同时间点测量同一组病人的受控欲望,这组病人在第一次和第二次测量结果间的相关,就是我们欲求的信度系数值。历时进路所依据的基本原理是,如果一个量表确实是某个有意义构念的量度,那么,在不同时间点上,用这个量表测得的结果应该可比。换句话说,潜变量的真分数应该对在两个(或更多)时间点上所观察到的分数的影响具有可比性,但误差在不同次测量中的作用不会恒常不变。因此,同一组个体用同一个量表在两个不同时间点上所测得的分数之间的相关,应该代表潜变量对观察分数的决定程度。这与信度的定义(潜变量真分数的方差占观察分数总方差的比例)等价。

这种推理也有一定问题。不同时间点上分数间的变化,可能与测量程序有关,也可能与测量程序无关。农纳利(Nunnally, 1978)指出,即使我们所感兴趣的构念已经发生了改变,但由于项目特征的原因,测得的结果也可能暂时是稳定的。例如,如果某个焦虑量表既受社会期望的影响又受焦虑的影响,那么,尽管焦虑发生了变化,量表测量所得的分数仍可能保持稳定。由此可知,以不同时间点上分数高相关所反映的分数的稳定性,并不是我们所关注的现象的不变性;另一方面,现象可能没有发生变化,但测量所得的分数却发生了改变。也就是说,量表测量结果不可靠,或者说量表不精密。还有,现象本身的确发生了变化,而且量表也准确地跟踪着这种变化,但不同次测量结果间的差异仍然是不可靠性导致的结果。问题是,引起变化或者不变化的原因,除测量程序的可靠性和不可靠性外,还有各种各样的因素。克里和麦克格瑞斯(Kelly & McGrath, 1988)找出了四个因素,它们交织一起,影响着同一个量表在不同时间点上的测量结果。这四个因素是:①所关注构念的实际变化(例如,一组个体平均焦虑水平的净增长);②被测现象的系统波动(例如,焦虑水平围绕某个恒定值随每天时段的不同而变化);③由个体差异或测量方法引起的变化,而不是由所关注现象引起的变化(例如,由于疲劳效应造成的项目误读);④由于测量程序固有的不可靠性所造成的历时不稳定性。这些因素中,只有第四个属于不可靠度(即信度)。

最近,余[音译](Yu, 2005)在讨论重测信度中的误差时指出,重测分数中的误差不仅来自测量工具自身的缺陷,也来自接受测量的个体和测量实施的过程。来自于接受测量的被试的误差包括携入效应,即第一次测验中的表现对之后测验成绩的影响。例如,被试在接受第二次测验时还记着第一次测验中的回答,第二次回答时他可能希望前后一致。因此,第二次测验中的回答不仅由受测当时的相关状态决定,也由受测作答时希望前后一致动机这一无关心态决定。余(Yu, 2005)还提到了另外一种基于应答者的误差源——"特意效应"。例如,高中生第一次特意参加 SAT 升学考试的目的仅仅是为了获得一些经验,以便之后根据这些经验准备下次考试。再举一个例子。被试在第一次接受测验时,可能对其中的有些问题很反感,于是在第二次遇到这些问题时采取有意回避或乱答的策略。余所谈到的施测过程误差包括每次施测过程的变化(例如,允许被试检查前面做过的题),指令不清,打分主观(例如,对多种可能答案的评分标准),以及前后施测之间的时间不合适。即使工具自身可信,这么多种误差中的任何一种都可以降低分数的信度。

这并不是说,量表测量结果表现出足够的稳定性就不重要。在任何研究情境中,假定不同时间点上的测量结果呈现高度相关,都是至关重要的。不过,我们在这些情境中所寻求的稳定性,既包括了测量的方面,也包括了现象的方面。只有在我们可以假定所关注的现象在不同时间点上保持稳定的情况下,通过重测(历时)进路所计算出的相关系数才是测量结果信度的量度——这种信念并不是经常都有保证的。因此,虽然沿重测进路计算的信度系数非常重要,但最好还是让这类信度同时反映测量和现象的本质,而不单单是测量自身。把这类信度称作"历时稳定性"要比"重测信度"更合适,因为"历时稳定性"并没有暗含测量误差是观测结果不稳定性的唯一源泉,而"重测信度"就暗含了这一点。

计算重测信度的典型方法,都会涉及某种形式的相关系数。两次测验相隔一段时间,这和两个项目同一次施测是类同的。只不过,正如前面指出的那样,对于后一种情况,项目之间的相关反映的是把两个项目分别与潜变量连接起来的路径系数的乘积。在严格平行测验的假定下,这些路径系数的值是完全相等的,因此,每两个路径之间的乘积就等于自身的平方。每一个路径还代表源端的潜变量与终端的指标量之间的相关。可见,该值的平方就是相关系数的平方,即,潜变量与指标量共享方差占总方差的比例。所以,通过两个项目之间的相关系数,我们就可以得到一个重要值。在概念上,这个值(在严格平行测验假定下)就等同于项目和潜变量共享方差所占总方差的比例。在重测信度的情况下,逻辑是一样的,但那两个指标变成了在时间 1 和时间 2 所施测的同一个量表工具。因此,两次结果之间的相关系数应该能够用来估计潜变量的观测分数与真分数之间相关系数的平方(因此,也是共享方差所占总方差的比例)。如果严格平行测验这一假定不能满足,结果值就是真正信度的一个下确界。

以上分析告诉我们,一组项目两次施测的信度,可以通过两次所得分数之间的相关系数来估计。这也是实践中计算重测信度的典型方法。在测验分数本质上连续这种通常情况下,典型的做法是用皮尔逊的积矩相关。在绝大多数情况下,对于根据本书原理所编制出的量表,都可以使用皮尔逊积矩相关计算信度系数。如果研究者担心分数不是定距级别的(例如,是秩次分数),那可以用另外一种相关系数。注意,即使单个项目不是严格定距水平上的,这些项目上的得分之和也很接近定距水平了。

信度系数与统计力度

相对欠可信量表而言,对于给定的样本量,更可信的量表能够提高统计检验的力度(statistical power),或者,允许更小的样本达到相同的力度。例如,在检验两个实验组的给定大小的能力差异时,为了达到特定程度的置信度,就需要特定大小的被试样本。检测出这一差异的概率(即,该统计检验的力度)随着被试样本的增大而提高。在很多应用中,大体同样的效果可以通过改善测量的信度而得到。和更大的样本一样,可靠的量度也可以相对地减少统计分析的误差。在被试样本和测量信度这两个选项都存在的前提下,研究者就可以权衡一下,到底是提高测量的信度更可取,还是增加被试的样本更可取。

通过提高信度而获得的统计力度增益取决于许多因素,包括原初样本的大小、所设定的 I 类检验错误的概率水平、判定为显著的效果的大小(如均值差),以及导致量表不可信的误差方差的比例(而不是样本异质性或其他因素)。要精确地比较提高信度和增加样本之间的关系,就必须明确这些因素。谨以下例予以说明。假设有这样一个研究情境: I 类错误的概率水平被设定为 0.01,两个平均值相差 10 分被认为是很重要的,误差方差等于 100。对于该研究,要把 F 检验的力度从 0.80 提高到 0.90,就要把样本容量从 128 增加到 172(增加 34%);如果把总误差方差从 100 减少到 75(减少 25%),在不增加样本的大小的前提下,会产生同样的效果。用一个精密度更高的量表来代替一个精密度较低的量表,在同样的测量情境下也可以达到这一效果。又如,$N=50$,两个变量测量结果的信度系数均为 0.38,这两个变量仅仅在 $p<0.10$ 水平上达到显著相关($r=0.24$)。如果显著性水平设定为 $p<0.05$,则会得出两个变量不相关的结论。可是,如果把这两个变量测量结果的信度系数提高到 0.90 的话,则会得出两个变量在 0.05 显

著性水平上相关的结论。[1] 如果信度系数仍然是 0.38,那么,要在 $p<0.01$ 显著水平上得出这两个变量相关的结论,就需要把原初的被试样本增加一倍。利普塞(Lipsey, 1990)对统计力度作了更为全面的讨论,其中包括测量结果信度的效应问题。

通过增加项目的个数和提高项目间相关系数的平均值(此值因每个项目与真分数之间相关性的加强而升高),都可以提高测量结果的信度。换句话说,更多的项目或更好的项目都能提高信度。两种方法中的任何一种,都能提高统计检验的力度。这和增加样本大小能提高统计力度是一样的道理。要减小抽样误差,要么你增加样本的大小(即,从更多的被试身上采集数据),要么你选出更好的样本(即,从更能代表总体情况的个体身上采集数据)。减小抽样误差能提高统计力度。同样,更长(由更多项目组成)的量表和更优良(项目间相关性更强)的量表,可以减小由于测量误差引起的变异,因此也能提高统计检验的力度。

概化理论

到目前为止,在对信度的讨论中,我们的焦点都放在把观察到的总方差变异分解为由潜变量的真分数造成的部分和剩余的误差部分。本节将简要介绍一个把总方差变异分解为各误差源和非误差源方差的更一般的框架。

在应用把测量结果中的误差方差分解为多个方差分量这个思想之前,我们先一起考虑一个更一般的研究范例。在这个范例中,我们要考察变异的多个来源。假设有一个研究者,想确定某旨在提高专业生产率的培训项目的有效性,并进而假定,该研究者在一个大学教授大样本上和一个与之可比的艺术工作者样本上实施该培训项目。该研究者还选了另外一组教授和一组艺术工作者作为对比组,这些人不

---

[1] 即使把显著性水平设定为 $p<0.01$,也会得出这两个变量相关的结论。而本该得出的结论是两个变量相关,但却得出不相关这样的结论,这就犯了 II 类错误。犯 II 类错误的概率越大,统计检验的力度就越小。可见,扩大样本容量和提高测量结果的信度,都是为了减少犯 II 类错误的概率,即提高统计检验的力度。——译者按。

参加培训,但要和参加者一起接受相同的生产率估量。经过一番思考,该研究者可能得出结论说,关于生产率的观察估量结果,反映了三个可以确定的系统变异源:(1)项目参加者与非参加者;(2)教授与艺术工作者;(3)这些效应之间的交互作用。对于这种情境,对生产效率成绩进行方差分析是一种可取的分析策略。分析时,把这些引起变异的源泉各当作一个维度。这样,研究者就可以确定各个源泉对总变异的贡献量。在本质上,这种分析策略可以把观测到的生产率分数的总方差分解为几个来源:培训,职业,它们之间的交互作用和误差。误差是培训、职业和它们之间交互作用之外的所有变异的来源。

假设有这样一个情境:研究者正在编制一个关于自治愿望的量表,量表的适用对象是年长人群,而且,这些人中有些可能视力有问题。因此,研究者决定对那些因视力原因无法阅读的人以口头的方式呈献项目,对其余的研究对象则以书面形式呈献项目。

一种做法是,忽略呈献方式(口头和书面)对测量结果的影响,这样就可以认为,测量结果的总变异方差中,一部分归因于被试自治愿望的真值,另一部分则归因于测量中的误差。该研究者可以用前面讨论过的方法计算测量结果的信度。然而,值得注意的是,仅仅计算量表成绩的阿尔法系数,并不能把呈献方式引起的变异和其他来源的误差区分开来。

另外一种做法是,认为呈献方式对测量结果的影响是一个误差源泉,并使用方差分析的方法把这种影响分解出来。如果结果表明,呈献方式引起的变异方差在量表分数总变异方差中所占的份额无足轻重,就表示以口头呈献方式测得的分数和以书面方式测得的分数可比。可是,如果分析结果表明,呈献方式引起的变异方差在量表分数总变异方差中所占的份额相当大,这就要求研究者在解释分数时必须注意,应该考虑呈献方式对分数差异的影响。

概化理论(例如,Cronbach,Gleser,Nanda & Rajaratnam,1972)提供了一个框架,以便我们在一个或多个维度上考量测量结果被影响的程度,从而对测量过程的等价性作出判断。在前面的例子中,我们所关注的维度是施测模式。每个所关注的维度都是变异方差的一个潜在源泉,称作侧面。在上述例子中,呈献方式被当作除个体差异之外的唯一的变异方差来源。在这个例子中,研究者希望在不同的呈献方式和不同次测量之间概化,因此,涉及两个侧面①。

用概化理论的语言说就是,在一个侧面(例如口头呈献方式和书面呈献方式)的所有可能水平上的观测数据构成该侧面可获得观测数据的总体。这些观测数据的均值称宇分数(universe score),相当于经典理论中的真分数(Allen & Yen,1979)。应用概化理论研究信度问题分两个阶段:第一个阶段是概化研究(generalizability study),简称 G 研究,其目的是估计在样本容量为 1 时,各个源泉的变异方差的分量;第二个阶段是决策研究(decision study),简称 D 研究,其目的是变化样本容量,分析各个源泉的变异方差分量的变化情况。把所有的变异方差分量分成两组合并,一组的合并结果相当于"真分数"变异的方差,另一组的合并结果相当于"误差"变异的方差。有了这两个合并结果,不仅计算传统的信度系数轻而易举,而且可以利用 D 研究过程中的一系列数据,为未来的应用设计出最佳、最优的实施方案。不过,在概化理论的语言中,已经没有了信度系数这个概念,取而代之的是概化系数(generalizability coefficient)。

G 研究主要借助方差分析(ANOVA)技术,把总分数变异的方差分解为不同源泉变异的方差分量。这个阶段非常复杂,既涉及实验设计中的各种复杂概念和逻辑(例如,交叉设计、嵌套设计、混合设计等),又涉及方差分量分解中的繁重计算。因此,本书不予详细介绍。欲了解实验设计和方差分析技术的读者,可参阅迈尔斯(Myers,1979)或者柯克(Kirk,1995);欲了解单侧面和双侧面设计概化理论应用的读者,可参阅克若克尔和阿尔吉纳(Crocker & Algina,1986)的研究,它对概化理论也提供了一个很好的一般性介绍。

①　在概化理论中,侧面分固定侧面和随机侧面,通常只能在随机侧面上概化,而不能在固定侧面上概化。在该例中,呈献方式显然是固定的,即口头方式和书面方式,所以是不能沿该侧面概化的,即不能说:以口头呈献方式测得的分数,并不是以其他无数呈献方式测得的分数的无偏代表(随机样本)。原著对概化理论的应用和介绍存在严重的误解。译文中作了必要的更正。——译者按

小　结

用量表测量一次所得结果的可靠性,取决于构成该量表的项目共享同一个潜变量的程度。阿尔法系数与信度系数的经典定义密切对应,即信度是量表观测分数变异方差中潜变量的真分数的变异方差所占的比例。计算信度系数的各种不同方法,对应于不同的具体测量情境。例如,如果没有同一个量表的平行版本,就没有可能通过复本进路计算信度系数。一个研究人员,如果了解了信度系数计算的不同进路的长处和局限,无论在编制量表时,还是在评价发表的研究报告时,他/她都处于知情决策的有利位置。信度是一个超越不同研究问题和研究情景的课题。信度估计的概化理论路径以及组内相关系数路径,都挖掘了方差分析的潜力,把不同来源的变异分解并计算出来。这样,就把看似不同的研究活动,例如概化研究、问卷项目的心理统计学评价,以及评分者间信度等,都统统建立在了一个关于信度的共同定义之上:信度,就是可以归因于所感兴趣现象的真分数的方差占其总观测分数方差的比例。

练　习[①]

1.如果一组项目有较高的内部一致性,这暗示了这些项目与潜变量之间有什么关系?

2.对于由三个项目 X_1、X_2、X_3 构成的量表 Y,假定有如下的协方差矩阵:

$$\begin{pmatrix} 1.2 & 0.5 & 0.4 \\ 0.5 & 1.0 & 0.6 \\ 0.4 & 0.6 & 1.8 \end{pmatrix}$$

(a)项目 X_1、X_2、X_3 的方差分别是多少?

(b)量表分 Y 的方差是多少?

---

① 在整本书中,对于答案为数字的练习题,参考答案都放在章末的练习之后。——译者按

（c）量表分 Y 的克伦巴赫阿尔法系数是多少?

3.试论历时进路求信度系数时,量表分数中其他因素的交织情况。

4.复本信度系数进路如何和平行测验(量表)联系起来?

参考答案:

2.(a)1.2,1.0,1.8(三者之和为 4.0); (b)7.0(所有元素值之和); (c)$\alpha = \frac{3}{3-1}$

$$\left(1 - \frac{4.0}{7.0}\right) = \frac{3}{2} \times \frac{3}{7} = \frac{9}{14} \approx 0.64$$

4

效 度[①]

　　信度是关于我们对测量结果的确定性程度，而效度则旨在确认潜变量是不是造成量表项目得分协变的原因。量表测量结果的可信程度，就是量表分数变异方差可以归于某现象真分数变异的程度，该现象对于所有的项目成绩都有因果影响。然而，一个量表测量结果的信度系数较高并不能保证量表编制者所关注的变量实际上就是所有项目所共享的潜变量。确定一个量表是否是某特定变量（例如，觉察到的心理压力）的量度，这是一个效度问题。

　　有些学者给效度一词赋予了更为广泛的意思。例如，麦斯克（Messick，1995）把效度分成六个种类[②]，其中之一（后果）是关于分数使用对被试产生的影响。虽然麦斯克（Messick，1995）关于效度的观点曾在效度研究界引起过一定反响，但是，他的分类体系并没有被业界广泛采用[③]。根据更传统的解释，效度是从量表的构念方式、量表对特定事件的预测能力以及量表测量结果与其他测量结果的关系中推

---

①　由于本书关于效度内容的介绍与译者所知的效度概念的外延和内涵出入较大，所以本书以附录形式增加了一章关于效度的内容，以便读者了解当下学界对效度的认识。建议读者先阅读附录，然后再参照附录阅读本章。——译者按

②　这种说法与学术实际不符。麦斯克并没有把效度分为六种，而是从六个侧面讨论效度问题。麦斯克的效度思想是整体性思想，即效度是一个整体性概念。事实上，种类性效度概念在1985年出版的美国《教育与心理测试标准》中就已经废止，取而代之的是整体性效度概念。整体性效度概念一直沿用至今。——译者按

③　事实上，麦斯克关于效度的观点不仅在效度研究界引起了很大反响，产生了很大的影响，而且已被业界广泛采用。——译者按

断得出的,与此相应,基本上有三种类型的效度,即:

　　1.内容效度(content validity);

　　2.效标关联效度(criterion-related validity);

　　3.构念效度(construct validity)。

　　本章以下的内容,将对这三种效度分别加以简要述评。欲广泛而深入了解效度问题的读者,包括对效标关联效度的研究方法和统计问题以及其他备择效度指数感兴趣的读者,请参阅盖塞利、坎贝尔和泽德克(Ghiselli, Campbell & Zedeck, 1981,第 10 章)以及麦斯克(Messick,1995)的著作①。

内容效度

　　内容效度事关项目样本的足够性问题②,即构成量表的项目集反映整个内容宇或全域的程度问题。如果内容宇定义得非常精当(例如,给六年级学生所教过的所有词汇),内容效度就很容易评定。相比之下,如果所关注的内容宇是关于信念、态度或潜在倾向的,由于测量目标自身非常抽象和微妙,很难精确定义可能项目的范围,所以评定内容效度的困难就会大一些。理论上讲,如果构成量表的项目集是全宇项目的一个随机样本,就说该量表具有内容效度。对于前面提到的词汇例子,项目宇的定义很容易:整个学年所教过的词汇就是项目宇,从这个宇中随机抽出的一组词汇就是该项目宇的无偏代表。然而,当我们要测量的是信念时,我们就没有一个现成的定义精当的项目表作为关于信念的项目宇。尽管如此,编制量表时所采用的方法(诚如第5 章中所建议的那样,让专家就项目与研究域之间的关联性进行评

---

①　对于今天的读者而言,如果要深入全面地了解效度理论,应该参见由 Robert L. Brennan 主编,2006 年出版的《教育测量综览》(第四版)的第 2 章;由 Robert L. Linn 主编,1989 年出版的《教育测量综览》(第三版)的第 2 章,以及 1999 年出版的第五版美国《教育和心理测试标准》(*Standards for Educational and Psychological Testing*)的第 1 章。——译者按

②　"内容效度"现在的规范称谓是"基于内容的证据",对应的英语是 evidence based on test content。——译者按

议)能够帮助我们使项目的适切性最大化。例如,如果研究者需要编制一个量表来测量期望结果与欲得结果(如病人期望医生参与和想要医生参与决策)之间的差异,那么,对这位研究者来说,所追求的结果当然是:编制的项目的确代表了全部有关的结果。为了实现这个目标,研究者也许会邀请熟悉这个研究领域的专家对初步编写的全部项目逐个进行评议,并请他们就那些应该包括进来而没有包括进来的内容提出建议,以便把遗漏的内容包括进来,把能反映所遗漏内容的项目及时增补进来。

内容效度与旨在测量的构念的定义紧密相连。简单地说,一个量表的内容就应该反映适用于该量表的概念定义。不过,有些概念,可能理论家给出了不止一个定义,或者,处在几个概念的交合位置。重要的是,项目的内容应该抓住概念性定义中所明确指出的现象的方方面面,而不是那些可能有关联的,但却不是该具体量表旨在测量的其他方面。

我们举个例子来说明。斯特巴与同事(Sterba et al., 2007)着手编写一套关于夫妻二元互动效能(dyadic efficacy)的量表。该量表拟测量的是,夫妻中一方患有风湿性关节炎时,双方感觉到他们作为一个团队处理疾病的能力。这是第一个评估二元互动效能的量表。这里的二元互动效能指的是,夫妻双方对自己作为一个团队开展健康提升行动能力的信心。因此,该量表底层的概念明显有别于诸如个体自我效能(self-efficacy)这样的其他概念,虽然它可能与这些概念有关联。他们第一阶段的工作是项目编写研究,以建立该量表的内容效度的基础。这项研究的目标是,从宽广的实证研究及理论研究文献之中,找出那些可能包含在拟编制量表之中的合适内容。虽然研究者仔细研读了其他相关构念量表的内容(例如,关节炎专门自我效能),他们把自己的项目编写锁定在**自己所定义构建**的特定特征之上。该定义的一个关键方面是,夫妻感觉到他们自己有多少信心来应对关节炎病所带来的挑战。因此,项目研究工作包括了对有关夫妻的访谈,以获得这些夫妻关于所拟定构建在他们听来是否真实的想法,了解涉事夫妻是如何理解此问题的,并获得他们通常用来谈论该问题的语言。构建的概念性定义、文献研读,以及病人访谈中所获取的洞见,为之后的项目编写提供了很多有用信息。编出的项目,能够明确地捕获涉事夫妻关于效能的团队方面的感知情况。这一研究过程,保证了项目的内容反映了该特定构建的内涵。保证了这些内涵就是研究者所感兴趣的方面,而不是各种其他的可能在概念上与该构建相关联的内涵(例如,自我效能或者觉察到的配偶支持)。作为内容效验步骤的补充,斯特巴与同事(Sterba et al., 2007)还邀请其他的行业内容专家根据给出的概念性定义来审查研究团队一开始所编写的项目。这一过程还进一步检查了这些项目是否代表了量表旨在测量的相关内容。这些步骤一起,增加了量表包含相关项目且不包含无关项目的可能性,因此,支持了量表的内容效度。

效标关联效度

顾名思义,为了使测验具有效标关联效度①,仅仅需要有经验数据显示,项目或量表与某个效标或"金标准"之间有联系,至于该联系的理论基础是不是已经清楚,这与效标关联效度无关。例如,如果有经验数据显示,打盹和地下水源之间有联系,那么,对于成功打井这个效标而言,打盹就具有效度。因此,与其说效标关联效度自身是一个科学议题,还不如说它是一个实践课题,因为,效标关联效度涉及的不是对过程的理解,而仅仅是对结果的预测②。事实上,效标关联效度经常也叫预测效度(predictive validity)。

无论用哪个名称,"效标关联效度"并不一定隐含着因果关系,即使预测变量和效标之间的时间先后顺序非常明确。当然,对于理论研究(如"预测作为假设")而言,预测很可能与变量间的因果关系有关联,对于某项科学研究也可能非常有用。

还有一点很值得我们注意。从逻辑上讲,无论效标先于、后于还是同时于编制中的量表,我们所研究的都是同一种类的效度问题。因

---

① "效标关联效度"现在的规范称谓是"与准则之间的关系",对应的英语是 test-criterion relationships,它只是基于和其他变量之间关系证据的一个方面。——译者按

② 原文说是对"它"(指"过程")的预测,显然逻辑上欠通,因此,译文中作了适当处理。——译者按

此,除了用"预测效度"这个称谓外,还可能用"同时效度(concurrent validity)"和"后测效度(postdictive validity)"①。用驾照考试中的书面或口头问题回答情况来预测驾驶技能是同时效度的例子,用婴儿发育量表测定的结果预测婴儿出生时的重量是后测效度的例子。关于效标关联效度,最重要的方面不是效标量和量表测定结果之间的先后顺序,而是两者之间经验关系的强弱程度。和其他称谓相比,效标关联效度能淡化掉时间先后关系,因此更值得选用。

效标关联效度与正确性

在我们结束效标关联效度的讨论之前,还得就效标关联效度与正确性之间的关系说几句。诚如盖塞利(Ghiselli et al.,1981)所言,对于预测的正确性问题,相关系数这个效标关联效度的传统指标也许并不那么有用。因为,相关系数并没有向我们揭示到底有多大比例的案例没有被预测指标正确分类,虽然盖塞利等人(p.311)也提供了一份关于相关系数大小和正确分类比例的对应表格。在某些情况下,把预测变量和相应的效标分成几个类别,然后再估计预测变量把被试正确划入效标类别的"命中率(hit rate)",这样做可能更为合适。例如,我们可以把预测变量和效标变量都分成"高"、"低"两个类别,并且把正确性定作正确分类的比例,即预测变量的"高"、"低"分类结果和效标变量的"高"、"低"分类结果相同的案例数占总案例数的比例。把分类界限定在何处,这是一个非常重要的问题,需要重点讨论。考虑一下这种情况:效标为两个非任意状态,如"有病"和"无病",研究人员希望根据评估工具测出的分数把一组研究对象分为两类。评估工具的目的是,就所关注的疾病而言,把接受测试的对象分为"有病"和"无病"这两个类别。因为结果是两分的,所以完全可以使预测变量两分取值。分类涉及两类可能的错误:一类错误是,根据评估工具上的测定结果,把真正有病的人错误地划入"无病"类,即假伪(false negative)型错误;另一类错误是,根据评估工具上的测定结果,把实际上没有病的人错误地划入"有病"类,即假真(false positive)型错误。把二分点

---

① 严格说是"后验",而不是"后测"。——译者按

定为哪个具体的量表分数,直接会影响这两类错误的犯错率。如果取极端二分点,把所有的被试都划为"无病"类,就可以避免假伪型错误(但却增加了假真型错误);相反,如果把所有的被试都划为"有病"类,就可以避免假真型错误(但却增加了假伪型错误)。显然,对于这两种极端情况,评估工具完全丧失了所有的预测价值。当然,目标是选定一个分界点,从而使两类错误都最小,使分类的正确性最高。但是,通常并没有什么理想的分界点,即没有两类错误都为零的分界点。实践中,研究人员会有意识地把其中的一类错误最小化。例如,如果病情非常严重,治疗方法很有效,治疗费用便宜,治疗过程没有痛苦,那么犯假伪型错误(会导致欠度治疗)的代价要远远大于犯假真型错误(会导致过度治疗)的代价。对于这种情况,如果接受假真型错误是合适的,那么就应该选定这样一个分界点,从而使犯假伪型错误的比率尽量降低。如果治疗费用昂贵,治疗过程痛苦,而病情又不很严重,那么,相反的决策方案就更为可取。

还有一点非常重要:即使量表测量结果和效标测定结果完美相关①,量表测量结果也不是效标测定结果的估计值。因为,无论是对一个变量施行线性变换,还是对两个变量都施行,都不会影响相关系数的值。两个变量间相关系数高的含义是,对于同一个被试,他/她在两个不同变量上的得分与他/她在同一组人中的分布位置非常接近。例如,如果两个变量高相关,那么,在第一个变量上得分很高的人,在第二个变量上的得分很可能也很高。这里,"很高"是相对的,而不是绝对的,因为我们并没有考虑两个变量分数的单位大小。统一预测变量和效标变量的单位大小,对于提高预测精度也许是必要的。调整测量单位大小等价于在确定了回归线斜率的基础上确定截距。如果没有认识到这一点,就很可能导致错误的结论。最有可能发生这种错误的情况是,预测变量的取值范围碰巧和效标变量的取值范围一致。假定有人设计了下面一个"超速罚款量表",以预测驾驶员在未来 5 年中可能收到多少张罚单:

(1)每当我开车时我都超速。

---

① 即相关系数的绝对值是 1。——译者按

　　经常　　偶尔　　很少　　从不

（2）在多车道路上，我沿超车道行驶。

　　经常　　偶尔　　很少　　从不

（3）我自己判断多快的速度是合适的。

　　经常　　*偶尔*　　*很少*　　*从不*

　　接下来我们再作一个不可能的假定：该"超速罚款量表"测出的结果与未来5年中的罚款情况完美相关。该量表的赋分规则是：选一次"经常"得3分，选一次"偶尔"得2分，选一次"很少"得1分，选一次"从不"得0分。量表总分等于项目得分的代数和。根据这个量具有完美的效度并不能得出，量表分为9分意味着在未来的5年间会收到9张罚单。量具有完美的效度的意思是，那些量表分最高的驾驶员，在未来每年收到罚单的数量也最多。当然，通过特定的经验转换公式（例如，0.33×量表分数）可以估计具体的罚单数量。根据这个转换公式预测，量表分为9分的驾驶员每年收到3张罚单。如果效标关联效度很高，估计结果的正确性就高。不过，转换之前量表分值和效标分值的相似程度与效度的高低程度无关。

构念效度

　　构念效度是关于一个变量（例如，某量表上的得分）与其他变量之间的理论上的关系（Cronbach & Meehl, 1955）[①]，是欲测量应该反映出的与其他已经确立的构念之间关系的程度。因此，如果根据已知理论，某变量与构念A和B正向关联，与构念C和D负向关联，与构念X和Y没有任何关联，那么，用来测量这个构念的量表应该反映出相似的关系。换句话说，我们所编制的量表也应该与构念A和B正相关，与构念C和D负相关，与构念X和Y不相关。图4.1是关于这些假设关系的图解。

---

① 根据1999年出版的第五版美国《教育和心理测试标准》，效度即构建效度，因此，废止了"构建效度"这个称谓，并把这里所讲的关于构念效度的内容和效标关联效度的内容并为"基于与其他变量之间关系的证据"。——译者按

	A	B	C	D	X	Y
变量	+	+	−	−	0	0

图 4.1 变量间的假设关系

经验数据反映出的关系与理论预测关系的一致程度,是量表在多大程度上测量了它所要测量的量的证据之一。

在应用这种一般性方法的过程中,斯特巴与同事(Sterba et al., 2007)还描述了一个联系模式。这是一个他们所预测的他们自己的量表工具可能和其他几个相关构念相联系的模式。例如,在理论分析的基础之上他们预测,二元互动效能可能与婚姻质量、心理调节及团队工作标准相关。其中有些联系预测的是负面联系。例如,假想的二元互动效能与抑郁之间的逆向关系。该研究团队承认,那项研究的一个局限是,未评估个体的自我效能,并用事实证明,夫妻所觉察出的二元互动效能不同于夫妻中任何一方的个体自我效能,这是永不停止的量表效验过程的一个重要潜在方面。

构念效度与效标关联效度的区别

人们经常混淆构念效度和效标关联效度,其原因是,同一个相关关系既可用作构念效度,也可用作效标关联效度。其间的差别与其说是在其所获得的值上,不如说是在研究人员的意图上。例如,流行病学家可能试图确定,在调查所取得的各种数据中,哪些与健康状态有关。其意图可能只是找出危险因素,而(至少起初)并不在乎量表分数与健康状态之间的潜在因果机理。在这种情况下,效度就是量表能够正确预测健康状况的程度。另一种可能的情况是,流行病学家关注的是理论问题和对关系的解释。就像第 1 章描述的那位流行病学家一样,研究人员很可能接受工作压力是影响健康状况的一个原因的理论模型,这时的问题就变成:新编制的量表能够在多大程度上测量工作压力? 这就要根据理论所揭示的压力表现情况来评价量表的"行为表现"。如果理论告诉我们,压力和健康状况相关,那么,上个例子中用作预测效度证据的经验关系,这里就可以当作构念效度的证据来用。

　　"已知组效验"程序是另一个既可以当作构念效度,也可以当作效标关联效度的例子。具体而言,它到底应该是哪一种,完全取决于研究人员的意图。典型的"已知组效验"程序就是展现,根据量表分数可以把一个组的成员和另外一个组的成员区分开来,其目的既可能与理论有关(例如,用是否正确预测组员的组别来效验团组态度量表),也可能是单纯地为了预测(例如,用一系列看似不相干的项目来预测工作变动倾向)。对于第一种目的,效验是针对构念效度的;对于第二种目的,效验是针对效标关联效度的。

　　除意图之外,效标关联效度和构念效度之间还有另外一个不同。效标关联效度经常要计算所效验量表与效标(例如,某种行为、地位或分数)之间的相关系数。不同的是,对于构念效度,我们只能间接地评估它(见 Lord & Norvick,2008,p. 278),因为,有关的比较都是和潜变量之间的比较,而不是和观测变量之间的比较。在这一点上,构念效度有点像信度。在之前的章节中我们曾指出,信度真的是关于一个指标量和一个不可观察的真分数之间的关系,而且,我们是通过可观察指标量之间的相关这一基础来推断那个关系的。对于构念效度,情况也一样。我们不能直接计算所效验量表工具和潜变量之间的联系,而必须通过观测新量表工具与潜变量的其他可信指标量之间的联系来间接地计算这种关系。事实上,研究人员可能会发现,在他们还不能肯定自己所关注的主要是效标关联效度还是构念效度的时候,这里的不同就为他们提供了一个粗略的参考。如果目标是预测一个可观察的结果(例如,行为、状态或观测分数),那么,效标关联效度很可能就是他们工作的靶子。如果目标是通过一个可观察的指标量来预测某假设的不可观察的构念,那么,他们工作的靶子很可能就是构念效度。

　　然而,有些时候,效标关联效度的效验也要涉及一个旨在反映某不可观察的真分数的指标量。比如,当效标(例如,某法学院毕业生获得律师资质)是建立在某种形式的心理计量评估时(例如,通过律师资质考试)。如果研究者的工作靶子依然是不需要进一步概念论证的单纯预测,这样的比较就是效标关联效度效验的一个例子,尽管这里关于预测变量和结果变量之间的比较是间接的。

相关系数的衰减

只要两个指标量的测量结果不是完美可信,那么,任何关于这两个指标量的相关就会低估该指标量真分数之间的相关关系(例如,Lord & Norvick,2008)。如果我们假定误差是随机的,那么,只有两个指标量上的可信部分才会相关。因此,根据两个可观察变量计算出来的观测效度系数,就会因为指标量测量结果中的固有不可信性而被衰减。我们可以通过考虑以两个指标量测量结果不可信性的办法,对这种衰减加以矫正。于是,我们有了下面的矫正公式:

$$r(T)_{XY} = \frac{r_{XY}}{\sqrt{r_{XX}r_{YY}}}$$

其中,$r(T)_{XY}$是变量 X 和 Y 的真分数之间的相关系数,r_{XY}是变量 X 和 Y 观测分数之间的相关系数,r_{XX} 和 r_{YY} 分别是变量 X 和变量 Y 的观测分数的信度系数。

尽管有了这个矫正公式,有些研究者还是反对使用它。例如,农纳利和伯恩斯坦(Nunnally & Bernstein,1994)就指出,矫正可能会误导研究者,使研究者还误以为联系比实际上的要更强;他们还指出,矫正后的相关系数有时会超过 1.0(p. 257),这就是问题。劳德和诺维克(Lord & Norvick,2008)也指出,如果两个变量测量结果的信度系数(它们在矫正公式的分母上)都被低估,那么,矫正之后这两个变量真分数之间的相关就会被高估(p. 138)。试回想一下前面章节中讨论过的内容:在严格平行测验之外的其他情况下,阿尔法系数是测量结果真信度系数的一个下确界,很清楚,不准确的所谓矫正很容易发生。因此,在实践中考察相关关系时,我们强烈反对使用矫正公式对相关系数的衰减进行矫正,无论是为了评估效度的目的,还是别的目的。如前所述,由于用来评估构念效度的相关系数的非直接性本质,研究者可能会特别容易受到诱惑来对这些效度系数进行衰减矫正。由于反对衰减矫正的理由依然成立,因此,通常在实践中并不对相关系数进行衰减矫正。

相关系数多高才算展现了构念效度

关于相关系数多高才算展现了构念效度,并没有什么具体的分界线。两个量度除构念相似外,还可能在其他方面相似,认识到这一点非常重要。具体而言,两构念在测量方式上的相似性可以独立于构念相似性来解释分数中的协变。例如,在其他条件等同的情况下,一个多分点变量(例如,分值从 1 到 100)与另一个多分点变量之间的相关,要高于它和一个二值变量之间的相关。这种结果是测量方法造成的人为结果。同样,由于程序上的相似性,通过面谈收集的甲种数据和通过面谈收集的乙种数据之间可能存在一定程度的相关。这就是说,这两个变量之间的某些协变也许是由测量方式的相似性引起的,而不是由构念的相似性引起的。这一事实有助于回答"相关系数多高才算展现了构念效度"这个问题。除共同方法造成的变异之外,两变量至少还应该展现出它们之间的协变情况。

多特质—多方法矩阵

多特质—多方法矩阵(multitrait-multimethod matrix)效验程序是由坎贝尔和费斯克(Campbell & Fiske,1959)设计的,该程序对于考量构念效度非常有用。该程序可以对两个或两个以上构念以至少两种方法测量,以便构造一个"完全交叉"的方法—结果矩阵。例如,设计了这么一项研究,其对焦虑、抑郁及鞋子尺寸在两个不同时间以两种不同的程序进行了测量(注意,两个不同的个体样本可以在同一个时间进行测量,但这样做会对该做法的逻辑造成什么影响呢?)。我们可以用两种不同的方法对每个构念进行测评,一种方法是用视觉类比量表测评,另一种方法是面试人员的评分。前者要求被试在线段上作出标记,以表示自己有关特质(包括焦虑、抑郁、脚的大小等)的大小、多少;后者要求面试人员根据被试在 15 分钟互动活动中的表现打分。根据这两组测评结果,我们就可以编制出像表 4.1 这样的一个相关系数矩阵——多特质—多方法矩阵。

表 4.1 对多特质—多方法矩阵中相关的解释

项目 1

	A_v	A_i	D_v	D_i	S_v	S_i
A_v	TM	T	M		M	
A_i	T	TM		M		M
D_v	M		TM	T	M	
D_i		M	T	TM		M
S_v	M		M		TM	T
S_i		M		M	T	TM

注：TM 代表同特质、同方法（即信度），T 代表同特质、不同方法，M 代表同方法、不同特质，A、D 和 S 分别指焦虑、抑郁和鞋子大小概念，下标 v 和 i 分别指视觉化类比和面试方法。

　　另一种可能是，把各种特质分成相关特质与无关特质（但表中没有这么做）。由于反映同一特质（构念）和同一方法的条目应该既共享方法上的方差变异，也共享构念上的方差变异，我们理应期望它们之间的相关程度最高，也期望同特质、异方法条目间的相关次最高。如果经验数据表明的确是这样，就说明构念协变大于方法协变。也就是说，我们的量表（测量结果）受所测内容的影响要大于测量方法。关于鞋子大小，我们没有理由认为它的测量结果可能和其他两个构念随测定方法发生协变，因此，它们间的相关系数不能显著地高于零；而对于像焦虑和抑郁这种非同一但却在理论上相关联的构念，我们可以期望它们之间存在一定的构念协变。对于确立构念效度，这组相关关系可能是一组非常有用的信息。例如，如果我们用来测评抑郁感的两种量表都是完全确立了的，而用来测评焦虑的量表是我们正在编制的量表，这种情况下，我们就可以在相同和不相同测量程序条件下评估由概念相似性引起的协变大小。理论要求，即使结果是用不同的方法测定的，焦虑和抑郁感之间也应该高度相关。如果经验数据表明情况的确是这样的，那么，这就构成了我们新编写的焦虑量表的构念效度的证据。更具体地说，这些相关表明量表有收敛效度（convergent validity)，即表明理论上相关的构念的测量结果相似。理想的情况是，焦虑和抑郁感之间的相关要低于用两种不同方法测定的焦虑与焦虑、抑郁感与抑郁感之间的相关，但它们应该远高于鞋子大小和任意一种抑郁感测定结果之间的相关。同样重要的是，焦虑和鞋子大小不显著相关，无论测量方法相似还是相异。这种证据叫区别性效度（discriminant validity），有时也叫发散性效度（divergent validity），即无关构念之间不相关。如果根据同样方法的测定结果，鞋子大小和焦虑水平显著相关，这说明方法自身的变异占同方法、异构念总变异的比例太大。

麦特克尔（Mitchell, 1979）观察到，多特质—多方法矩阵法采集数据时所用的方法，就构成一个概化理论中的双侧面 G 研究（见第 3 章），其中特质是一个侧面，方法是另一个侧面。作为一种方法，多特质—多方法矩阵使得我们可以把协变分解成"方法"和"特质"（或"构念"）两个变异源。这样，我们便可以更精确地讨论构念效度。原因是，它使得我们可以把真正反映构念相似性（因此与构念效度有关）的协变异与由于使用同样的测量方法而造成（因此与构念效度无关）的人为协变异区分开来。仅凭一个相关系数，是不可能作出这种区分的。

表面效度又是怎么回事儿

很多人都用表面效度（face validity）这个术语来描述那些表面上看起来能测量它们所要测量目标的项目集。在我看来，这种做法很是不幸，其原因如下：

首先，一个量表测量了它看起来好像要测量的东西，这只是一个假定，而这个假定本身很可能就是错误的。例如，艾德尔和本亚弥尼（Idler & Benyamini, 1997）对 27 个大规模的、做得很好的流行病研究作了分析，旨在确定一个普通项目到底确切测试了些什么。这个普通项目要求被试对自己的健康状况作出"差""一般""良好"和"很棒"的等级评定。大部分人都会说，这个由一个项目组成的量表确实测量了它所问的问题：被试的健康状况。艾德尔和本亚弥尼指出，这个项目能很好地预测各种健康状况。和其他变量相比,它总是能更出色地解释跨研究变异方差。与我们的讨论更有关的是,它看起来主要不是与健康状况相关。模型常常包含这个项目,且建立了关于健康状况的量表。典型情况是,该单项目健康状况自评量表和其他健康状况量表都是同一个模型中的显著预测因素,也就是说,它们间并没有共享足够多的变异方差,从而可以用一个的预测分布来排除另一个的预测分布。相反,这个单项目健康状况自评量表却与心理变量共享了更大的变异方差。这些发现告诉我们,该广泛使用的健康状况自评量表并不像它看起来的那样是健康状况的有效指标。对于这个项目,看上去能够测量它所要测量的东西并不足以支持这个项目是有效的这个宣称。

根据表面效度来评价量表效度的又一个问题是,有时我们不能使欲测变量显现出来,而这么做恰恰是非常重要的。例如,对于一个旨在测量人们不如实回答问题(例如,使他们自己"看起来很好")的量表,把测量目标在项目中明确地反映出来显然是没有益处的。对于这样的项目,难道我们就因为它没有测量它看上去所要测量的东西(不如实回答问题)而断然得出结论说它无效吗?希望没有这样。这个例子说明,我们不能根据缺乏表面效度就贸然得出结论说:该量表无效。

关于表面效度的最后一个问题是:我们还不清楚,量表的测量目的到底对谁而言应该显而易见。是被试吗?如果一个医生问一个病人是否比平常更口渴,难道这个问题的效度要依赖于病人是否知道为什么要问这个问题吗?显然不是的。是量表的直接编制者吗?一个量表的编制者,竟然不了解量表内容和所测变量之间的联系(或许纯经验性的、非理论性的效标关联效度情况除外),这种情况很难想象。如果我们接受这个意义上的表面效度的话,那么,几乎所有的量表都会被判定为有效。果真这样,将会导致一些相互冲突的结果。同一个项目,在一些专家看来是某个变量的测度,但在其他一些有同等资质的专家看来却是另外一个变量的测度。根据量表表面上看起来是不是测量了它所要测量的东西就对量表作出有效或者无效断言的人们,经常根据的不过是自己的主观感受而已。这就是说,如果一个量表表面上看上去跟它旨在测量的东西相似,人们就倾向于认为该量表具有表面效度,否则,人们就倾向于认为该量表没有表面效度。这种判断效度的基础似乎不够牢靠。

有时,很容易把表面效度和内容效度搞混。原因是,这两种效度都关心项目内容看起来与所感兴趣构念的关联性。不过,两种之间有一个重要的差别:内容效度是用具体的规程定义的,而这些规程一般要比表面效度那非正式的评估更加结构化,更加严密。我们前面说过,内容效度的这些步骤,可能包括对从潜在的参试者那里收集他们的卓识洞见;典型情况下,还包括从行业专家那里获取有关理论文献的信息。例如,可能会邀请内容专家根据所明确定义的构念来评价项目的内容。这样的专家也许有自己的一套理论参照框架,以支撑他们的判断。仅仅貌似有关并不构成唯一的准则。还有,用来评估效度的个体判断结果要清清楚楚。此外,得出某量表工具具有表面效度的结论,并不只是由研究者自己确定。最后,对反应人透明并不是评价内容效度的基础,这是典型的评估方法(例如,专家评判)。因此,对于内容效度效验的正式路径,可以克服依赖于表面效度的局限。

可见,使量表看起来可以测量它所要测量的东西,既有它的优点,也有它的缺点。就像我们在下一章会看到的那样,在项目的生成过程中,要产生很多明确指向所感兴趣变量的说明。通常,这并不是一件坏事。我并不是说,编制量表时要务使量表不显示它旨在测量的东西,我所强调的是,一个量表表面上看起来是否测量了它旨在测量的东西,这与效度的关系不大,或者根本没有关系。

练　习

1.举例说明,同一个量表和行为之间的相关系数,如何既可以当作构念效度,又可以作为效标关联效度,并解释:(1)计算该相关系数的不同动因;(2)对这个相关系数的解释如何因所评价效度类型的不同而异。

2.假定某研究者有同一组被试在自尊心和社会顺应性这两个构念上的两组测量结果,一组是纸笔量表的测量结果,另一组是面试分数。试问:如何用多特质—多方法矩阵法分析这些数据,以示明测量方法对测量结果的不期望效应太大?

量表编制指南

前面几章的内容都比较抽象,现在,我们来看看如何应用这些抽象的知识。本章将为研究人员提供一组具体的操作指南,以便他们编制量表时使用。

第 1 步:明确你到底要测量什么

这一点看似简单。很多研究者都认为,对于想要测量的东西他们心里早就清清楚楚,但结果却发现自己最初的想法比想象的要含糊得多。不幸的是,这种意识经常发生在花费了大量力气编写项目和收集数据之后,而这个时候再作改变,要比一开始时的成本大得多。量表是以某理论为基础的,还是在探索一个新的学术方向? 量表应该具体到什么程度? 现象的有些方面是否应该比其他方面更加强调?

理论有助于明确所测内容

正如在第 1 章中所讨论的那样,把量表的内容考虑得清清楚楚,需要把量表所要测量的构念考虑得清清楚楚。虽然量表的编制和效验涉及很多细节问题,但它们都要建立在有关专业理论的基础之上,这么做的重要性我们不应该忽视。本书主要关注的量表类型是那些关于难以捉摸的现象的测量工具,这些现象都无法直接观察到。因为没有一个摸得着、看得见的效标可用作量表性能的参照标准,有一些清晰的理念(idea)作为指导就非常重要。同时,我们必须确定欲测现象的边界,以防研究人员在无意之中使量表包括了边界之外的内容,而这些内容并非我们旨在测定的内容。

理论对于概念清晰化有很大的帮助。在编制本书中所讨论的量表时,首先要考虑的是相关的社会科学理论。如果发现现有的理论不能对量表编制提供具体的指导,研究者就可以决定一个新的学术探索方向是否成为必要。不过,这个决定应该建立在知情决策的基础之上。也就是说,这个决定应该是在对现存有关理论审视之后作出的。即使没有可资应用的理论指导工作,在编制量表之前,研究人员也必须先制订出概念性的方案,然后再把该方案付诸实施。从本质上讲,研究人员必须明确定出一种理论模型,至少可以暂时指导量表编制工作。制订概念性方案这项工作可以非常简单,如果只是对欲测内容进行明确定义。如果还能包括关于量表构念与已知相关现象关系的描述以及操作化,那就更好了。

特定性有助于明确所测内容

欲测量构念的特定性或一般性的度也非常重要①。在社会科学中有这么一个共识,即当两个变量的特定性程度匹配时,它们之间的相关最强(有关讨论请参见 Ajzen & Fishbein, 1980)。有些时候,量表寻求与一些非常特定且具体的行为或构念相联系,而另外一些时候,量表欲测定的却是一些更为一般、更为全局的现象。

现在,就以控制源②(locus of control,LOC)为例来说明一下特定性的度的问题。控制源是一个广泛使用的概念,是关于个体把对自己一生中产生重要影响的源泉归因于何处的问题。这个概念可以是一个一般性很强的构念,也可以是一个非常特定或具体的构念。作为前者,可用来解释跨越多种情景的普遍性行为;作为后者,可用来预测个体对一个特定情景的反应。对于影响源泉,既可以泛泛描写,也可以特定或具体刻画。例如,若特尔(Rotter,1966)的内—外源量表有点儿

---

① 　在本节中,"普遍(性)"和"一般(性)"同义,"特定(性)"和"具体(性)"同义,"程度"和"水平"同义。——译者按

② 　有些文献也用"控制点"。——译者按

在泛泛意义上刻画控制源。在若特尔量表的深层,隐藏着一个单维的构念——控制,这个"控制"的取值范围从完全来自内部的个人控制(personal control)到完全来自外部的其他因素控制,组成量表各项目的焦点也是像个人成功这样的普通结果。控制的外部源泉也是用普通术语描写的,例如,"世界是由少数掌权的人所控制的,小人物对于这种情况很无奈"。

利文森(Levenson, 1973)编制了一个多维 LOC 量表,以测定"自己"、"有权势的他人"以及"机会"(或"命运")这三个控制源的情况。这个量表通过把外源控制刻画成"有权势的他人"和"命运",使研究人员稍微具体地了解特定外源控制的作用。不过,利文森量表所关心的结果仍然是普遍的结果。这是一个取自利文森多维 LOC 量表中子量表"有权势的他人"的一个项目:"我觉得我生活中所发生的一切都是由那些有权势的他人决定的。"

沃斯顿、沃斯顿和德维利斯(Wallston, Wallston & DeVellis, 1978)使用利文森的三维控制源量表另外编制了一个多维健康控制源量表(Multidimensional Health Locus of Control, MHLC),该量表所关注的结果更为具体,是诸如避免生病或不舒适感之类的健康问题。请看一个取自 MHLC 量表中子量表"有权势的他人"的样本项目:"对我来说,经常与保健医生联系是避免生病的最好方法。"之后,沃斯顿、斯腾和史密斯(Wallston, Stein & Smith, 1994)又编制了一个结果更具体的多维健康控制源量表(简称 MHLC-C 版),它由一系列的"模板(template)"项目组成。通过把每一个模板项目中的疾病或紊乱名称替换成"我的状况",该量表便可以用来确定任何所关注的健康问题,例如,"如果我定期去看保健医生,我的糖尿病出问题的可能性就会小一些"。这是一个取自 MHLC-C 版中子量表"有权势的他人"的典型项目,该项目可能会用于糖尿病研究。

这些越来越具体化的 LOC 量表,个个都有其潜在的用途。哪一个最有用呢?这在很大程度上取决于所研究问题的普遍性(或一般性)程度和量表普遍性程度的匹配。例如,如果一个多维健康控制源量表旨在预测普遍性行为,或者旨在与其他测定普遍性构念的变量进行比较,那么,若特尔量表也许是最好的选择,因为若特尔量表所预测的也是普遍性的行为;如果研究人员关注的是预测关于他人影响的信念如何具体地影响某些健康行为,那么,沃斯顿、斯腾和史密斯的量表可能更为恰当,因为该量表与所研究问题的特定性程度相匹配。在编制过程中,这些量表都有一个清晰的特定性程度框架,以便根据量表的目标功能来确定对于该特定性水平的研究问题拟选用的量表是合适的。关键是,在开发过程中,量表的编制者应该是特定性水平问题的积极决策者,而不是只管编写一组项目,之后再被动地看这些项目到底能预测哪个特定性水平的行为结果。

上面的例子就是用来说明行为结果(例如,世界是如何运行的与糖尿病问题)和控制源(极其普遍的外部因素与命运和有权势的他人)的特定性水平匹配问题。然而,特定性的维度很多,其中包括内容域(例如,焦虑与更广泛的心理调节)、情景(例如,针对某具体工作环境而设计的有关问卷)和被试群体(例如,孩子与成人、军人与大学生)。

明确量表应包括的内容

量表编制者应该问一问自己:在编量表旨在测量的构念与其他的构念有何区别。正如前面指出的那样,根据应用时的具体情境,量表可以编制得使其适用范围宽泛一些,也可以编制得使其适用范围狭窄一些。对于量表构念的覆盖面而言,情况也是这样。测量一般焦虑完全是可以的。一个一般焦虑量表可能既测定测试焦虑,也测定社会焦虑。如果与量表编制者或使用者的目标吻合,这当然很好。然而,如果所关注的只是某种具体的焦虑,那么,所编制的量表就应该排除关于任何其他种类焦虑的项目。对于这种应用情境,可能"串入"其他相关构念(例如,当关注的是测试焦虑时却包括了测定社会焦虑的项目)的项目就是个问题。

有些时候,看似相似的项目测量的却是截然不同的构念。在这种情况下,虽然量表的目的是测量现象甲,但量表也对其他现象非常敏感。例如,有些抑郁感量表,如拉德洛夫(Radloff,1977)的流行病研究中心抑郁感量表(Center for Epidemiological Studies Depression Scale),就有一些测量抑郁躯体症状(例如,与调查对象"动弹"能力有关)的项目。在某些健康状况下(例如,关节炎),这些项目可能误导研究人

员把某些身体病症当作抑郁症状(有关具体讨论,请参见 Blalock,
DeVellis, Brown & Wallston, 1989)。如果量表的使用对象是某些特定
群体(例如,慢性病患者),或者该量表是和其他一些身体构念(例如,
臆想病)一同使用,量表编制者就可能选择避开有关身体症状的项目。
如果用于其他目的,包括身体症状的项目也许会非常重要,如调查的
具体目标是关于身体症状的负面影响。

第 2 步:建立一个项目池

明确量表的目的之后,编制者就做好了实际动手编写量表的准
备。接下来的工作就是编写一大批项目,从而形成一个项目池①,以作
为最终入选量表项目的候选。

选择反映量表目的的项目

很明显,所有项目池中的项目都应该是针对量表的具体测量总目标
而选择或编造的。对量表意图的确切描写应该是项目编写工作的指南。
回想一下前面曾提到的内容:组成一同质(homogeneous)量表的所有项
目应该反映同一个潜变量。这样,每一个项目本身就可以看作是一个
"测试",是潜变量强度的特定反映。因此,每个项目的内容主要反映的
都应该是所关注的构念。尽管由多个项目组成的量表的测量结果比单
个项目的测量结果更可信,但是,每个项目对潜变量真分数的反映都应
该很灵敏。

理论上,一个好的量表,其项目应该是从有关项目宇(universe)中随
机抽取的②。由于假定项目宇为无穷大,这就基本上迫使我们打消实际

① 有些文献中也把"项目池"称作"项目库",实际上,它们是两个不同的概念,各自强调不
同的方面。"项目池"强调"汇总",具有临时性,而"项目库"则强调"保存",具有长期
性;前者对应的英语是 item pool,后者对应的英语是 item bank。如果都用"库"的话,也
应该称前者"项目工作库",称后者"项目总库"。——译者按

② "项目宇"就是项目总体或众体,由全体所关注的项目组成。在社会统计学中,部分学者坚
持把调查研究对象(subject)的全体叫作总体或众体,英语用 population,把调查研究目标
(object)的全体叫作"宇",英语用 universe。在概化理论中,这个区分非常重要。——译
者按

去列举项目宇中的所有项目并从其中随机取样的希望。但无论如何，这种理想必须时刻牢记。如果你是编写全新项目（通常的确是这样的），就应该创造性地思考你所寻找的欲测构念，看一看是否还有其他的表述方式使项目能够测量欲测量的构念。虽然项目的所测不能超越所定义构念的范围，但是，编制者应该在所定义构念的界限之内穷尽所有可能的项目类型。量表的属性是由组成量表的全体项目决定的，倘若项目不能很好地反映你长期以来所竭力追求的那个概念，加上你也很难具体说清楚，那么，量表就不能正确地抓住所关注构念的本质。

　　所有项目共享的那个"东西"应该确实是个构念，而不仅仅是个类别范畴，这一点也很重要。再回想一下前面提到的内容：在我们的量表编写模型中，项目是共同潜变量的具体表现，是果，而共同潜变量是因，与共同构念相关的分数由该构念的真分数决定。然而，诚如第1章所述，一组项目仅仅与某个共同类别范畴有关联，并不能保障这组项目就共享同一个潜变量。"态度""顺从障碍""生活事件"等术语通常仅定义构念的类别范畴，但并不定义构念自身。例如，最终成为一个单维量表项目池的所有项目，不能仅仅聚焦于各种态度，而应该聚焦于某些特定态度，如对于惩罚毒品滥用者的态度等。如果可能，我们可以设想一个叫作"毒品滥用者特性"的潜变量，这个潜变量就是被试在惩罚毒品滥用者这一项目上所作反映的"造因"。对于这个例子，想象一个能解释普遍性态度的特征是一件相当困难的事情。对于所举的其他几个例子，情况也是一样。典型的顺从障碍有很多种类型，每一种类型（例如，对发现病症的恐惧，对治疗成本的担心，对疼痛的预料，与治疗机构的距离，对不受伤害的知觉）都可能代表一个潜变量。在有些潜变量之间也许还存在非平凡相关。然而，这些障碍中的每一个都是一个分开的构念。因此，"障碍"一词描写的是一个构念类别，而不是与单个潜变量相关的单个构念。我们期望，落入同一个类别（例如，对不受伤害的知觉和对治疗成本的担心）的测量不同构念的项目之间，不应该存在和作为同一个潜变量不同表现的项目之间一样的协变。

项目冗余

令人哭笑不得的是,对于一个量表,有冗余项目既是一件好事,也是一件坏事。要解决这个问题,其中要做的一件事就是要区分项目的特征:有些特征通过重复出现可以加强量表工具,有些则不能。由于这个问题容易搞混,所以,我们得仔细讨论讨论。首先,我得说说项目冗余的好处。在量表编制的这个阶段,在其他情况同等的条件下,最好是多编一些项目。在量表编制过程中,多余一些项目并不是一件坏事。事实上,指导我们量表编制工作的理论模型就是以项目冗余为基础的。在第3章讨论斯皮尔曼—布朗预测公式时我就指出,在其他条件相等的情况下,信度系数是项目个数的函数。编制量表时我们努力做的工作是,编写一组以不同方式揭示同一现象的项目,以捕获我们所关注的现象。通过多项目以及看似冗余的项目,各项目的共同内容叠加起来,而其无关的特有内容却相互抵消——没有项目的冗余,这是不可能的。

然而,不是所有形式的冗余都是好事。有用的项目冗余与我们所关注的构念有关,它不是项目特性的偶然表现。考虑一下这两个项目,一个是原始的,一个是改过的。原始形式:"一件真正重要的事是我孩子的成功";改过后的形式:"真正重要的事是我孩子的成功"。把这个项目中的"一件"删掉肯定会造成关于重要项目内容的冗余,也会造成关于其他你想改变的方面的冗余,如基本语法结构和措辞等。另一方面,两个项目间的冗余可能是很有用的,因为这种冗余是对类似内容的不同表述。例如,"为了保证孩子的成功我几乎什么都可以做"和"如果能帮助孩子取得成功什么牺牲对我来说都不算大"就是两个这样的项目。这两个项目的冗余是关于所感兴趣变量的冗余,而不是语法结构和随遇词汇上的冗余。如果避免了无关的冗余,那么,有关的冗余就会使项目集合更加可信。

在最终的量表中,虽然冗余是不可取的,但是,在项目编制的早期阶段,冗余并不构成多大的事情。因此,在项目的初次测试阶段,两个项目即使只差一个字也值得保留。这么做,我们就可以断定一个项目到底采用哪种形式更好,然后,再用这些更好的项目组成最后的量表。

反对冗余项目的理由是：冗余性的表面项目特性并不是什么优势，例如随意性（即与构念无关）的词汇或语法结构。与构念无关的措词上的各种相似可以导致被试对相似的题目做出相似的回答，这样就会使信度的估计值虚高。例如，如果好几个项目都以同样的措辞开始（例如：“在我考虑它的时候，……”），这几个项目之间的相关就可能高于它们各自与其他项目之间的相关。像阿尔法系数这样的信度指标量是无法把这种由于共同措辞而引起的项目协变，与所感兴趣变量的共同影响而引起的协变区分开的。这样，就导致了信度估值的虚高。

是的，语法结构相似或其他表面特征相似可能造成我们所不想要的内容上的相似。那些与拟测构念并不完全无关的冗余，在有些情况下也会带来一些问题。在一组项目中，如果某些项目与其他项目在特定性方面存在差异，这样就会带来问题。举个例子来说明一下。假想有一个要用来测量宠物爱好者态度的量表工具。这个量表可能包括多种不同的项目。之外的其他项目虽然与我们所感兴趣的构念有关，但是由于太具体，因此也太冗余，而不能发挥作用。“非洲灰鹦鹉爱好者心地善良”和“我认为喜欢非洲灰鹦鹉的人是好人”这两个项目太相似了，其原因不仅仅是因为它们的语法结构相似，还因为两者有潜在的关联性，更因为两者明显共享着同样的具体内容。这样的项目可能使全体项目在总体上偏离我们旨在测量的潜变量（即，对于宠物爱好者的态度），而偏向另外一个更为具体的潜变量（即，对于非洲灰鹦鹉爱好者的态度）。由于宠物种类繁多，两个关于某具体且不常见宠物的项目，就显得扎眼地相似，因此很可能毁坏我们编制该量表工具的初衷。

更一般地，构念的笼统性和具体性程度可能会改变冗余性的影响程度。虽然这个非洲灰鹦鹉例子有点极端，在量表中包括那些与旨测构念特定性不匹配的项目，在一些没有上例那么极端的场合中是可能发生的。例如，在一个设计用来全方位测量情感的量表里，如果有几个关于焦虑的项目，这就会带来问题。这几个关于焦虑的项目之间的相关程度，可能会高于这几个项目分别跟其他非关于焦虑的项目之间的相关。结果，这几个项目就会在所有关于情感这些广阔的项目中间，形成一个关于焦虑这一特定情感的小聚团儿。这会引起一系列的问题。首先,这会摧毁量表的单维性(如果研究者旨在编制一个测量单维变量的量表,这就构成了问题)。其次,这会造成一个不想要的聚焦点,结果会是那些更像关于焦虑问题的项目显得比其他项目表现更好。例如,虽然对于一个关于情感的宽泛量表而言,一个关于担忧(worry)的项目和一个关于恐惧(fear)的项目同样有关联,但是,如果量表中存在焦虑项目的优势,那么,关于担忧的那个项目对信度的贡献就会更大一些。结果,与关于恐惧这个项目相比,关于担忧那个项目和其他项目的平均相关就会更高一些,导致了关于担忧项目对信度估计值的更大贡献。实际上,一个包含了太多关于焦虑问题项目的量表,并不是同等地关涉所有情感问题的,而是更多倾向于焦虑问题的。

对于一个聚焦更窄问题的量表,上段中所指出的问题也可能就不那么明显了。显然,如果那个量表本来就是设计来评估焦虑的,所有的项目都应该与焦虑那个变量关联,因此,那种相似就不构成不想要的冗余。相反,使用像"我的总体感觉"之类的泛泛语言的项目,如果包含在一个关于焦虑问题的量表工具之中,也会形成小聚团儿。其原□□□□□□□□□一个不具体/不特定的情感焦点。看似冗余性的问□□□□□□□□□是项目与研究者旨在评估的构念之间的特定性匹配

□□□□□□□□□评测更具体变量的工具,各项目就可能看起来会更□□□□□□□□□□,和一个关于测量宽泛的情感问题的量表相比,一个用来测量公共演讲焦虑度的工具(由于所感兴趣变量的特定性),其构成项目就会更相似一些。只要这些项目的相似点都与所感兴趣的构念关联,这样的相似并不构成问题。如前所述,只要相似项目都和旨□测变量关联,且不与其他方面关联,这些项目就可能是优质项目。

项目数量

给初始的项目池定出个具体的项目数量是不可能的,只要定出项目池中的项目数量远远多于最终量表中准备包括的项目数量,这就足够了。回想一下第 3 章的内容:根据信度系数的内部一致性进路,信度系数是项目间相关强度(所以也是项目与潜变量间关系的强度)和项目数量(即量表中包括了多少项目)的函数。由于在编制阶段还不

知道项目之间相关性的强度,增加项目的数量就成为弥补低内部一致性的有效方法。但项目池中的项目越多,你越不清楚到底应该选择哪些项目组成量表,以测量我们旨在测量的现象。因此,通常池中的项目是量表可包括项目的 3~4 倍即可。照此,一个 10 项目量表需要一个有 40 个项目的项目池。如果是对于某些特别难编写的项目的内容域,或者有经验数据显示,没有必要用那么多的项目以满足高信度的需要,那么初始项目池中的项目数只要比最终量表中的项目数多出50% 就可以了。

　　一般情况下,项目池越大越好。而且,完全有可能编制一个较大的项目池,大到池中的项目无法在同一组被试身上一次性地施测。如果项目池格外大,研究人员可以依据先验标准剔除一些项目。这些先验标准包括"清晰性(缺乏)"、"关联性(有问题)"、"与其他项目的相似性(不可取)"等。

开始编写项目

　　启动项目编写工作往往是项目生成过程中最难的部分。我是这么开启这项工作的:这个时候,我对项目质量的问题关心要少一些,而对纯粹表述有关想法的问题关心要多一些。我经常先对我想要测定的构念加以陈述,即用通俗语言对欲测构念进行重新表述。例如,如果我关注的是编制一套测量自察商品信息敏感性的量表,我会将重述量表的构念"我对商品信息很敏感"作为开始。然后,我会试着用其他不同的方式表述同一个思想。我的下一个陈述也许是"商品信息对我的影响很大"。我可继续往下这样做,对所作陈述几乎不作任何约束。在开始阶段,我的目标只不过是找出各种各样的表述同一个中心概念的方式,这个中心概念正是我们要编写的量表的构念。我一边写,一边思考着其他的备择表述方式。例如,在接下来的一组句子中,我会尝试着把"商品信息"用"我在电视广告或杂志广告中看到的东西"来替换。我发现,快速而不加评判的重述非常有用。待生成了 3 倍或 4倍于量表可能包括的项目之时,再回过头来看一看已经编写的项目,这时就要带着批判的眼光来检查。检查时,既可以检查项目在多大程度上表述了中心概念,也可以检查项目表述的清晰程度。在下面几小节中,我们将讨论项目修改时应该考虑哪些具体方面,即哪些项目特性应该消除,哪些项目特性又应该加上。

优良项目与劣质项目的特性

要列举出优良项目和劣质项目的所有特点,是一项根本不可能完成的任务。显然,内容域与项目质量息息相关。然而,的确有些特点可以非常可靠地把优良项目与劣质项目分开。这些特点中的大部分都与清晰性有关。在第 1 章中我们曾经指出,好的项目应该没有歧义。因此,那些让被试犹豫不决的项目应该剔除掉。

量表编写人员应该避免冗长的项目,因为冗长通常既增加项目的复杂性,又减少项目的清晰性。但是,并不能以牺牲项目的内容为代价而换取项目的简洁性。如果修饰语对于准确传达项目意图很重要,那就要保留它,但是一定要消除没有必要的赘词。一般来说,"表达观点时我经常遇到困难"是一个较好的项目,相比之下,"公平地讲,大多数情况下我所可能遇到的问题之一是,把我的观点向其他人说清楚"是一个充满赘词的劣质项目。

另一个与此相关的方面是项目的可读性水平(reading difficulty level)[1]。有各种评估文本(其中也包括构成量表的项目)可读性等级的方法(例如,Dale & Chall, 1948; Fry, 1977),其典型的做法是,把长词[2]和长句等同于难度高。要读懂大多数的地方报纸,需要有相当于六年级学生的阅读水平。

弗瑞(Fry, 1977)介绍了量化可读性水平的几个步骤[3]:首先选定一段文本样本,以一个句子的第一个词开始,文本长度正好为 100 个单词(如果量表很短,只有几个项目,那么为了方便,可以选取几十个单词,接下来的步骤一样,但数值要作相应调整);其次,数一数所选文本的完整句子数和音节数。这些句子数和音节数是描绘文本可读性

---

[1] "可读性水平"即项目表述所用文字的难易程度。——译者按

[2] "长词"是针对拼音文字而言的,对于汉语而言,"长词"相当于"笔画多的字"。——译者按

[3] 这种估计可读性水平的方法是针对英语设计的,对于其他语言不一定有效。——译者按

图象的基础,该图象直观地反映了各种每 100 单词文本的句子数—音节数组合和年级当量数的对应关系。从该图象中可以看出,对于可读性为五年级水平的文本,平均每句话的单词数为 14,音节数为 18;对于可读性为六年级水平的文本,平均每句话的单词数为 15 或 16,音节数为 20;对于可读性为七年级水平的文本,平均每句话的单词数约为 18,音节数约为 24。较短的句子和较大比例的长单词,或者较长的句子和较小比例的长单词,也有其当量年级数。例如,句均单词数为 9、音节数为 13(其中 44% 的单词为多音节词)和句均单词数为 19、音节数为 22(其中不到 14% 的单词为多音节词)的文本,都被划为六年级的可读性水平。对于大多数针对普通大众的量表来说,可读性水平定在五年级和七年级之间是比较合适的。例如,多维健康控制源量表的可读性水平就定在五年级和七年级之间。"大多数影响我健康的事情是偶然发生的事件"(Wallston et al.,1978)是一个典型的可读性水平在五年级和七年级之间的项目(这个项目有 9 个单词和 15 个音节,可读性水平是六年级)。

　　弗瑞(Fry,1977)指出,评估可读性水平时,也应该考虑意义因素和句子结构因素。因为短词更倾向于是常用词,短句的句子结构也倾向于简单,因此和其他更复杂的方法相比,弗瑞的方法不失为一种可接受的选择。然而,和编写及选择优良项目的其他标准一样,我们要凭借常识来应用可读性评定方法——一些短语由短单词组成,但它们并不简单。例如,"Eschew casque scorn"(避开头盔(对你)的嘲笑)就比"Wear your helmet"(戴上你的头盔)更容易把仅受过小学教育的被试蒙住①,尽管两者都由 3 个单词和 4 个音节组成。用太多的带否定意义的词汇是造成项目表述不清的另一个原因,因此需要避免。例如,"I am not in favor of corporations stopping funding for antinuclear groups."(我不赞成社团停止对反核集团提供资金)就比"I favor continued private support of groups advocating a nuclear ban."(我赞成继

---

① 这两句英语的意思一样,即"戴上头盔,以免受伤",但是,由于"Eschew casque scorn"的字面意思是"避开头盔(对你)的嘲笑",所以比"Wear your helmet"更难懂。——译者按

续对倡导禁核运动的集团提供私人资助)更容易把人搞糊涂。值得注意的是,这两个陈述可能表达了对同一个问题的不同立场。例如,第二个陈述可能隐含着,最好是来自私人资源的支持,而不是公共资源的支持。

那些叫作"双筒枪"的项目也应该避免。"双筒枪"项目指的是同时表述两个或更多观点的项目。对于这种项目,同意项目所表述的观点既可能意味着同意其中的一种观点,也可能意味着同意项目中的全部观点。例如,"我支持民权,因为歧视是对上帝的犯罪"就是一个典型的"双筒枪"项目。如果一个人支持民权,但支持的原因却不是"因为歧视是对上帝的犯罪",而是出于其他原因(例如,因为歧视是对人类的犯罪),那他/她该如何回答呢? 如果作否定回答,可能让人作出错误的推断,认为他/她不支持民权;如果作肯定回答,也可能让人作出错误的推断,认为他/她支持民权的原因是爱神。

代词的指代性歧义是另一个需要避免的问题。例如,"杀人犯和强奸犯不应该从政治家那里寻求庇护,因为他们是地球上的渣滓。"如果不管代词"他们"到底指的是谁,这个项目的确表达了某些人的情绪。但是,作为量表编制者,我们通常应该追求清晰。作为一个项目,这个陈述存在两方面应被批判的问题:一方面是代词"他们"指代不清,另一方面是"双筒枪"问题。

修饰语位置不当也会造成类似代词指代不清的结果。"Our representatives should work diligently to legalize prostitution in the House of Representatives."就是一个修饰语位置不当的例子①。用形容词形式而不用名词形式也会造成我们不想要的混淆。考虑这两句话在意思上的差别:All vagrants should be given a schizophrenic assessment.(应该对所有游民都作精神分裂症式的评估。)All vagrants should be given a schizophrenia

---

① 这句英语的问题是 in the House of Representatives 的位置。因此,这句话有两种可能的意思。根据第一个意思这句话可以翻译成:"我们的代表应该努力工作,以使得卖淫在众议院中合法化";根据第二个意思这句话可以翻译成:"我们众议院的代表应该努力工作,以使得卖淫合法化。"——译者按

assessment.(应该对所有游民都作精神分裂症评估。)①

单个的词并不是歧义的唯一源泉,有时,一整句话可能会有几个意思。在一项关于青少年性行为的调查中,我亲眼目睹了一个这样的项目,这个项目评估的是父母的教育程度。放进这项调查的大背景之中,这个项目的措辞很是不幸。请看:How far did your mother go in school?②长期以来,研究人员丝毫也没有意识到,这句话包含了他们所不想要的意思。直到在一次研讨会上报告结果时引起同行的窃笑,他们才注意到了这个问题。我想,不少接受调查的青少年做到这个项目时,也一定会发出嘲笑。问题是,这种嘲笑对该项目之后的其他项目可能产生研究者不想要的影响。

正面表述的项目与负面表述的项目

很多量表编制者表述项目时选择了用负面措辞,这样编制出的项目代表他们所关注构念的水平是多么的低,甚至缺乏他们所关注的构念。当然,他们也用更普通的正面措辞。他们的目标是编制一组项目,其中有些项目如果表示同意表示他们所关注的构念水平高,此外还有一些项目如果表示不同意则表示他们所关注的构念水平高。例如,罗森伯格自尊量表(Rosenberg Self-Esteem,RSE;Rosenberg, 1965)就是这样。有些项目表示自尊心水平高(例如,“我觉得我有很多优秀品质”),有些项目则表示自尊心水平低(例如,“我有时的确觉得自己无用”)。在同一个量表中,有些项目用正面措辞表述,有些项目又用负面措辞表述,其用意是为了避免默认、断言或同意性偏袒。这些项目,不管其内容为何,调查对象都倾向于同意。例如,如果一个自尊量表完全由表示高自尊心的项目组成,那么,默认偏袒会使调查结果的自尊心水平很高;如果这个量表中一半项目用正面措辞,另一半项目用负面措辞,就可以根据反应模式把真正的自尊心水平高和默认偏袒

---

① 这两句英语在形式上的差别很小,即-c 和-a,因此很容易造成误解和混淆,但翻译成汉语后,由于形式上的差别被放大(“精神分裂症式的”对“精神分裂症”),造成误解和混淆的可能性也大大减小。——译者按

② 这句话的直译是:“你妈妈在学校走到过多远?”但这句话想表达的意思是:“你妈妈的教育程度多高?”或者“你妈妈上过多长时间的学?”——译者按

区别开来。一个对什么都同意的调查对象对用正面措辞表述的项目会表示同意,对用负面措辞表述的项目也会表示同意的;而一个自尊心水平真正高的调查对象则对用正面措辞表述的项目表示同意,而对用负面措辞表述的项目表示不同意。

不幸的是,在同一个量表中既包括用负面措辞表述的项目也包括用正面措辞表述的项目,这是要付出一定代价的。在"答题"过程中,调查对象可能把问题的方向搞混,特别是在问卷很长时会这样。在把问题的方向搞混的情况下,调查对象往往会把同意认定为自己在那个项目(例如,自尊)上的强度大或程度高,而不管问题提出的方向性。作为一名应用社会科学研究者,我亲眼目睹过不少沿相反方向表述的表现很差的项目。例如,在我和卡拉罕的著作(DeVellis & Callahan,1993)中,我和我的同事用较短小的篇幅集中讨论了关于"风湿病态度指标(rheumatology attitude index)"的一些备择做法。这个量表的名称就很不幸,因为它既没有评估态度,也不是一个指标。我们从中挑选了一些项目,这些项目都是基于经验标准的较长的项目,最后,我们得到了四个对疾病作负面反应的项目和一个有能力很好地应对这种疾病的正面项目。编写者的用意是,在做那些"有能力……应对……"型项目时,调查对象应该把问题的方向反过来,好使所有的项目都表达一种无助感。后来,克尔瑞、卡拉罕和我(Currey,Callahan & DeVellis,2002)检查了那个唯一用正面措辞的项目,结果发现,这个项目总是表现得很差。当在这个项目中加上否定词"不"把问题的方向改变得和其他项目一致时,该项目的表现大大改进。

我们认为,尽管很多调查对象意识到了这个原始项目的方向与其他项目的方向不同,但还是有些调查对象没有意识到。其结果是,对于部分个体,这个项目和其他项目正相关;对于另一部分个体,这个项目和其他项目负相关。最终的后果是,对于样本整体,这个项目与其他四个项目的相关会被明显削弱。这样就导致了我们所观察到的现象:这个原始反向项目的表现不能令人满意。我个人在对社区样本调查中的经验告诉我,反向项目的弊大于利。

小　结

项目池应该是量表得以诞生的丰富资源。它应当由大量的与研究内容相关联的项目构成,对于量表开发,内容的冗余是财富,而不是债务。内容冗余是提高信度的基石,也是效度的基石。项目不应该编成"套件",以免让被试为作答时同意项目的哪个部分而左右为难。项目池中是不是应该既有用正面措辞表述的项目又有用负面措辞表述的项目,要依已经确立的法则来办,这样可以避免前面讨论过的那几种歧义现象。

第 3 步:决定项目形式

同样的问题可以有多种不同的形式。研究者应该提早考虑项目的形式问题,而这一步应该和项目生成同时迈出,从而使两者互相兼容。例如,如果量表最终的应答形式选择的是单词型选项单(checklist),那么生成一大批陈述句形式的项目就会是个浪费。进而,前面提到过的理论模型和有些项目形式更为一致,和另外一些项目形式则更欠一致。本书所讨论的理论框架适用这样的一般情况:构成量表的项目的得分沿某个连续统取值,量表分等于项目分之和。这一节,我将讨论一些常见的项目形式,这些项目形式中有些与第 2 章理论模型所隐含的形式一致,有些则有一定的出入。

瑟斯顿治标法

一些基本的治标方法会影响到项目和反应选项的形式[1],瑟斯顿治标法(Thurstone scaling)就是其中之一。为了便于理解,我们还是打个比方:我们要设计一个在特定频率振动的音叉。你如果敲击一下这个音叉,它就会以那个特定的频率振动,产生一种特定的音调。反过来,如果你把这个音叉放到一个和该音叉设定频率相等的音调源附近,那么,音

---

[1] "治标"即量表的制作,主要强调项目的质量评定、项目和量表的数量标定以及量表中项目的排列顺序,因此,"治标"是量表编制的一个部分。——译者按

叉就会开始振动。在某种意义上,音叉就是一个"频率检测器",在遇到跟它自身设定的频率一样的频率时就振动,在遇到其他频率时则不发生振动。试想有一系列的音叉,它们按照各自所设定的频率的高低从左向右依次排放,越向左频率越低,越向右频率越高。这样,我们就得到一个频率测量仪。这个频率测量仪的测量范围就是最左边那个音叉的设定频率和最右边那个音叉的设定频率。凡处在这个范围内的音调的频率,都可以用这个仪器来测量。具体的方法是,音调引起哪个音叉振动,这个音叉的设定频率就是要测定的音调的频率。瑟斯顿量表的工作原理与此相同。量表编制人员就是要编写一系列的项目,这些项目能对不同水平的待测品性作出反应。当一个项目的"音高"与待测品性的水平匹配时,这个项目就会发出相应的信号。通常,对于所有的正面措辞的项目,反应的信号是"肯定",对于所有的负面措辞的项目,反应的信号是"否定"。确定"设定频率"(即确定每个项目对那个具体水平的构念作出反应)的典型方法是,让一组专家把项目池中的大量项目沿"标有"等距刻度的构念或强度标尺对应排放。

这个想法真不错。我们可以编写不同的项目,使它们与不同强度的品性相互对应;我们可以通过精心处理,使项目之间的排放等距;我们可以通过精心设计,使项目的反应形式为"同意"或"不同意"。研究者可以把编写好的一组项目用在一组调查对象的身上,通过调查对象的反应来看一看哪些项目引发了同意。由于项目事先都根据它们所反应的特定现象水平作了标定,同意的项目数量就是调查对象品性的多少。通过挑选项目从而使项目之间等距,这样的量表具有很多吸引人的测量学属性,因为这种量表的测量结果能进行多种数学运算。

下面是一个假想的瑟斯顿型量表的一部分,这个量表测量的是父母对自己孩子所受教育和所能取得的事业成就的期望。

(1)取得成功是孩子报答我付出的唯一形式。　　同　意____
　　　　　　　　　　　　　　　　　　　　　　　　不同意____
(2)上一个好大学,找一份好工作很重要,　　　　同　意____
　　但都不是孩子幸福的根本。　　　　　　　　　不同意____

(3)幸福与达到教育目标和物质目标没有关系。　同　意＿＿＿
　　　　　　　　　　　　　　　　　　　　　　　不同意＿＿＿

(4)习惯上所看重的成功标志是真正的幸福　　同　意＿＿＿
　　的障碍。　　　　　　　　　　　　　　　不同意＿＿＿

　　诚如农纳利(Nunnally,1978)所指出的那样,真正编制一个瑟斯顿量表要比纸上谈论一个瑟斯顿量表难得多,因为找到能与各特定水平现象发生"共鸣"的一组项目非常困难。瑟斯顿治标法在编制过程中所遇到的困难,往往要超过它可能带来的优点。因此,如果瑟斯顿量表的优点不是研究者所必需的东西,那就可以不用这种方法。虽然瑟斯顿治标法非常有意义,有时也是一种合适的方法,但是鉴于以上原因,本书在以后的章节中不再涉及这种方法。然而,值得注意的是,基于项目反应理论(将在第7章讨论)的方法在许多目标方面和瑟斯顿法相似,所不同的只是追求目标的路线。

古特曼治标法

　　古特曼型量表(Guttman Scale)由一系列测量同一个品性的项目组成[1],各个项目依次测量越来越高的品性水平。因此,被试应该对几个连在一起的项目作出正确反应,直至到了某个临界点,这个点的项目所测量的品性水平超过被试的品性水平,所以,此后的项目被试会一个也不同意。例如,一系列的面试问题可能会是这样问的:"您抽烟吗?""您每天抽烟 10 支以上吗?""您每天抽烟 1 盒以上吗?"等等。就像这个例子一样,在古特曼量表上同意了某个项目,就意味着同意这个项目之前的所有项目。在古特曼量表上的得分,就是所同意的项目中所测品质水平最高的那个项目所反应的品质水平。请注意,尽管瑟斯顿量表和古特曼量表都是由不同品性水平的项目按照水平从低到高排列而成的,但是瑟斯顿量表关注的是对某单个项目的肯定反

---

[1]　"瑟斯顿型量表"和"古特曼型量表"指的是两种类型的量表,而不是两个具体的量表。确切地说,应该是两个心理量表。考虑到国内大多数文献中用"瑟斯顿量表"和"古特曼量表",在不会引起误解的情况下,译文中用这种流行"称谓",而在其他情况下,则视具体情况加上"型"字或采用其他译法。——译者按

应,而古特曼量表关注的则是从肯定到否定的转折。上面假定的瑟斯顿量表如果转换成古特曼量表,看起来就会成为如下的样子:

(1)取得成功是孩子报答我付出的唯一形式。　　同　意＿＿＿＿
　　　　　　　　　　　　　　　　　　　　　　　不同意＿＿＿＿

(2)上一个好大学和找一份好工作对于我孩　　　同　意＿＿＿＿
　　子的幸福都很重要。　　　　　　　　　　　不同意＿＿＿＿

(3)如果一个人已经达到了他/她的教育目标和　同　意＿＿＿＿
　　物质目标,那么,获得幸福的可能性就大一些。不同意＿＿＿＿

(4)习惯上所看重的成功标志并不是真正的　　　同　意＿＿＿＿
　　幸福的障碍。　　　　　　　　　　　　　　不同意＿＿＿＿

对于获得客观信息,或者从逻辑上讲,如果在品性的特定水平上作出肯定反应必然意味着在该水平之下所有水平的反应都是肯定的,古特曼量表都很好使。当我们所关注的现象不那么具体时,事情就变得模糊起来。以前面提到过的那个假想的父母期望量表为例,对于不同的个体,我们所关注构念的水平顺序并不是完全一样的。尽管每天抽 20 支烟隐含了每天抽 10 支以上的烟,但是对父母期望量表中项目(3)和项目(4)作出反应并不总是和古特曼量表的水平顺序一致。例如,调查对象可能对第 3 个项目作出"同意"反应,但却对第 4 个项目作出"不同意"的反应。通常,同意第 3 个项目就意味着同意第 4 个项目。但是,如果某调查对象把成功看作一个复杂因素,这个因素既有助于幸福,同时也是妨碍幸福的障碍,那么他/她的反应模式就会异常。

和瑟斯顿量表一样,古特曼量表无疑也有它的地位,不过,它们的适用范围却相当有限。对于这两种方法,不利和困难要大于它们的优势。到目前为止我们所讨论过的测量理论,并不一定总是适用于这两种方法,记住这一点非常重要。当然,对于瑟斯顿量表或古特曼量表,每个项目和潜变量之间有同样强的因果关系这一假定也不适用。农纳利和博恩斯腾(Nunnally & Bernstein,1994)对这两类量表背后的概念模型作过简要介绍。对于那些要求项目严格排序的情境,将要在第 7 章中介绍的项目反应理论可能是一个潜在的合适选择,尽管项目反应理论应用起来很艰难。

由等权项目构成的量表

前面我们讨论过的测量模型最适合的情况是,对于探测所关注的现象,组成量表的每个项目都差不多等价,也就是说,它们差不多平行(但并没有必要像平行测验模型要求的那么严格)。它们都是一个共同现象的欠完美的"指示(indicator)",把它们简单地合起来便可构成一个可信度可以接受的量表①。

这种类型的量表有一个非常诱人的特征,即每个单独项目都可以有各种各样的反应形式。这样,量表编制者就可以有相当大的自由度,根据具体问题选择合适的项目形式。下面,我们将讨论一些有关反应形式的较普遍性的问题,也要讨论一下一些具有代表性的反应形式的优点和缺点。

备择反应选项的最佳个数

大部分的项目都由两部分组成,一部分是题干,另一部分是备择反应选项。例如,每个项目的题干可能是对某种观点的陈述,与之相应的备择反应选项则表示对于该题干的同意程度。现在,我们就集中讨论反应选项问题,具体地说是,我们应该对每个题干配备多少个备择选项。有些项目类型允许调查对象有无穷个或很多个选项,但另一些项目则对选项数量有严格的限制。例如,试想有一个像温度计那样的愤怒计②,该愤怒计上的刻度范围从最低的"毫不愤怒"到最高的"完全的、无法控制的愤怒"。调查对象接收到的是一系列情形描述,每个描述都配备一副温度计的刻度面板③。调查对象要做的是,把面板上的某个部分涂黑以表示所述情形激起了他/她多大的愤怒。用这种方法测量出的愤怒程度在特定量值范围内几乎是连续的。另一种

---

① 这是一个经典测量理论中最容易被误解的地方。严格说来,经典理论中的分数应该是"项目成绩和÷项目个数×常数",而不应该是项目成绩的简单代数和。实践中为了方便,通常选择一个特别的常数,从而使量表或测验分数等于各项目成绩的简单代数和。这一点,对于理解和正确应用概化理论的结果非常重要。——译者按

② 即测量愤怒程度的工具,国内一些文献中称"量表"。——译者按

③ 即"愤怒计"的刻度面板。这里的"情形描述"即题干,"刻度面板"即备择选项。——译者按

可能的做法是,让调查对象用从 1 到 100 的整数表示各个情形描述所激起他/她愤怒的程度。这种方法的测量结果是一系列的离散数值。还可以把反应的备择选项限定在少数几个范围之内,例如,"全无"、"少许"、"中度"、"许多",或者限定为两个,即"愤怒"和"不愤怒"。

那么,这些不同的做法各有什么相对优势呢? 显然,变异性是量表的一个优良品性,因为没有变异性就不会有协变性。如果一个量表不能区分其潜在的深层品性,那么它的测量结果与其他量表测量结果的相关就会受到限制,而它的用处就会非常有限。增大变异性的一种途径是增加构成量表的项目数量,另一种途径是增加项目备择选项的个数。例如,如果受条件限制,研究者只能用两个问题来测量愤怒程度,那么最好能够放松对备择选项个数的限制。假定有一项关于工作场合对禁烟政策强化的研究,再进一步假定,研究人员想确定禁烟政策和愤怒之间的关系。如果研究人员受到各种限制,只能用两个问题(例如,"如果限制您抽烟,您会感到多大程度的愤怒?"和"当您遇到其他人在工作场合抽烟时,您会感到多大程度的愤怒?"),那么允许调查对象在更多的等级上回答问题比只允许他们在两个等级上回答问题能获得更多的信息。例如,0 到 100 这个等级范围将会揭示反应结果上的很大差异,因此,能使这个只有两个项目的量表的测量结果具有很好的变异性。另一方面,如果条件允许研究小组用 50 个项目组成量表来测量抽烟引发的愤怒,如果量表分数是项目分数之和,那么仅"愤怒"和"不愤怒"两个选项所得的量表分数就会有充分的变异性。事实上,面对一个有 50 个项目的量表,每个项目又伴随很多的选项,调查对象很可能会感到疲倦或者厌烦,这样反而会降低反应结果的信度。

另一个与备择选项个数有关的问题是,各个选项所表示的程度能被调查对象区分,这样的选项对于调查对象才有意义。一个典型的调查对象能作出多细的区分? 这显然取决于测量目标的性质。很少有事情可以被人分为 50 个不同的类别,因此,在面临这么细的区分时,很多调查对象都会以 5 或 10 为单位区分,结果等于把选项的个数降低至 5。这时,35 分和 37 分也许就不能反映出所测现象的真实差异。这种虚假的精密并不会带来多少益处。尽管量表分数的方差变异会因此增大,但这个增大可能是随机部分的增大,而不是系统部分的增大。随机部分就是误差部分,而系统部分才是归因于潜伏在底层的现象的变异。当然,我们从中并没有受惠。

有时,调查对象能够作出有效区分的程度取决于备择选项的具体措辞或物理位置——让调查对象对几个类似"几个"、"少数"和"很多"这样的模糊数词作出区分可能会成问题。如果能把选项按顺序排放在一起,问题的含糊性会大为降低。因为,当把这类词按照明显的顺序排放成一个连续统时,调查对象的心里就会豁然开朗,明白到底需要他们如何作答。如下面的排列:

很多　　一些　　少数　　极少数　　无

调查对象一看就会明白,"一些"比"少数"要多,因为"一些"排在"少数"的左边、"很多"的右边。然而,如果有可能找到一个毫无含糊之义的形容词以取代连续统中相对位置的作用,那样会更好。有时,宁愿少几个选项,也不要模糊不清的选项。在上面的例子中,删掉其中的"一些"或"少数"从而只保留四个选项,也许比五个选项更好。最糟糕的情况是,含糊的措辞再加上混乱的位置排列。请看下面的例子:

非常有帮助　　　　不是非常有帮助

有些帮助　　　　　一点帮助也没有

即使在最好的情况下,像"有些"和"不是非常"这样的说法也很难区分。以这样的形式排列选项,会使事情更糟。如果调查对象从上向下先看左面的一列,然后再看右面的一列,那么,根据位置判断,"有些"似乎要比"不是非常"的程度更高。可是,如果调查对象从左向右先看第一行,然后再看第二行,那么,根据位置判断,"不是非常"似乎要比"有些"的程度更高,与第一种情况正好相反。由于语言和排列位置方面的双重含糊,不同的调查对象可能对这两个表示中等程度的选项有不同的理解,结果,信度就会大打折扣。

还有一个问题是,研究人员是否有能力而且愿意为每一个项目都记录那么多的取值。如果用前面谈过的温度计法量化愤怒的程度,研究人员是不是要真的去给每一个选项精确打分? 精确到什么程度合适? 涂黑部分是在一厘米范围之内？四分之一英寸范围之内①？一毫米？如果想从测量结果中得到的是某种像下、中或三分之一上之类的粗糙数据,那又何必要求如此精密的反应结果呢？

至少还有一个问题与选项的个数有关。假定每一个项目都可以配有几个离散型选项,那么选项的个数应该是偶数还是奇数呢？同样,这取决于问题的类型、选项的类型以及研究者的目的。如果选项是双极式选项,其中用一个极端表示另一个极端的反面(例如,强烈的正面态度对强烈的负面态度),那么选项的个数为奇数时会导致模棱两可(例如,既不是"同意"也不是"不同意")或不确定性(例如,"不肯定"),而选项的个数为偶数时通常就不会导致这样的结果。项数为奇数时隐含了一个中心"中立点"(例如,既不是肯定的评价,也不是否定的评价)。相比之下,项数为偶数时,就可以迫使调查对象至少微弱地靠向两个极端中的一个(例如,受迫在"适度肯定"和"适度否定"之间选择一项以作为最不极端的反应)。奇数和偶数之间,一个也并不是必然地要优于另一个。如果觉得调查对象有可能选择一个中立项以逃避抉择,那么研究者也许想排除模棱两可性。例如,在关于社会比对选择研究中,研究者也许想迫使调查对象表现出他们到底是喜欢听到比自己情况更糟糕的信息,还是喜欢听到比自己情况更好的信息？请看下面两个例子,其中第一个例子曾被用来对关节炎患者做社会比对研究(DeVellis et al., 1990)。

(1)您更喜欢听到下面哪一种关于病人的信息？

　　a.病人的关节炎症状比您的更重

　　b.病人的关节炎症状比您的轻

(2)您更喜欢听到下面哪一种关于病人的信息？

　　a.病人的关节炎症状比您的更重

　　b.病人的关节炎症状和您的一样重

　　c.病人的关节炎症状比您的轻

像(2)b那样的中立性选项会引起我们所不想要的模棱两可性。当然,中立点也有它的用处。在一项关于人们更喜欢冒两种危险(例

----

① 1英寸=2.54厘米,1/4英寸=0.636厘米。——译者按

如,"乏味"和"危险")中的哪一种的研究中,中间点就至关重要。研究者可以就危害的可能性或严重性在"安全但乏味的活动"和"振奋但冒险的活动"之间的几个选项上变化。这时,就可以在选项中设定一个中立点,使得调查对象在"冒险"和"振奋"之间几乎同样的模棱两可,这个中立点可以用作冒险性指数。

从下面各种 B 活动之后所提供的选项中,圈出与你对活动 A 和活动 B 相对更喜欢程度一致的那个选项。

活动 A:读统计学书(受严重伤害的可能性无)

(1)活动 B:乘坐小型通勤飞机(受严重伤害的可能性非常小)

| 强烈地更喜欢 A | 有点儿更喜欢 A | 同样喜欢 A 和 B | 有点儿更喜欢 B | 强烈地更喜欢 B |

(2)活动 B:乘坐小型开仓式飞机(受严重伤害的可能性有一点)

| 强烈地更喜欢 A | 有点儿更喜欢 A | 同样喜欢 A 和 B | 有点儿更喜欢 B | 强烈地更喜欢 B |

(3)活动 B:从有备用降落伞的飞机上跳伞(受严重伤害的可能性中度)

| 强烈地更喜欢 A | 有点儿更喜欢 A | 同样喜欢 A 和 B | 有点儿更喜欢 B | 强烈地更喜欢 B |

(4)活动 B:从无备用降落伞的飞机上跳伞(受严重伤害的可能性非常大)

| 强烈地更喜欢 A | 有点儿更喜欢 A | 同样喜欢 A 和 B | 有点儿更喜欢 B | 强烈地更喜欢 B |

(5)活动 B:从没有降落伞的飞机上跳下(肯定要受到严重的伤害)

| 强烈地更喜欢 A | 有点儿更喜欢 A | 同样喜欢 A 和 B | 有点儿更喜欢 B | 强烈地更喜欢 B |

且不说该方法的其他优缺点,但这些问题的选项中却清清楚楚地需要包括一个中间点(midpoint)。

反应形式的具体类型

构成量表的项目形形色色,令人眼花缭乱。然而,只有几种项目形式被广泛应用且被林林总总的实践证明是很成功的。下面,我们就讨论这些项目类型中的几种。

李克特型量表

李克特型量表(Likert scale)中的项目形式是最常用的项目形式之一。这种项目的题干是一个陈述句,伴随的备择选项是对所陈述内容的赞同或认可程度。事实上,前面那个冒险性量表的例子用的就是李克特型选项。根据所研究现象和研究目标的不同,备择选项的个数可以是奇数,也可以是偶数。但无论如何,选项的措辞必须精心设计,从而使各选项的赞同程度大体等距。也就是说,任何两个相邻选项之间赞同程度的差距和其他相邻选项之间赞同程度的差距大体相等。实践中的常用做法之一是配备六个选项,即"强烈反对""中度反对""有点儿反对""有点儿赞同""中度赞同""强烈赞同"。这些选项构成一个从"强烈反对"到"强烈赞同"的连续统。在以上选项中,还可以再加上一个表示中立态度的中间点选项,常见形式有"既不赞同也不反对"和"同样赞同同样反对"。关于这两个中间点选项的等价性问题,我们应该花点时间讨论讨论:第一个中间点隐含了"事不关己漠然处之"之意,而二个中间点却暗示了既想赞同也想反对(而且双方势均力敌)。情况很可能是这样的,大多数的调查对象会不大注意语言表述上的微妙差异,只是把中间范围内的任何可能反应都当作中间点来处理,根本不管中间点的精确措辞是什么。

李克特治标法是被广泛地用来制作测量观点、信仰和态度类量表的测量工具。编制李克特型量表时,题干所陈述的内容要相当的强烈(但不要极端强烈),适度的观点应该反映在备择选项之中。例如:"医生一般忽略病人所说的话","有时候医生并不像他们本应该的那样关注病人的评语","医生时不时地会忘记或疏忽病人告诉他们的事情",这几个陈述就表述了对医生不注重病人说的话这件事的观点,观点的强度分别是强烈、中度和微弱。那么,其中哪一种是最好的呢?当然,哪一种最能正确反映观点的真正差异哪一种就最好。为初始项目池编写项目时,应该以什么强度为标准来打磨措辞呢?研究者最好先问问自己:"不同数量或强度品性的人可能会作出什么样的反应?"

在这三个例子中,研究者可能会得出这样的结论:最后一个问题可能会诱使调查对象强烈地赞同,而这些人的实际观点跨越连续统的大部分范围。如果这个结论得到证实,那么第三个项目就不能很好地区分"强烈反对"和"中度反对"。

一般说来,用于李克特型量表时,温和语气的题干可能会诱发过度赞同。例如,对于由"公民的安全保障很重要"这个陈述构成的题干,很多人都可能选择"强烈赞同"。但是,尽管他们选择了"强烈赞同",但他们的真正观点并没有如此极端。当然,相反的情况也同样会发生。持极端观点以外任何观点的人,都可能对一个强烈语气的题干(例如,"穷追并惩罚做错事的人比保护个体权利更为重要")表示反对。在这两种语气(语气太温和或太极端)的题干中,我们有两个理由认为,语气太温和带来的问题更大。第一个理由是,我们往往倾向于编写不冒犯被试的项目。不冒犯被试也许是一个不错的想法,但是这样做的结果可能使我们更偏好那些几乎人人都可能赞同的项目。我们应该警惕语气太温和项目的第二个理由是,这类项目可能代表没有信念或者没有观点。在上一段讨论过的关于医生不注重病人所说的话的第三个例子中,与其说是表现出一种偏好态度,还不如说是缺乏一种反感态度。这样的项目可能不适合研究目标,因为我们经常关注的是存在某种现象,而不是缺乏这种现象。

总之,一个良好的李克特型项目应该清楚地陈述所研究的观点、态度、信仰或者其他的构念。题干陈述包括关于待测构念的从弱到强的多种程度的论断,对于这类量表既没有必要,也有欠合适。因为,李克特型项目的备择选项提供了刻画强弱程度的机会。下面是两个李克特型项目的例子:

(1)锻炼是健康生活方式的一个基本成分。

1	2	3	4	5	6
强烈反对	中度反对	有点儿反对	有点儿赞成	中度赞成	强烈赞成

(2)打击毒品滥用应该享有国家最高优先权。

1	2	3	4	5
全部真	大部分真	等量真假	大部分假	全部假

意义差别

意义差别(semantic differential)治标法主要和奥斯古德及其同事的态度研究联系在一起(例如,Osgood & Tannenbaum, 1955)。典型情况下,意义差别要以一个或多个刺激为参照来使用。例如,如果测量的是态度,那么刺激就可能是像汽车销售员这样的一组人。先确定目标刺激,然后是一串形容词对,每个词对代表一个由形容词定义的连续统的两端(例如,诚实与不诚实),在构成反应选项的形容词中间有好多条线段。正如下面的例子所示:

汽车销售员

诚实 —— —— —— —— —— —— —— 不诚实
寡言 —— —— —— —— —— —— —— 多言

本质上,每一条单个线段(通常为七条或九条)都代表由形容词所定义的连续统上的一个点。作答时,要求调查对象在选定的线段上做个标记。例如,如果某调查对象认为汽车销售员极其不诚实,那么他/她就应该在最靠近"不诚实"的那条线段上做个标记。无论是极端观点还是温和观点,都可以通过在相应线段上做标记的形式来表示。先对关于第一对形容词的刺激进行评定,接着对关于第二对形容词的刺激进行评定。

研究者所选择的形容词可以是双极的(bipolar),也可以是单极的(unipolar),具体选择哪一类,始终取决于量表旨在测定的研究问题的逻辑。双极形容词对表示两个相反品性的存在,例如"友好"与"敌意";单极形容词对表示某个品性的存在或不存在,例如"友好"与"不友好"。

和李克特型量表一样,意义差别型选项形式与本书前面几章中所讨论过的理论模型也非常兼容。可以编写一组项目以叩击潜伏在深层的同一个变量。例如,可以把用像"值得信赖/不值得信赖""公平/不公平"以及"真实/不真实"这样的词语作为端点的项目加在前面例子中的第一个项目和第二个项目之间,这样便构成了一个关于诚信问题的量表。我们可以把这样的一个量表构想成一组共享同一个潜变量（"诚信"）的项目，它们满足第 2 章所讨论过的假定。这样，就可以将项目分数相加形成量表分数，也可以根据后面将要讨论的方法对项目进行评价。

视觉类比

视觉类比（visual analog）是又一种项目形式，由这种项目形式构成的量表在某些方面与意义差别型量表很相似。视觉类比型项目的备择选项是由一对描述所定义的连续统，两个描述分别为连续统的端点，连续统用一条连续直线表示。作答时，调查对象在这条连续线上作出标记，以代表他／她自己的观点、体验、信念以及任何被测定的目标。视觉类比型量表是一个连续性的量表，赋分差别的大小由研究者决定。有关连续性反应模式的优势和劣势前面已经讨论过，不必赘述。但是，还有一个方面前面没有提到，这里需要补充进去，即不同人对连续统上的物理间隔的解释可能会有差别。因此，线段上同一个位置上的标记，对于不同的人而言可能反映了不同的程度，即使每一个人都完全一样地标出了端点。请看下面这个关于疼痛感的视觉类比量表。

　　毫无痛感————————————————————**从未感受过的剧痛**

如果反应结果是中间，那么，这是表示一半时间所感受过的疼痛呢，还是其程度达到最大强度一半的稳恒疼痛，或者全然不同的其他东西？测量疼痛感时所遇到的部分问题是，疼痛感可以沿多个不同的维度量度，其中包括频度、强度和持续时间。此外，从未感受过的剧烈疼痛可能是被体验者歪曲了的感觉。由于不同的个体所体验过的"最剧烈疼痛"的程度可能不同，这使得个体间的比较更为复杂。当然，有些问题也存在于本例的现象——疼痛之中（关于疼痛感测量问题的精彩讨论，可参见 Keefe，2000），但并不存在于量表自身之中。关于视觉类比上赋值的个体差异问题，也存在于其他现象之中。

视觉类比量表的一个主要优势是，它非常灵敏（Mayer，1978）。因此，如果干预事件（例如，实验处理）的效果相对较弱，这种方法对于测量干预前的现象和干预后的现象就非常有用。例如，实验过程中对被试的轻微责怪,其效应在 5 点自尊量表上就不会反映出来。但是,在视觉类比量表上,这种责怪效应在自尊水平较低的被试身上的作用很可能就会反映出来。与测量不同个体间的变化相比,量表的灵敏性在测量同一个体跨时间的变化时的优势更大(Mayer, 1978),原因很可能是,对于确定同一个体跨时间的变化,没有个体差异引起的外在差异。

对于跨时间性的重复测量,视觉类比量表的另一个潜在优势是,被试很难或者不可能精确回想起上一次测量时的反应。我们继续用前面那个自尊量表的例子。如果是 5 点型李克特型量表的反应形式,被试没多大困难就可能回想起自己上一次的选项;如果是视觉类比型反应形式,被试要回想起自己上一次测量时在那条光秃秃的线段上所作标记的确切位置就会非常困难,除非他/她上次标记的是端点。如果研究者关心的是前后测量之间可能存在偏差,从而使不同时间的测量结果之间显得一致,那么后一次测量时回想不起前一次测量的精确反应位置(选项)就是一个优势。那些想使前后反应一致的被试,即使经历了中间的干预实验,也倾向于作出和干预实验之前一致的选择。如果用视觉类比型反应形式,这种可能性就会基本排除。如果经过实验处理之后的反应结果相对于处理之前的反应结果的偏离,对于实验组的被试而言是有规则性的(例如,沿同一个方向),对于控制组的被试而言是随机性的,那么视觉类比反应形式就可以检测出这种细微的、可能被其他方法漏掉的效应。

视觉类比常用做单项目量表的反应形式。单项目量表有一个很大的劣势:无法确定项目间的内部一致性[1]。对于单项目量表,测量结果的信度只能通过第 3 章讨论过的重测进路确定,或者通过和其他已确立的量表的比较来确定。重测进路的问题是,不能区分测量现象和

---

[1] 对于一个特定的测量目标,到底应该采取单项目量表还是用多项目量表来测量,这首先是一个效度问题,其次才是一个信度问题。如果确定只需要用一个项目来测量,那么项目间的所谓内部一致性就会失去意义。这时,不同次测量结果之间的内部一致性才是我们要关心的信度问题。事实上,直接物理测量中的信度基本上都是这类信度问题,即"重测信度"。如果内容抽样是我们所关心的问题,那么就不能用单项目量表来测量,因为对于单项目量表,我们永远无法知道测量结果的信度信息,所以无法用这样的测量结果进行精度(即明确犯错概率条件下的)决策。——译者按

测量过程的不稳定性;与其他已确立量表比较的进路实际上是通过比较来研究构念效度的问题。然而,由于信度是效度的必要条件①,因此可以通过效度证据来推断信度信息。但是无论怎样,最好不用单项目视觉类比量表,而用多项目视觉类比量表,这样就可以确定内部一致性②。

数字反应形式与基础神经过程

最近,罗扎、普瑞弗特斯和伍密利塔(Zorzi,Priftis & Umilita,2002)发表在《自然》杂志上的一项研究结果表明, 某些反应结果可能与大脑处理数字信息的方式相对应。根据他们的研究结果,数字按照一定的顺序排布,就像典型的李克特型量表一样,因此,数字不仅以数值的大小还以它的位置来表示量。他们认为,数字的视觉线条不只是方便的表征符号,还与基础神经过程相对应。他们观察到,各种被破坏了视野中的空间知觉的大脑损伤病人,在做简单的、以视觉方式呈现的数学问题时会犯规则性的错误。错误的种类与空间知觉异常症密切联系。当叫那些对左视野没有知觉的个体表示线性数字序列中两个数值的中点时,他们的错误总是"偏右"。例如,当问到在标有"3"和"9"这两个点之间会有什么时,就出现一些"偏右"(即偏向更高值)错误。如果把量表的大小顺序反过来,继续出现"偏右"(这次却是偏向更小的值)错误。当让同样的任务以非视觉形式呈现时(例如,在问3和9的平均值是多少时),就不会出现这种模式。事实上,如果不用视觉形式呈献问题,这些个体并未表现出任何的算术运算缺陷。没有患空间知觉异常症的控制组被试,并没有表现出那些大脑受伤者的"偏

---

① 这句看似意义显而易见的陈述却是一句很容易被误解且实际上被误解得最严重的一句话。在预测效度证据是唯一效度证据的时期,这句话的意思是:信度系数再高效度系数也不一定高,而如果信度系数低效度系数也不可能高。但是在信度和效度这两个概念的外延和内涵都发生了巨大变化的今天,已经不允许我们这样表述信度和效度之间的关系。然而,由于大量的教材和普及读物编写者并不了解信度和效度理论的现状,所以经常这样表述信度和效度之间的关系。事实上,执照美国1999年出版的《教育与心理测试标准》,信度信息不过是各种"效果"证据中的一种。——译者按

② 确切些说,最后这个分句应该是:"这样就可以通过项目间的一致性来估计测量结果的信度信息。"——译者按

向"模式。据此,作者得出结论说,他们的工作构成"坚实的证据,说明心理数轴远非一个简单的隐喻",而且"以空间形式思考数字(诚如一些伟大的数学家所报告的那样)问题的效率可能会更高,因为这种思考的根基是数字的真正神经表征"(Zorzi et al., 2002, p.138)。尽管这项研究本身并不能保证我们马上就得出硬实的结论,但是它为我们提供了饶有兴趣的初步证据,说明在线性数字串上的数值计算可能与数量评估所涉及的基础神经机制相对应。如果真的是这样的话,那么,以数轴形式呈现的备择项反应形式也许有特殊的优点。

二择一型选项

另一种常用的反应模式是二择一型模式。前面列举的瑟斯顿量表和古特曼型量表,其项目的备择反应选项都是二择一型("赞成"和"反对")。由等权项目组成的量表也可以采用二择一型反应模式,例如,可能要求被试选出一份形容词单上所有的他们认为适用于自己的形容词,也可能要求他们对一系列他们在特定情境中所可能体验到的情绪反应作出"是"与"不是"的回答。对于这两种情况,被试的反应是这些项目所共享的潜变量(例如,"悲伤"、"不幸福"和"郁闷"之类的形容词都代表着抑郁感)的作用,因此,可以把这些反应结果加起来形成一个关于该潜变量的量表分。

二择一型反应模式的一个很大缺点是,每个项目上的变异性被最小化。同样,任何一对项目之间的协变也只能有两个水平中的一个:赞成或反对。回想一下第3章中我们所讲过的内容:对于由多个等权项目构成的量表,其测量结果的变异方差恰好等于项目协方差矩阵中各元素的总和。对于二择一型项目,由于其可能变异方差和协方差的局限,每个项目对变异总和的贡献量很小。在实践中,为了保障有同样程度的总变异,就需要量表包括更多的二择一型项目①。此外,二择一型项目很容易回答,因此会大大减小调查中每个被试的答题负担。例如,大多数的人很快就可以决定哪些形容词贴切地描述了自己。因此,被试往往宁愿做更多的二择一型项目,也不愿意就更少的项目作出更细微的区分。这样,用二择一型项目,研究者更容易使量表分数的变异方差增大。

项目的时间性

　　另一个与项目形式有关的议题是项目所明示或隐含的时间性问题。凯利和麦克格莱斯(Kelly & McGrath,1988)在为本丛书撰写的另一本著作中,讨论了考虑不同量表时间性的重要性。有些量表没有参照任何具体的时间框架,这说明该量表采用的是普遍时间框架。例如,控制源量表中经常包含一些关于因果关系的持久性信念。"如果我采取正确的行动,我就可以保持健康"(Wallston et al.,1978),这个项目假定,该信念是一个相对稳定的信念,这也和关于控制源的理论刻画一致。在理论中,控制源是关于结果控制的一般性期望,而不是特定性期望,尽管在后来的控制源信念测量中有一些向特定性方向的漂移(例如,DeVellis et al.,1985)。其他量表评估的是短暂性现象。例如,抑郁可能随着时间而变化,因此测量抑郁感的量表也必须承认这一点(Mayer,1978)。广泛使用的"流行病研究中心抑郁感量表(CES-D)"(Radloff,1977)采用了这样一种反应形式:要求调查对象表示出他们在过去一周内所体验过的各种情绪状态的频繁程度。像焦虑类的量表(例如,Spielberger, Gorsuch & Lushene,1970)有不同的版本,有些旨在测量相对短暂性的状态,有些旨在测量相对长久性的特质(Zuckerman,1983)。关于时间参照框架,研究者应该主动地选择,而不是被动地接受。选择时,理论是重要的向

---

① 事实上,二择一型项目的最大局限并不在于它减小了量表分数的总变异量,而在于它减小了量表分数的总变异量中项目协方差所占的比例。由于项目间协方差之和就是量表分数真分数的变异方差,所以在其他条件等同的前提下,二择一型选项测量结果的信度最低,当猜测是一个不可忽略的因素时更是这样。其原因是,猜测一方面减小了量表分数的变异方差,另一方面又增加了测量结果的不确定性程度。不确定性程度÷量表分数的变异方差=不信度系数,信度系数+不信度系数=1。可见,在其他条件等同的前提下,二择一型项目的不信度系数最高,当然信度系数就最低。——译者按

导。我们所关注的现象是个体人格的一个基本的长久性的方面,还是随环境可能发生变化的方面? 量表的意图是检测短时间内的微弱变化呢(例如,观看一场悲剧电影之后负面情感的增加),还是一生慢慢发生的变化呢(例如,政治保守主义随着年龄的增长而发生的进展)?

总之,项目形式(其中包括反应选项和指导语)应该反映所关注的潜变量的本质,也应该反映量表的预期用途。

第4步:请专家评审最初项目池中的项目

至此,我们已讨论了三个方面的问题,即清清楚楚地说出所关注的现象是什么,生成合适的项目池,以及决定备择选项的形式。接下来的工作就是,请一组对所测内容熟悉的专家对入池的项目进行评审,该评审过程可以使量表的内容效度最大化(参见第4章)①。

首先,请有关专家对入池项目进行评审可以确认或否认你对待测现象的定义。你可以请你所选定的专家(例如,对所研究构念或与该构念相关的现象很了解的同事)对每个项目与旨在测量目标之间的关联性作出评定。如果你所编制的是由几个子量表构成的旨在测量复合构念的复合量表,这种评定尤为有用。如果项目是精心编写的,专家们就不难确定哪些项目与哪个具体的子构念对应。从本质上讲,你关于每个项目所能测量的内容的想法是假设,专家们的评定结果是确认或推翻这个假设的数据。即使所有的项目都意在叩击同一个单一性的品性或构念,专家评审也很有用。如果专家们从你的项目中读出了某些你没有计划包括的东西,那么,调查对象在对最终编制好的量表反应时也可能发生同样的情况。

对项目关联性进行评审的具体进程通常是这样的:首先,把你事先准备好的关于待测构念的研究定义提供给专家组的每位专家;然后,再让他们根据你所提供的研究定义,对每个项目和构念的关联性作出评定(你可以让他们就每个项目的关联性作出高、中、低这样的评

---

① 根据现行效度理论,既不存在内容效度的问题,也不存在内容效度的最大化问题,只有基于内容的证据。——译者按

定);此外,你还可以让他们以自己认为合适的方式对每个项目进行评论。当然,逐个项目评论可能为专家的工作增加了一点困难,但换来的却是非常有价值的信息。例如,关于为什么有些项目带有歧义的富有见地的简短评论,可能会使你从一个崭新的视角重新审视自己的测定方法。

评审专家也可以就项目的简洁性和明了性进行评价。一个项目的内容可能与待测构念相关联,但是它的表述可能存在问题。表述的简明性与测量结果的信度有关,因为和简明清晰的项目相比,含有歧义或在其他方面表述不清楚的项目,在更大程度上反映了与潜变量无关因素的效应。在对评审专家的评审说明中应该告诉专家,如果他们愿意,请他们指出所有的蹩脚项目或含糊不清的项目,并提出具体的措辞建议。

专家评审的第三个作用是,指出一些被你忽视的测定所关注现象的方法。这也许是一种完全被你忽视的进路。例如,在一个关于健康信念的项目池中,你也许包括了很多有关疾病的项目,但却没有考虑到受伤这类相关问题。通过评审你测定所关注现象的方式方法,专家们可以帮助你使量表的内容效度最大化。

关于专家的评审意见,我们需要慎重处理。专家只是提出意见或建议,到底是接受还是拒绝他们的建议,最终还得由量表的研发者决定。有些时候,内容专家们并不了解量表编制的原理,因此提出的建议并不可取。我在工作中经常遇到的同事建议是:取消那些重复测量同一种现象的冗余项目。我们前面已经讨论过,取消项目池或最终量表中的所有冗余项目可能是一个严重的错误,因为冗余性是内部一致性的不可缺少的方面①。然而,同事的这类建议可能表明,有些项目在表述、用词和句子结构等方面可能太相似,需要改进。对于内容专家提出的所有建议都要高度重视,应该知情决策、合理处理、有效利用。

到了这个阶段,量表编制者手中的项目应该是一组经过专家评审过的并根据评审意见做过适当修改的项目。现在,我们迈向下一步。

---

① 这里,"内部一致性"指的是信度系数。——译者按

第 5 步:考虑把效验性项目包括进去

很显然,量表编制问卷的核心内容是所编写的项目,最终的量表就是从这些项目之中诞生的。但无论怎样,一定的先见总是很有益处的。在调查量表有效性的问卷之中再加上一些别的项目,这既有可能,也很方便。关于所添加的项目,最少有两类值得我们考虑。

第一类需要考虑的项目,是用来探测新编制项目的缺陷和问题的。调查对象对所编写的项目的回答或反应,很可能并不是出于量表编制者所假定的缘由,而可能是其他的动因影响了他们的反应——早一点发现这些动因是有好处的。其中一种较容易探测出来的动因是社会赞许性:如果个体有强烈的动机按照社会所赞许的方式回答某个问题,那么他/她对这个项目的反应就是歪曲的反应。在问卷中加进社会赞许性量表,就可以研究单个项目在多大程度上受到了社会赞许性的影响。哪个项目的得分与社会赞许性量表得分高度相关,就应该考虑是否排除这个项目,除非有坚实的理论依据需要保留该项目。斯特拉恩和哥贝赛(Strahan & Gerbasi, 1972)为我们编制了一个社会赞许性量表。这个量表既简短又实用,只有 10 个项目,因此很容易加进调查问卷之中。

其他来源的项目也可以用来探测项目的不良反应倾向(Anastasi, 1968)。明尼苏达多相人格调查量表(Hathaway & Meehl, 1951; Hathaway & McKinley, 1967)[1],包括了几个子量表,能够用来探测各种各样的反应偏袒现象。对于有些情况,加入这类子量表是合适的。

这个阶段需要考虑加入的其他种类的项目,都与量表的构念效度有关。就像第 4 章中我们讨论过的那样,如果理论断定,你想测量的现象与其他构念相关,那么量表相对于其他构念的表现,就构成了量表的效度证据。在这个阶段有可能加入一些有关构念的子量表,就省得在量表最终编成之后再单独作效验研究。所得出的关系模式构成了效度的支撑材料,或者为我们提供线索,以便发

---

[1] 英文是 Minnesota Multiphasic Personality Inventory,缩写为 MMPI。——译者按

现为什么这组项目没有按照我们所期盼的那种样式表现自己。

第 6 步:在样本身上施测项目

在我们已经决定哪些构念相关及效度探测项目应该进入调查问卷之后,就得把这些项目连同新开发的项目一起在某些被试身上施测。被试样本要大。那么,样本该多大呢? 对此,很难取得共识。农纳利(Nunnally,1978)指出,量表开发过程中一个首要的抽样问题是,从假想的项目宇中抽样(请比较 Ghiselli et al., 1981)。为了把注意力集中在项目的合适性方面,被试的样本要充分大,从而就不必担心被试变异方差的消除问题。农纳利建议,300 个人就算足够大了。但是,实践经验告诉我们,用更小的被试样本也能成功地开发量表。项目池的大小以及拟组成的量表个数都直接影响到样本的大小。如果只是从 20 个项目中挑选出一个量表的项目,不到 300 个人也许就足够了。

不过,被试人数太少在几个方面都有风险。首先,施测结果反映出的项目间的协变模式可能会不很稳定。根据一个被试样本的数据看,某项目对提高信度系数有正贡献,因此被判为好项目。但是,根据另外一个被试样本的数据看,这个项目对提高信度系数没有正贡献,因此被判为坏项目。如果要根据项目对 α 系数的贡献挑选项目(通常很可能是这样做的),很可能绘制出一幅很不准确且过于乐观的 α 系数图画。当被试—项目比相对较低且被试样本不够大时,随机性对项目之间相关性的影响会相当的大。如果一个量表的项目是在这种条件下挑选的,那么再一次施测这个量表时,那些使部分项目在上一次施测中表现得很好的随机因素这一次也许就不起作用。其结果是,在其他时候所得到的 α 系数值比开发研究中所取得的 α 系数值要低。同样,只是因为随机因素对一个项目和其他项目之间相关关系的衰减,我们就可能在开发研究中把这个潜在的好项目排除掉。

开发研究样本过小的另一个潜在陷阱是,用来做开发研究用的被试样本也许并不能代表量表意在调查的全体对象。当然,即使开发用样本大也可能发生这种问题,但是小样本有更大的可能把某些类型的个体排除在外。因此,量表研发人员不仅要考虑研发用被试样本的大小,还要考虑该样本的构成。一个谨慎的研究人员也许会选择第3章中讨论过的概化研究技术,来分析量表对于被试总体的概括性①。

　　虽然所有种类的无代表性并非都是一个样,但是,一个样本至少在两个不同的方面可能不代表它的总体。第一个方面是品性的高低水平,即研发样本在所关注品性上的高低水平与总体的平均期望水平是否相当。例如,研发样本的品性水平范围小于总体品性水平的期望范围,而且这种水平上的局限可能是不对称的。因此,由样本得出的平均品性水平要么明显低于、要么明显高于总体的平均期望品性水平。以"对于法定饮酒年龄的看法"为例,大学里面的看法就很可能和一般社会上的看法不同。对于量表开发,平均水平不一样并不一定就说明该样本不合适。尽管根据这样的样本可能得出明显不同的量表均值,但同样可以为我们提供准确的关于量表的一致性信息。例如,根据这样的样本同样可以得出正确结论,说明哪些项目之间相关最强。

　　与第一个方面相比,样本缺乏代表性的第二个方面更麻烦一些。这方面的问题是:样本和它所代表的总体之间有着质的不同,而不是量的差异。具体地说,样本中反映出的项目或构念之间的关系不同于目标总体中反映出的关系,因此我们不能不予以关注。如果所选样本格外异常,那么,项目对于样本成员的意义就可能不同于对于一般人的意义,这时,样本测试结果反映出的项目之间的协同关系模式就会异常,这在更广泛的人群身上很少会出现。换句话说,根据对样本测试结果的分析(例如,因素分析),对于项目分组,其分组结果可能有失典型性。用更正式一些的语言说,如果样本和总体在某些重要方面不同,那么,根据样本测试所得出的、潜伏在底层的、把可观察变量和真分数联系在一起的因果结构就会不同。我们来看几个比较明显的例子。如果样本成员不能正确理解项目中的某个词汇,而这个词汇既是在项目中重复出现的关键性词汇,也与我们所关注的构念关联,那么,

---

① 尽管概化理论的倡导者坚持认为,概化理论把信度问题和效度问题统一到了一个理论框架之中,但这种认识目前还只是一种观点或者宣称,并不能当作一种理论来应用。——译者按

关于量表在其他情境中会如何表现,他们的反应结果能提供的信息就会很少或者无用。例如,"sick"在美国的意思是"生病",但在英国的意思却成了"发呕"(即反胃)。因此,针对于一组人所编制的疾病量表,对于另一组人的意义则会大不相同。如果量表是关于某个与作呕通常无关的具体疾病(例如,关节炎),对于取自英国的样本,那些包含"ill"的项目就会聚在一起,因为这个单词对英国人有截然不同的意思。对于取自美国的样本,就不大可能把含有"ill"的项目与其他健康问题相关项目区分开来。即使在美国,同一个词在不同的地区也会有不同的意思。例如,对于南方的农民来说,"bad blood"有时候是性病的委婉说法,但是在其他地方则是"仇恨"的意思。如果一个关于亲属成员之间"bad blood"的项目在由南方农民组成的样本上的表现不同于它在其他样本上的表现,这样的结果并没有什么大惊小怪之处。

不过,这第二个方面的缺乏代表性可能会严重破坏我们的量表编制工作。所显现出的潜伏结构,即对量表信度至关重要的项目间协变,可能为研发用样本专有。如果研究人员有理由认为,由研发样本赋予项目的意义并不是这些项目对于总体的典型意义,就要审慎解释根据研发样本所得到的发现。

第7步:评价项目

编好了初始项目池,仔细审查了池中的项目,并在特别选定的样本身上施测了这些项目之后,接下来的工作就是对每一个项目的表现进行评价,从而定出组成量表的项目。从很多方面讲,这一步都是量表开发过程的中心环节。就其重要性而言,项目评价也许仅次于项目编写。

对项目表现情况的初步检查

前面在讨论项目编写时,我们已经探讨了优良项目应该具备的一些品质,现在我们再回到这个议题上来。对于一个要组成量表的项目,我们所追求的最重要的品质是该项目与潜变量真分数高度相关,这是第3章中所讨论的信度理论的直接结果。我们不能直接评估真分数(如果可以,我们也许就不需要量表了),因此,也不能计算真分数与项目间的相关。不过,我们可以根据前面讨论过的模型进行推断。在第2章中讨论平行测验时我曾指出,任何两个项目之间的积矩相关系数等于任何一个项目与真分数之间的积矩相关系数的平方。该平方值就是每个项目的信度①。如果逆向推理,我们就可以根据项目间的相关系数来了解项目分数与真分数之间的关系。项目之间的相关系数越高,项目的信度就越高,即项目与真分数之间的关系越密切。每个个体项目越可信,由它们组成的量表也就越可信(假定这些项目共享同一个潜变量)②。因此,我们所寻觅的项目的第一个优良品质是它们彼此高度相关。完成这项工作的一种常用方法是,审查项目相关系数矩阵。

逆向评分

如果发现有些项目间相关系数为负值,就得考虑是否要对有关项目进行逆向评分(reverse scoring)。前面我曾指出,逆向措辞的项目可能会带来问题。不过有些时候,我们无意中却编写了一些负相关的项目。例如,如果开始时我们打算编写两组分开的项目(例如,一组关于幸福的项目和一组关于悲伤的项目),但是后来出于某些原因又决定把两组项目合并在一起。这样,我们便可以得到一个新的组合构念(例如,情感),各个项目与这个新的组合构念的关联程度相等,但是有些项目与新构念正向相关,有些项目与它负向相关。虽然"我幸福"和"我悲伤"都是情感,但是它们的方向却相反。如果我们希望我们的情感量表与幸福度成正比,那么,它就要与悲伤度成反比。在这样的情感量表上,情感值高的调查对象对关于幸福的项目的反应值高,而对关于悲伤项目的反应值则低。也就是说,为了消除负向相关,我们就得把关于悲伤的项目上的得分逆转过来。有时候,要在施测过程中作一定的变通,从而使反应结果的项目分数被逆转过来。例如,施测中

---

① 在现行信度理论中,已经没有"项目信度"这个概念了。——译者按
② 根据现行信度理论,我们不能说"量表的信度",而只能说作为测量结果的"分数的信度"。因此,我们也不能说"量表越可信",而应该说"量表的测量结果越可信"或者"量表分数越可信"。——译者按

要求被试,如果与"幸福"项目一致就选高值选项,如果与"悲伤"项目一致就选低值选项。逆转分数的方法多种多样,其中一种做法是:对于所有的项目都用措辞完全相同的备择选项(例如,"明显不是""中度不是"等),但根据题目的不同,其备择选项的分值顺序可以是升序,也可以是降序,就像下面两个例子那样。

(1)我经常感到悲伤。

6	5	4	3	2	1
明显不是	中度不是	有点儿不是	有点儿是	中度是	明显是

(2)大部分时间我都感到幸福。

1	2	3	4	5	6
明显不是	中度不是	有点儿不是	有点儿是	中度是	明显是

不过,这样很容易把被试搞混,因为,一旦被试发现所有项目的备择选项都一样时,他们就不大注意文字表述,反倒更注意每个备择选项的相对位置。鉴于这种情况,调换一下备择选项的位置(例如,对于有些项目,备择选项的顺序从左到右可以是从"明显不是"到"明显是",而对于另外一些项目,备择选项的顺序从左到右可以是从"明显是"到"明显不是")也许会更好一些。还有一种做法是,对于所有的项目,相同的备择选项对应于相同的数码①,且处在相同的相对位置,在输入数据时,对有关项目作适当的数码—分数转换。但是,进行数码—分数转换非常枯燥,因而较容易出错。对于每一个被试来说,对同一个项目进行相同的数码—分数转换时都需要特别的注意,因为手工一次又一次地重复这种单调的转换很容易发生错误。

最简单的分数逆转方法是,先把反应结果的原始数据输入电脑,然后再通过软件操作来完成转换工作。通常,不过几个指令或操作就可以轻而易举地完成对所有被试的分数转换。如果反应结果数据是数码,一个公式就可以完成转换工作。例如,假定一组关于情绪的项

---

① 对于这些需要数码—分数转换的项目,原始的与每个备择选项对应的数字没有"大小多少"的意义,而只有作为符号的表征意义。对于这些项目,转换以后的与每个备择选项对应的数字就有了"大小多少"的意义。——译者按

目采用李克特型反应模式,各反应项的相应代码为从 1 到 7 的正整数,数值越高表示有这种情绪的程度越高。再进一步假定,为了便于理解,所有表示正面情绪的项目和表示负面情绪的项目都采用相同的反应模式。然而,如果对于表示正面情绪的项目,反应选项对应的数字越大表示有这种情绪的程度越高的话,那么,这个情绪量表在本质上就是一个关于正面情绪的量表。在这个量表上,对表示正面情绪的项目作出"有"的反应,就会得到高量表分;对表示负面情绪的项目作出"有"的反应,就会得到低量表分。如果把量表中所有表示负面情绪的项目进行转换(把 7 转换成 1,6 转换成 2,依次类推),以上的结果就是我们应该得到的结果。我们可以通过下面的公式完成转换:新分数=(J+1)-旧分数,其中"新分数"是转换之后的分数,"旧分数"是转换之前的分数,J 为原始备择反应选项的个数。在所举的例子中,J 等于 7,(J+1) 等于 8,8-7=1,8-6=2,等等。

有时,项目间的负相关即使经过分数逆转也不能消除。因为,分数逆转可能使某些项目间的相关由负转为正,但同时却使另外一些项目之间的相关由正转为负。这种情况通常表示某些项目根本就与其他项目不合群,因为它们与其他各个项目之间的关系不一致。在一个同质性项目集合中,任何一个项目如果和集合中的某些项目正相关,同时又和集合中另外一些项目负相关,而且这种负相关无法通过分数逆转而消除,那么这个项目就得淘汰。

项目—量表相关

如果我们想要得到一组高度相关的项目,每一个项目就都应该和除它之外的其他项目所组成的集体真正相关。对于每一个项目,我们都可以通过计算其项目—量表相关系数来检查它的这种属性。项目—量表相关有两种:一种是项目与全体候选项目集体的相关,另一种是项目与不包括它自己在内的其余候选项目集体的相关,后一种相关叫"校正项目—量表相关(corrected item-scale correlation)"。假定共有 10 个候选项目,那么,一个项目的校正项目—量表相关就是这个项目与其余 9 个项目所构成的临时量表的相关,这个项目的未校正项目—量表相关就是这个项目与 10 个项目所构成的量表的相关。从理论上讲,未校正项目—量表相关告诉我们一个项目在多大程度上代表了量表,这就和把一个 IQ 测验的子测验与整个测验相关以确定这个子测验是不是整个测验的合适代表一样①。尽管从概念上讲,未校正项目—量表相关很有意义,但事实上,把待考察的项目放入量表会使项目—量表相关虚高。候选项目越少,虚高得就越厉害②。一般情况下,校正项目—量表相关也许会更好。如果项目甲的校正项目—量表相关系数高于项目乙,那么,项目甲就比项目乙更合意。

项目变异方差

进入量表的项目的另一个品性是,它的项目变异方差相对较大。用一个极端情况作为例子:如果所有个体对某个项目的反应完全相同,这个项目的变异方差就等于零,其对于区分不同水平的个体而言就没有任何贡献。相比之下,如果开发用样本在所关注品性上的差异很大,那么,项目成绩的全距也应该差异很大,这就意味着该项目的项目变异方差较大。当然,以增加误差分量的方式来增加项目变异方差是不可取的。

项目平均分

项目平均分靠近可能分数的全距的中心③,这也是一个我们所期盼的项目品性。例如,如果项目的备择选项的全距是 1(明显不是)到 7(明显是),那么,项目平均分靠近 4 就很理想了;如果一个项目的平均分靠近任何一个极端值,那么,这个项目就不能测定某些水平的构念值;如果分数都挤在 7 上,就表明这个项目的措辞还不够强烈,也就是说,很难有人对该项目作出"不是"的反应。

一般情况下,对于一组被试,项目平均分越是靠近可能反应分数的极端,这组被试在这个项目分数上的变异方差就会越小,而变异范

---

① "子测验"与"子量表"同义。英语中为了避免重复,有时用"子测验",有时又用"子量表",但在汉语译文中,为了避免没有必要的误解,我们尽量用同一个名称。——译者按

② 如果按照原文直译就是:项目越少,包括待考察项目与不包括待考察项目之间的差别就越大。——译者按

③ 严格些讲,应该是"项目平均成绩",而不是"项目平均分"。——译者按

围窄小的项目与其他项目之间的相关也较差。正如前面指出的那样：一个自身没有变异的项目，就不会与其他项目协变。因此，任何一个项目，如果它的平均分数偏向一端，或者变异方差偏小（无论出于何种原因），那么，这个项目与其他项目之间的相关就会被降低①。这样，我们就可以主要通过考察一个项目与其他项目之间的相关情况来衡量这个项目的潜在价值②。不过，考察项目平均分和项目变异方差在根据项目—量表相关挑选项目的基础之上，又增加了两道保险。

因素分析

　　把一组项目放在一起并不必然就构成一个量表。这组项目很可能并没有共享同一个深层变量（就像指标变量或应急变量那样③），或许有几个变量。因此，确定蕴藏在项目底层的潜变量的本质就至关重要。例如，蕴藏在阿尔法系数底层的假定是，这组项目是单维度的④。确定一组项目是不是单维的最好办法是因素分析⑤。作为一种重要的量表分析手段，我们将在第 6 章用一整章的篇幅专门讨论因素分析。因素分析需要很大的样本，量表开发一般也需要很大的样本。如果用于因素分析的被试样本太小，整个量表开发过程就会受到破坏。量表开发到了这个阶段，一定形式的因素分析通常是不可缺少的。

---

① 这里的推理有些不到位，应该再加上一句话，即："如果一个项目与其他项目之间的相关被降低，那么，这个项目与其他项目构成的集体的相关就会降低。"——译者按

② 应该是："我们就可以主要通过考察一个项目与其他项目集体的相关情况（即校正项目—量表相关）来衡量这个项目的潜在价值。"——译者按

③ 顾名思义，"应急变量（emergent variable）"就是在研究过程中为了应对某些紧急情况而临时构建的变量。——译者按

④ 这个假定在社会测量界一直存在争议。关于阿尔法系数比较没有争议的观点是：阿尔法系数是重测信度的一个下限。——译者按

⑤ 传统上，确定一组项目是不是单维的典型方法是探索性因素分析（exploratory factor analysis），但是现在最常用的方法则是确认性因素分析（confirmatory factor analysis）。——译者按

阿尔法系数

信度系数阿尔法是量表质量最重要的指标之一①。几乎前面讨论过的所有的个体项目问题(项目平均分偏离中心、项目成绩变异性小、项目之间负相关、项目—量表相关偏低、项目之间相关微弱)最终都会降低阿尔法系数值。因此,在我们选好了拟进入量表的项目,除掉其中表现较差的项目,保留其中表现好的项目之后,就可以用阿尔法系数来评价我们工作的成功程度。阿尔法系数表示量表分数变异方差中真分数变异方差所占的比例②。计算阿尔法系数的方法不止一种,各种方法的差别仅在于自动化的程度。一些计算机软件包在项目分析程序下包含了阿尔法系数的计算。例如,SPSS 软件包不仅能计算含 k 个项目的整量表分的阿尔法系数,也能计算所有的含 $k-1$ 个项目的非整量表分(即去掉其中的一个项目)的阿尔法系数,并且还具备项目—量表相关和校正项目—量表相关功能。SAS 软件包在相关分析模块 Proc Corr 中也包含了阿尔法系数的计算。和 SPSS 一样,Proc Corr 也能计算整量表分的阿尔法系数和所有的少一个项目的量表分的阿尔法系数。此外,SAS 软件包也提供项目—量表相关功能。

也可以用手工计算阿尔法系数。如果能得到每个项目的变异方差和量表分的变异方差,可以把这些值代入第 3 章中讨论过的第一个阿尔法公式,或者用斯皮尔曼—布朗公式(第 3 章中也介绍过)计算信度系数。不过,斯皮尔曼—布朗公式用的是相关系数矩阵中的信息,而不是像阿尔法系数那样使用变异方差信息。这种方法的缺陷是,相

---

① 现在理论界普遍认为,阿尔法系数并没有这么重要。就连克伦巴赫(Cronbach, 2004)本人也认为,阿尔法系数的用处非常有限。——译者按

② 对阿尔法系数的这个解释是错误的。如果测量结果不确定性的源泉是重复测量,那么,阿尔法系数只是信度系数的一个下限;如果测量结果不确定性的源泉是项目抽样,那么,阿尔法系数只是信度系数的一个有偏估计;如果项目方差分量大于零,阿尔法系数则大于信度系数;如果项目方差分量小于零,阿尔法系数则小于信度系数;如果项目方差分量等于零,阿尔法系数则等于信度系数。——译者按

关系数是标准化了的协方差①,而对单个项目的标准化会影响阿尔法系数②。即使坚持严格平行测试条件也没有什么关系,因为假定相关系数相等。然而,相关系数几乎从来都不完全相等。真分数本质相等条件并不要求项目间的相关系数完全相等③。因此,按照这个条件的要求,项目分数误差方差所占真分数的比例可以自由变化。不过,由于斯皮尔曼—布朗公式用的只是项目相关系数的平均值,而真分数本质相等条件隐含了下面的条件:项目—量表相关系数对每一个项目的平均值都等同,所以用起来仍然没有问题。不过,有些时候,通过方差求得的信度系数和根据相关系数求得的相关系数有微小差异,有时差异会很大④。由于方差—协方差矩阵中的数据未经标准化,所以更值得推荐,而且在一般情况下更应该使用。

理论上,阿尔法系数的取值在 0.0~1.0 之间,尽管取两个极端值的可能性很小。如果阿尔法系数是负值,可能就出现了问题。一个很可能出现的问题是项目之间的负相关或负协方差。如果的确是这样,试着用本章前面讨论过的方法逆转某些项目的分数,甚至删除这些项目。农纳利(Nunnally,1978)建议把 0.70 作为阿尔法系数的最低可接受值。在已出版的量表中,我们经常会遇到一些比 0.70 更低的量表——不同的方法论学家和研究者提出了不同水平的阿尔法系数值。对于研究用量表,我个人觉得合适的范围如下:低于 0.60,不能接受;0.60~0.65,不够好;0.65~0.70,最低可接受程度;0.70~0.80,较好;

---

① 这里的"标准化"就是"被标准差除"。——译者按

② 这里的"阿尔法系数"并不是严格意义上的克伦巴赫阿尔法系数,而是信度系数的别名。——译者按

③ 真分数本质相等条件是:$\tau_{xi}=\tau_x+b$,即对于任何一个被试,他/她在任何一个项目上的真分数等于他/她的真分数加上一个常数。由于积矩相关系数对于线性变换守恒,所以真分数本质相等条件等价于项目真分数间的相关系数为 1。显然,实践中,这个条件和严格平行测试条件一样难以满足。还有一点需要指出,严格平行测验条件是为了通过积矩相关系数来计算信度系数,但真分数相等条件、真分数本质相等条件以及真分数类相等条件,都是关于克伦巴赫阿尔法系数等于(重测)信度系数的条件。但是,如何检验或判断这些条件是否满足,目前尚无明确的方法或标准。——译者按

④ 严格说来,对于同一组被试,无论根据哪种方法计算出的信度系数都应该在计算误差许可的范围内相等,否则,就说明某(几)个计算方法的使用条件没有得到足够的满足。——译者按

0.80~0.90,非常好;远大于0.90,应该考虑缩短量表(见下一节关于量表的长度)[①]。需要特别指出的是,关于信度系数的这些质量评判标准纯属我个人的主观看法,并没有什么理性基础。然而,它们是我个人经验的反映,而且在很大程度上似乎与其他研究者的评价一致。我所建议的值是稳定阿尔法值[②]。在开发过程中,我们直接或者间接地根据项目对阿尔法系数的贡献来决定哪些项目最终进入量表。项目之间的有些明显的协变是由偶然因素造成的,所以在开发阶段,我们建议追求更高一些的信度。这样,把量表用于新的研究情境时,即使信度系数会受到一定损害,但也不至于降到可接受的标准之下。正如前面所指出的那样,如果开发所用的样本较小,研究人员更应该特别注意阿尔法系数的初始估计值,因为开发阶段获得的阿尔法值可能很不稳定。下面我们马上就会看到,当构成量表的项目较少时,也会出现同样的情况。

对于正确性要求极高的测量情境,以上所建议的阿尔法系数的"安慰范围"就不适用了——量表的临床应用就是一个例子。以上的建议仅适合于为团体研究采集数据的量表。例如,对于比较团体的均值,一个阿尔法系数为0.85的量表已经足够好。可是,对于个体而言,特别是涉及个体的重要决策时,对信度会提出更高的要求。例如,用于个体诊断、聘用、学术安置等重要目的的量表,其信度要求应该要高得多,譬如在0.95左右。

在有些情况下(譬如说量表只有一个项目),把阿尔法系数作为信度的指标就不可能[③]。如果可能,就应该用其他方法来估计信度系数。求重复测量结果之间的相关可能是单项目量表唯一的选择。正如第3章所讨论过的那样,尽管这样求得的信度系数不够好,但总比没有信

---

① 由于信度系数不仅是测量结果确定性(或不确定性)的函数,而且是受测真分数分布的函数,因此单独一个信度系数并不能表明量表的质量。有时候,信度系数很高,但量表的质量很一般;有时候,信度系数不高,甚至是负值,但量表的质量却很高。而且,同一个量表,施测于不同的受测团体,所得的信度系数差别会很大。换句话说,信度系数是可以通过精心挑选受测团体而操纵的。——译者按

② 即心目中所追求的最低可接受阿尔法系数值。——译者按

③ 实际上,对于单项目量表,也可以用阿尔法系数估计(重测)信度。不过,原来的项目这时变成了每一次重复测量的结果。——译者按

度信息要好得多。要是有可能,最好还是多用几个项目,而不是只用一个项目。

第8步:优化量表长度

量表长度对信度的影响

量表编制到了这个阶段,研究者手头已经有了一个项目池,池中的项目都表现出可接受的信度。量表的阿尔法值受两个特性的影响,一个是项目之间的协变程度,另一个是构成量表的项目数量。对于那些项目—量表相关差不多等于项目—量表相关平均值的项目(即那些还算典型的项目),量表中多包含几个,其阿尔法值就会升高,反之,其阿尔法值就会降低。一般情况下,短量表比长量表要好一些,因为短量表对于调查对象而言答题负担要轻一些。但有时,量表长一些也是好事,因为长量表更为可靠。

如果一个量表的信度系数太低,那么简短就不成其为优点。的确,被试很可能更乐意回答一个由 3 个项目构成的量表,而不乐意回答一个由 10 个项目构成的量表。但是,如果研究者不能给由简短量表所获得的分数赋予意义的话,研究工作将会一无所获。因此,为了简短而牺牲信度只是在"有多余信度"可牺牲的情况下才考虑的问题。如果情况的确是这样,以微小的信度降低为代价换取一套更简短的量表也许是合适的。

"差"项目对量表的影响

扔掉量表中的"差"项目是增加阿尔法系数还是降低阿尔法系数,这一方面取决于扔掉的项目到底有多差,另一方面还取决于量表中共有多少个项目。我们考虑一下项目多少对阿尔法系数的影响,假定这些项目都同样的"好"(即它们之间的相关程度大体相等):对于一个由较少项目构成的量表,每增加或者扔掉一个项目,会引起较大的阿尔法系数变化。例如,如果一个量表由 4 个项目构成,项目间相关系数的平均值是 0.50,该量表测量结果的阿尔法系数为 0.80;如果一个量表由 3 个项目构成,项目相关系数的平均值同样是 0.50,该量表测量结果的阿尔法系数就降为 0.75;如果一个量表由 5 个项目构成,项目相关系数的平均值同样是 0.50,该量表测量结果的阿尔法系数就增加为 0.83;如果是 9 个、10 个和 11 个项目,则项目间相关系数的平均值都是 0.50,相应的阿尔法系数也分别增加为 0.90、0.91 和 0.92。对于后面几个量表,它们的阿尔法系数不仅高一些,而且相差也小一些。

　　如果一个项目与其他项目的相关系数明显低于项目间相关系数的平均值,那么扔掉这个项目会提高阿尔法系数;如果一个项目与其他项目的相关系数稍高于或者差不多等于项目间相关系数的平均值,保留这个项目就会提高阿尔法系数。上面讲过,对于一个由 4 个项目构成的量表,如果项目间相关系数的平均值是 0.50,那么其测量结果的阿尔法系数就是 0.80。对于这么一个量表,当一个项目与其他项目之间的相关系数低到何种程度时,才能使扔掉这个项目后,阿尔法系数不仅没有受损,反而受益呢? 首先我们来看一下,对于一个由 3 个项目构成的量表,当项目间相关系数的平均值是多少时量表的阿尔法系数是 0.80。不难算出,这个值是 0.57。因此,如果淘汰掉 4 个项目中最差的那个之后,余下的 3 个项目之间的相关系数的平均值应该是 0.57,以保证量表的阿尔法系数是 0.80。如果余下的 3 个项目之间的相关系数的平均值低于 0.57,那么它的阿尔法值就低于 4 项目量表的阿尔法值。假定 4 项目量表中 3 个最好的项目之间的平均相关系数为 0.57,最差的那个项目和其他项目之间相关系数的均值应该低于 0.43(这样,4 个项目间的相关系数的均值才等于 0.50),那么扔掉这个项目才会提高阿尔法值。如果均值高于 0.43,则留下这个项目会更好一些。因此,那个差项目的项目间相关系数均值和其余 3 个好项目的项目间相关系数均值之差要大于 0.57-0.43=0.14,这时才值得把它淘汰掉。

　　现在再看一下 10 项目量表的情况,假定阿尔法同样等于 0.80。对于这个量表,项目间相关系数的均值只要约等于 0.29 就行了(说明项目数量可以抵偿项目间的相关)。如果要使一个 9 项目的量表获得同样高的阿尔法值,项目间相关系数的均值就要约等于 0.31。一个差项目与其余 9 个项目的平均项目间相关系数应该约等于 0.20,或者再小一些,才能使加入它之后,所有的 10 个项目之间的平均项目间相关系数低于 0.29。不然的话,保留这个项目阿尔法值会更高。在这个例子中,9 个好项目与 1 个差项目间的平均项目间相关系数差应该等于 0.31-0.20=0.11,这个差要小于 4 项目量表的差。

调整量表长度

实践中,我们应该如何调整量表的长度呢? 显然,应该首先考虑把那些对内部一致性贡献最小的项目从量表中排除掉①。可以通过多种方法找出拟排除的项目。SPSS 软件中的信度功能和 SAS 软件中 Proc Corr 功能的阿尔法选项,都向我们显示出取消某个项目对阿尔法系数产生的影响。那些删除后对阿尔法值产生最小负面影响或最大正面影响的项目,通常是删除项目的首选。项目—量表相关系数是项目取舍的另一个晴雨表,即那些项目—量表相关系数最低的项目是删除的首选。SPSS 软件还为每一个项目提供了相应的多元复相关平方,通过求一个项目与所有剩余项目的回归而获得。这个估计量是关于项目公共性(即一个项目与其他项目共享变异方差的程度)的量度。和项目—量表相关一样,多元复相关平方最低的项目,是考虑删除项目的首选对象。通常,根据不同方法筛选的结果是一致的。与项目—量表相关系数低所伴随的典型情况是,项目的多元复相关平方低。删除这个项目,阿尔法值的损失很小,甚至还会升高——量表长度对阿尔法系数的精密性会产生影响。实践中,计算所得的阿尔法系数值只是信度系数的一个估计值,其有效性取决于实际数据对前提假定满足的程度。前面已经指出过,增加量表中项目的数量(除非这些增加的项目是差项目),阿尔法值就会增加,阿尔法系数作为信度系数估计量的可信性也随之增加。也就是说,与根据短量表计算出的阿尔法系数的置信区间相比,根据长量表计算出的阿尔法系数的置信区间更窄。对于不同次的施测,根据长量表计算出的各个阿尔法值更接近。在量表开发过程中决定量表的长短时,我们应该考虑这个事实。

最后还有一点非常重要,不可忘记:优化量表的长短时,必须给阿尔法系数留有一定的安全余量,因为把量表用在另外一组与开发用样

---

① 这里"内部一致性"指的是"信度系数"。——译者按

本不同的样本身上时,阿尔法的值也许会降低。

分裂样本

如果开发所用的样本足够大,也许可以把它分成两个子样本。其中第一个可用作初始分析样本,第二个可用来交叉核验初始分析的结果。例如,可以用在第一个子样本上的测试结果计算阿尔法系数、评价项目及调整量表的长度,以获得量表的最优版本,然后,再用在第二个子样本上的测试数据检验这些结果是否复现。当然,项目的去留选择可以不考虑第二个子样本的结果,因为根据该子样本计算所得的阿尔法系数和其他统计量不会体现前面讨论过的机遇性效应,譬如阿尔法系数虚胀。如果根据两个子样本计算出的阿尔法系数基本保持稳定,我们就可以更加欣慰地假定,阿尔法系数没有受到机遇因素的歪曲。当然,这样的两个子样本的分析结果,要比两个全然不同的样本的分析结果相似得多,因为,把开发用样本随机地分解为两个子样本,所得的子样本更有可能代表同一个总体。相比之下,一个全新的样本就有可能代表一个稍微不同的总体。此外,对于这两个子样本,数据采集的时间也不存在间隔问题。然而,对于开发用样本和另外一个完全分开的样本,永远存在时间间隔问题。进而,对一个子样本数据采集的特别条件,对于另外一个子样本也同样是这样。例如,他们与相同的研究人员接触,在同样的环境下被测试,问卷的印刷质量相同,等等。而且,这两个子样本可能是唯一做完量表项目和从量表中剔除的其他项目池项目的被试。倘若剔除的项目对其他量表项目的反应有什么效应的话,这个(些)效应在这两个子样本上相同。

尽管这两个子样本有着独特的相似性,通过分裂开发用样本以获得重复性数据为我们提供了非常有价值的关于量表稳定性的信息。要指出的是,这两个子样本在一个关键方面是有区别的:对于用作项目筛选分析的第一个子样本,有不稳定的偶然因素存在的机会,这些因素与项目间的可信协变混杂在一起;对于第二个子样本,就没有这样的机会使偶然因素系统地影响信度,因为这个子样本上的数据不用来决定项目的去留。这一区别至关重要,足以成为我们珍惜样本分裂法在该阶段所提供的有用信息的理由。

对于一个足够大的样本,最明显的分裂法是把它二等分。但是,如果样本不够大,不能分成两个足够大的子样本时,就可以分成一大、一小两个不均衡的子样本。用大一些的那个子样本来完成更为关键的项目评价和量表建设任务,用小一些的那个子样本来作交叉效验。

练 习

假定你正在编制一套怕蛇量表,采用的是 6 选项李克特型反应模式,开发用样本是 300 个被试。虽然编制一个实际的量表可能需要更多的项目,但是作为练习,请你做以下工作:

1.创建一个有 10 个李克特型项目的项目池。

2.对每一个你所编写的项目,估计一下一个"常人"(即既非恐蛇症患者又非要蛇师)在该项目上所得的李克特氏分值。

3.从池中选出一个你怀疑"常人"会对它作出极端反应的项目,改写这个项目以使得"常人"作出的反应适中。

4.再编写 10 个李克特型项目(这几个项目测定的构念不是怕蛇感),把这 10 个项目与原来的 10 个项目混合均匀。请几位朋友判断一下每个项目旨在测定的目标是什么。

5.关于怕蛇感或者第二个项目池的潜在构念,列举几个能够用来效验该量表的行为(而且是可以直接观察到的行为),并说明你将如何使用这些行为数据进行效验。

6.如果你的 10 个怕蛇感项目的项目间相关平均值为 0.30,量表的阿尔法系数是多少?*

7.你将如何把样本分解为两个子样本,以估计和交叉效验量表的阿尔法系数?

---

* 阿尔法系数$=(10\times0.30)/(1+9\times0.30)\approx0.81$。

6

因素分析

在第 2 章讨论项目与潜变量之间关系的不同理论模型时,我曾提到过一般因素模型。这个模型并没有假定造成项目之间共变的源泉只是一个潜变量,相反,它允许几个潜变量作为项目共变的源泉。

为了阐明多个潜变量是如何潜伏于项目组的背后,我将在这里举一个具体的例子(不过这个例子只是一个假想的情景):社会和行为科学家所关注的许多构念都能够在多个特定化水平上得以操作化,像"心理调节""情感""负面情感""焦虑"以及"测试焦虑"等都是心理构念层次化的例子。每个术语都包含了一系列的具体内容,在每一个特定水平上我们都可以编制量表,以测度这些构念。项目的措辞不同,时间参照系和反应选项的模式也不同,可能使我们所编制的量表位于从具体经中等到一般这个连续统的任何特定水平之上。希望量表编制者能够把握措辞,从而使项目的措辞与量表的期望水平相对应。因素分析这种方法可以用来评估我们的抉择是否成功。

为了使这个例子更具体一些,我们考虑一个由 25 个项目组成的集合,集合成员都是准备用来测试情感的项目。我们所关心的问题是,这些项目能否形成一个由多个不同特定性水平子量表组成的一般性量表。更具体些说,是把 25 个项目组合在一起合适呢,还是用它们构成几个单独的量表以分别测试"抑郁""欣快""敌意""焦虑"等不同情感状态合适呢? 或者,是把 25 个项目中的正面情感项目(例如,测试抑郁用的"高兴"和测试焦虑用的"紧张")和负面情感项目(例如,测试抑郁用的"悲伤"和测试焦虑用的"平静")分成两个单独的量表会更好一些？我们如何知道手头的这些项目适合测试什么呢？本质上，这些问题都可以归结为一个问题：项目集中所有关于若干情感状态的项目的背后是只有一个潜变量呢，还是有多个潜变量？

试图用上一章讨论过的非因素分析方法来回答这些问题，是一件令人望而生畏的事情。对于全部关于情绪的项目，我们可以计算其测量结果的 α 系数，这个系数可以告诉我们，这组项目的共同变异方差占总变异方差的比例是多少。如果阿尔法值较低，我们可以寻找其中关系较强的子项目集。例如，我们可能怀疑，正面情感项目和负面情感项目之间不相关，因此把这两类项目合在一起降低了阿尔法值。对于更为同质的项目子集（即全部表示正面情感的项目和全部表示负面情感的项目），它们各自的阿尔法值应该高一些。我们还可以进一步猜测，同质性更强的项目子集的阿尔法值会更高。例如，除把所有项目分为正面和负面之外，再把它们进一步分为诸如焦虑和抑郁之类的子量表。可是，有些时候我们也担心，这些更具体、更同质的子量表之间之所以强相关，是因为它们是同一情感的不同侧面。这就表明，这些项目应该属于同一个量表，而不是单独的量表。

应该强调的是，阿尔法值相对较高并不能保证所有项目反映的都是同一个潜变量的影响。假如一个量表由 25 个项目构成，其中 12 个项目主要反映某一个潜变量的影响，其余的 13 个项目主要反映另外一个潜变量的影响，那么在全部项目的相关系数矩阵中，有些值应该高一些，另一些值则应该低一些。如果两个项目主要代表同一个潜变量，那么，它们之间的相关系数就应该高；相反，那些主要代表不同潜变量的项目，它们之间的相关系数就应该低。然而，它们的相关系数的平均值却足够高，从而使这个 25 个项目的量表的测量结果有一个可靠的阿尔法值。例如，只要相关系数的平均值是 0.14，就可以得到一个 0.80 的阿尔法值。因此，对于一组测量同一个构念的项目，无论它们之间的平均相关系数值在 0.29 左右（对于一组同质项目，这个值就说得过去，但绝不算特别高），还是 0.00 左右，都可以获得一个 0.80 左右的阿尔法系数值。但是需要指出的是，阿尔法系数只适合于单维量表的情况。因此，对于 0.80 这个显然足够的信度值，要么用作内部一致性，要么用作单维性（我们知道，该性质是不能用在本假想例子上的)的指标,这样很可能造成误导。

　　本章所要讨论的因素分析,是一个非常有用的分析工具,它可以告诉我们很多阿尔法系数所不能告诉我们的量表属性。具体而言,因素分析方法能够通过实证的方法帮助我们确定项目的深层到底蕴藏着多少个构念、潜变量或因素。

因素分析概貌

　　因素分析有多个互相联系的功能,其中主要的功能之一就是,帮助研究者确定一组项目的深层蕴藏着多少个潜变量。因此,对于前面那个 25 个情感项目的例子,因素分析可以帮助研究者确定,能够刻画这些项目的到底是一个宽泛的构念呢,还是几个单独的更为具体的构念呢? 因素分析还是我们用少数几个新建变量(即所提取的因素)解释多个原初变量(例如,25 个项目)的手段。这么做就相当于对信息进行浓缩,从而可以用少数几个变量来解释分数的变异。例如,我们不用 25 个分数来描写调查对象是如何回答这些项目的,我们可以只计算几个基于项目成绩的合成分数,也许只需要一个合成分数。因素分析的第三个功能是,定义所抽取的各因素的实体内容或专业意义(即潜变量),这些所抽取的少数几个因素可以解释由更多项目构成的量表分的变异。其做法是,找出相互共变的能够定义潜在变量意义的几个项目,用它们构成量表或子量表。譬如,通过对 25 个项目的分析发现,这些项目由两个因素刻画,那么,分别组成这两个因素的项目就为我们提供了寻找蕴藏在它们底层的潜变量的线索。因素分析的第四个功能跟前述的三个功能都有联系。因素分析能辅助研究者识别出好的项目或坏的项目。因此,个体项目如果不能归为任何一个抽出的因素,或者同时可以归为多个所抽出的因素,那么,就可以考虑把该项目剔除掉。

　　下面各节将简要介绍因素分析的基本概念。欲深入了解因素分析的读者,可参阅库尔顿(Cureton,1983)、哥萨奇(Gorsuch,1983)、哈曼(Harman,1976)或麦克唐纳德(Mcdonald,1984)等人的专门著作。

因素分析概念类比

为了对因素分析有一个直觉性的了解,我们可以考虑两个不那么正式但大体上却与因素分析过程相似的大家更为熟悉的例子。第一个过程有时用于人力资源管理中共同议题的确定,原初议题的范围是一些看上去非常发散的与团队成员或同事有关的各项具体议题。

例 1

假定,有一个很小的新公司想找出公司成员心目中认为本公司员工最应该具备的重要品性是什么。他们认为,找出并嘉奖广为赏识的员工品性对形成和谐的合作性工作氛围非常重要。为此,公司聘请了一位人力资源专家来帮助他们。为了方便,我们姑且把这位专家叫吉姆。吉姆把公司里的 10 个职员召集在一起,向他们说明自己的目的,即,他想了解在他们看来,同事们的哪些品性对他们工作中的各种相互往来最为重要。这些往来包括一起拟订提案和报告,一起与潜在客户接洽,在咖啡馆里坐在同一张咖啡桌上喝咖啡,等等。吉姆建议,作为第一步,他们每个人可以在一张纸条上独立写下他们自己认定的重要品性,不许和其他人交换意见。

几分钟过去了,职员们写下了各自的看法。之后,吉姆让其中的一位自愿者把自己写下的内容读给其他几位职员。爱丽丝说,她所写的重要品性之一是"愿意分享自己的想法"。吉姆向爱丽丝说了声谢谢,并叫她把写有她自己看法的纸条贴到墙上。又一位职员比尔读到:"有幽默感。"他也把自己的纸条贴到了墙上。剩下的每一个人也一一读出了自己的看法。这样,每个人都说出了自己认为最为重要的同事品性,之后还把自己的纸条贴到了墙上。纸条上的重要品性如下:

愿意分享自己的想法	友好
有幽默感	靠得住
工作方法得当	注意细节
聪明伶俐	大脑反应敏捷

不邋遢	性格开朗
工作卖力	认识很多潜在客户
活儿不离手	可以信赖
思维有逻辑	有个性
能经受磨难	受过良好的教育
完成任务前做好准备工作	值得信任
给顾客留下好的印象	着装得体
不是什么荣誉都争	很会讲故事
有趣	有才智
有辆漂亮的车	有信心
相关工作经验丰富	若有必要,愿意工作更长的时间

以上过程延续了一段时间。很快,墙上便贴满了30多张纸条,每张纸条都是一个职员认为重要的同事品性。接着,吉姆问他们哪些品性在他们看来可以归为一类。凯瑟琳指出,"聪明伶俐"和"有才智"相同。吉姆取下写有"有才智"的那个纸条,把它贴在"聪明伶俐"那张纸条的旁边。弗兰克建议,"受过良好的教育"也属于那一组。接下来还有几个品性被添加到了那一组。接着,卡拉说,"友好"和"给顾客留下好的印象"这两个品性相似,且和前面归在一起的品性属于不同的类别。因此,她建议把这两个品性放在一起构成一个新的品性类别。然后,"有趣"也被加进该类。第三个类别的核心一直被定为"不邋遢"和"着装得体",直到后来有位职员提出,她认为"不邋遢"最好和"完成任务前做好准备工作"归为一类,而不是和"着装得体"归为一类。这个过程一直在进行,直到吉姆和他的同事把这些关于品性的陈述分为几类,几乎每一个项目都找到了自己的归属。

这时,吉姆问大家应该给每个类别取个什么名字,名字只能是一个单词或短语。各个类别的名字分别是"才智""容貌""责任心""人格""依存性"等。每一组陈述都代表了一个关键性的概念,这些概念与职员们之间的相互看法有关。

例2

几年之后,该公司决定再重新调查一下员工们认同的品性,因为公司经理怀疑,如今已经时过境迁,并非所有最初找出的类别都还继续适用。这时,吉姆这位人力资源专家已不再能为本公司提供服务。于是,公司一位名叫卡罗尔的行政人员决定,获取同类信息的一种更为简易的方法是编制一套有关的调查问卷,问卷的内容与例1中的品性陈述类似。这样,就可以通过问卷了解员工们对各种品性重要性的看法。问卷题目的反应模式可以是"一点都不""在某种程度上"和"非常"。可以把问卷发给全体员工,这时公司已经有近150名员工。卡罗尔收回问卷之后仔细地进行分析,以期找出其中最重要的品性来。尽管她发现,不同的品性对不同的人来说有不同的重要性,但是对于有些问题,大家的看法非常相似。例如,那些认为"注意细节"非常重要的员工很可能也认为"完成任务前做好准备工作"非常重要;那些认为其中一个不重要的员工,通常认为另外一个也不重要。卡罗尔仔细分析这堆收回的问卷,试图了解它们所反映出的问题。她回想起了几年前墙上贴满纸条的一幕:似乎所得出的类别数比实际需要的多很多。她认为,其中有些陈述差不多没有什么价值,而且有时候,同一个人如果看重其中一个没有价值的品性,他/她将看重一类没有价值的品性。她在纳闷,是否有一种方法可以确定,到底应该用多少个品性类别就可以包揽对于同事看法的大部分信息。作为一种练习,她尽量在寻找其他的项目集合,就像她已经发现的那样,员工们对于这些项目的反应倾向于相似。本质上,她想找出哪些项目可聚团,但这种聚团并不是仅仅建立在内容基础之上的,而是建立在员工们如何评价它们的基础之上的。这要花费她很多的时间,而且她还不能够肯定自己是否找到了重要的聚团(类)。不过,她还是觉得通过这种方法,她的确可以从问卷中获得很多重要的想法。

这些方法的缺点

尽管在概念上,这两个例子与因素分析很相似,但是它们之间还是存在某些重要差别的。无论是上面的哪个例子,其结果都是通过对大量具体信息的重组,来获得很少的几类更为一般、更有意义的类目。很可能,每一种重新分类的结果,都可能得出为数较少的几个重要的概念,这些概念捕获了单个品性的大量信息。然而,两种方法都有相当明显的缺陷。

在第一个例子中,对于所生成的关于品性的陈述缺乏必要的质量控制。这个缺点是由于不同的项目编写人用简明文字表达相关思想的技能不同而引起的。有些人更为外向,所以,他们生成的陈述可能会更多。然而,并不是在所有的情况下,最为外向的人都是最有见地的人。由于这样或那样的原因,这种方法经常会导致一些含糊不清、与题无关甚至荒唐可笑的品性陈述。删除或者改善差项目都会是一件很艰难的事情。丢弃这样的陈述,难免会在不同程度上冒犯它们的提出者,其困难程度完全取决于具体所涉及员工的劲头。结果,这些由外向型员工提出的品性陈述和那些更好的品性陈述便获得了同样的地位。即使这些项目的质量参差不齐,总有些陈述与题更为密切,但是,无论它们与题密切程度如何,都会受到大体相当的待遇。如果所提出的品性陈述之中有几个荒唐可笑而且很相似,它们就会仅仅因为相似而聚成一类。各个聚类可以有不同的优先性,但这通常是由参与人员表决决定的,这样,一个类别的顺序就取决于其中的陈述是由谁提出的。因此,对于某些类别就会很不乐意地给它们贴上"不重要"这一标签。我自己的亲身经验告诉我,我们总是竭力把每一个陈述都归于某个类别:其他的陈述都已经归入各自的类别后,仅仅剩下一两个孤零零的陈述让人有一种不完备的感觉,为了消除这种感觉,人们就总是下意识地给这些"孤儿"找家①,即使这个家一下子并不那么合适。最后一个局限是,尽管可以找出哪些具体的陈述是哪个类别的范例,但是,其中哪些是更好的范例,哪些又是更差的范例,却未必是显而易见的。

那么,我们怎样才能把这种方法与之前讨论过的因素分析功能一起使用呢? 很清楚,这种方法使得我们辨别项目的优劣更加困难。对项目的质量控制与这项任务的集体性质有所不兼容,因此,为了项目质量,难免要冒犯一些参与者。虽然刚才讨论过的方法在确定那些员工生成的陈述有多少个底层潜变量方面有一些用处,但是,把决定建立在员工的主观印象之上似乎不够理想。虽然员工对自己的工作场所可能会有很有价值的看法,但是,他们不大可能有经验把自己的各

---

①　人有一种追求完备的天然倾向,或者说追求完备是人的一种自然属性。——译者按

种看法组织成相关的聚类,以代表重要的深层构念。进而言之,还没有多少客观标准能够确定,作为一个团体,员工到底在确定潜变量个数方面做的是有用的工作还是有害的工作,因为所用的过程完全依靠主观标准。对于浓缩信息,会出现相似的问题。虽然有些项目(甚至整类的项目)都可能被丢弃,所用的标准必然是主观的,也很少有什么方法能客观地判别所做出的选择是好的选择。这一方法做得还不算坏的一个方面是,定义诸因素的实质内容或意义。如果诸因素都可信(这还值得怀疑),审查所提供的陈述的内容,或许能使我们洞察那些在员工心目中重要的深层构念。

第二个例子避免了第一个例子中的一些缺陷。卡罗尔可以把那些使她感觉与题无关的项目除掉,尽管这对她的判断来说是很大的负担。至少,征求大家对于这些项目的意见是更为民主的做法。让公司里的每一个人对每一个项目都作出评价,就消除了疏远某个员工的危险。而且,聚类也不是仅仅根据对项目显性相似性的感觉来决定的,而是根据员工对于相同聚类项目是否作出共同反应的证据来决定的。这就是说,相似性是项目的性质(某些项目组团在人身上引起相似的知觉),而不是对项目作出反应的人(他们对任何一个具体的项目都会作出不同的反应)的性质。一个个体如果认为某个组团中的一个项目不重要,这就意味着,这个个体很可能也认为该组团中的其他项目也不重要。可是,另外一个个体则可能认为这些项目都很重要。最关键的问题是,无论个体对项目的评价如何,属于同一个组团的项目总是倾向于一致。事实上,这也正是卡罗尔构造项目组团的基础。因此,采用这种修订过的基于问卷的方法,我们就可以改善用来确定潜变量个数的过程。对于 150 份问卷,要通过视觉完成这项任务是几乎不可能的,可见,卡罗尔的项目聚类方法并不是最高效的方法。要把一个项目归为一个特定类别,所需要的一致性是多高呢?对于一个个体,卡罗尔所能容忍的把两个项目判为同一个聚类的不一致性(即对于重要性的同意和不同意)又是多少呢?这一方法在多大程度上实现了其余的几项功能(即浓缩信息功能,定义诸因素的实质内容或意义功能),这也很难说。此两项功能的实现,还取决于卡罗尔能够在多大程度上找出优质项目,丢掉劣质项目;取决于她能否正确确定出什么是重要的主题,并且根据项目小聚团来解释深层的构念可能是什么。

总而言之,这两种方法显然有很多值得我们期待,如果我们的目的是取得以上讨论过的诸功能,这些也是因素分析的常用功能。公平地讲,讨论过的这些方法(尤其是第一个)的目标,可能并不是为了取得那些功能,但是,某种大体上与因素分析所做所能类似的目标的确会促使我们做例1那样的事情。我们承认,使用员工不过是做做样子,但是,把员工意见和因素分析比较使用的确可以起到两个作用:(1)更直觉地理解因素分析可以用来做什么,(2)揭示出用非正式的主观方法找出潜伏变量的可能缺陷。

因素分析的概念

因素分析和上面的两种方法是同一个种类的分类方法,所不同的是,因素分析所根据的是一套更有结构的操作程序,能为我们提供更为显然明晰的信息,以便数据分析人员根据信息进行判断。和刚才讨论过的方法一样,因素分析的目的也是把相似的陈述归为各自的类别。因素分析第一步的任务是确定类别的数量,这些类别能够一起提取原始陈述中足够的信息。

提取因素

本质上,因素分析的初始前提是,一个包含所有项目的大类是所需要的一切,即一个概念或范畴就足以解释反应结果的模式。在此前提下,因素分析首先评估这个单一概念在多大程度上能够解释单个项目之间的联系,然后要核查该单一概念做的到底怎样。如果一个概念或者范畴还不能充分解释项目之间的协变情况,那么初始的前提就被拒绝。接下来,就要找第二个概念(即潜变量或因素)以解释剩下的项目之间的协变。这个过程要不断地进行,直到剩下的未被解释的项目之间的协变量小到可以接受的程度为止。

第一个因素

第一个因素是如何得到的呢? 首先,我们得到的是一个涉及所有

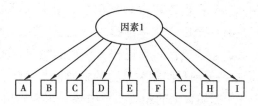

图 6.1　单因素模型

项目的项目相关系数矩阵,因素分析就是通过这些项目相关系数来检查它们所表征的项目协变模式的。下面,我们在概念上对这个过程加以描述。为了突出概念的清晰性,我们省掉了一些数学细节,因此,不要简单地把下面所描述的过程当作计算机软件进行因素分析的操作过程。

　　正如前面所说,因素分析过程涉及一个初始前提,这个前提是,一个单一的概念或范畴就足以解释项目相关系数的模式。这就相当于这样一个临时性的断定:一个从自身到每个项目都有一条单独路径的单一潜变量(即单一因素,如图 6.1 所示)是因果关系的正确代表。这进而又隐含了这样的一个模型可以解释项目之间的相关。为了在概念上检验以上断定,因素分析程序必须确定每一个项目与作为单一潜变量表征的因素之间的相关系数,然后再看是不是可以通过给路径乘上因素的适当倍数再造出所观察到的项目之间的相关系数。那么,程序是如何计算观察到的项目之间的相关系数的呢?程序又是如何找出不可直接观察(或测量的)表征潜变量的因素的呢?

　　其中的一条进路是,假定所有的项目得分之和就是这个单一的、无所不包的潜变量的数值估计,而潜变量能够解释所有项目之间的相关系数。本质上,这个项目得分之和是潜变量"分数"的一个估计量。因为我们假定,对于所有的项目来说,它们的实际分数都是由同一个潜变量决定的。用一个联合了所有项目的信息的量(即项目得分之和)作为这个潜变量的数值估计值,也很合乎道理。把每个项目的分数加起来得出一个总分,并单独计算每个项目与总分之间的相关系数,这两项工作都不算困难。我们可以把这些项目与总分之间的相关系数当作观察到的项目成绩与观察不到的潜变量之间的相关系数的替代,即潜变量到每个项目之间的通路。先根据这样的单因素模型给每条通路赋值,然后,我们就可以计算出项目间相关系数的映射值。如果项目底层只有一个因素这一前提正确无误,那么,这些由模型衍生出来的相关系数才是项目间真正相关系数的映射。要评估这一前提的合法性,比较一下项目间相关系数的映射值与实际值即可。这就相当于从每个基于原始数据的相关系数中减去相应的相关系数映射。如果两者之间的差值比较大,这就表明单因素模型还不够充分,因为项目之间的协变仍然有那么一部分得不到解释。

思考一下一个由一对项目构成的序列 A 和 B,它们是一个更大项目集合的一个部分。首先,集合中所有项目(包括 A 和 B)的成绩可以加起来得到一个总成绩。于是,就可以计算项目 A、B 和这个总成绩的相关系数。我们可以假定,这两个项目分与总分之间的相关代表了项目 A、B 和因素之间的相关,而这个因素与潜伏在深层的潜变量对应。如果只有一个潜变量这一前提正确,那么,在涉及 A、B 和这个潜变量的路径图中,就会存在由潜变量分别通向 A、B 的通路(即图6.2中的 a 和 b),通路的值就是刚才说过的项目与总分之间的相关系数。在本路径图的基础上,我们就可以得出,项目 A、B 之间的相关系数应该等于那两个通路值的乘积。至此,要计算这个提议的 A、B 之间的相关系数只涉及简单的乘法运算。算出之后,就可以把这个提议的相关系数与根据实际观察数据计算出的 A、B 之间的相关系数进行比较。可以从实际相关系数中减去相应的提议相关系数,这样就得到了一个相关系数残余。如果这个残余相当大,就表明仅用一个潜变量来解释造成 A、B 之间协变的原因是不够的。

计算机软件可以同时对整个相关系数矩阵中所涉及的每一个可能的项目进行上述的运算操作。最后得出的不是一个单一的相关系

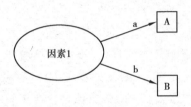

图 6.2　只包含两个项目的简化单因素模型

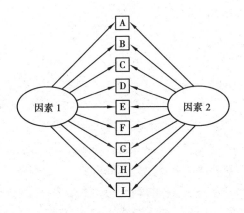

图 6.3　两因素模型

数残余值,而是一个残余相关系数矩阵,更恰当地说,应该是相关系数残余值矩阵。矩阵中的每一个残余值都代表一个具体项目对之间的协变中有多少不能被一个单一潜变量所解释。

后续因素

现在,我们可以用处理项目相关系数矩阵的方式来处理这个相关系数残余值矩阵,也就是说,从残余矩阵中抽取一个与新潜变量相对应的因素,即第二个因素。同样,我们可以计算每个项目与第二个潜变量(即因素 2)之间的相关,并以这些相关为基础生成一个所提议的相关系数矩阵。所有这些所提议的相关系数,代表在考虑进第二个因素之后项目间相关系数所应保留的程度。如果第二个因素捕获了第一个因素提取之后所剩余的全部协变,那么,这些映射值就和上面提到的残余矩阵中的值可比。如果不可比,还得进一步再找因素,以解释尚未被已提取因素所解释的协变。两因素模型如图 6.3 所示。

以上过程可以继续进行下去,每一次都从上一次的残余矩阵中提取一个因素,直至得到这样一个残余矩阵:其中的相关系数残余值小到了可以接受的程度。直到这个时候我们才可以确定,基本上所有重要的协变都得到了解释,从而无须再增加因素。当然,也可以继续重复上述过程,直到残余矩阵中的每一个元素都是零——在因素个数等于项目个数时,这种结果才会出现。换一种说法就是,*k* 个因素总能解

释 k 个项目之间的全部协变。

决定抽取多少个因素

确定到底要抽取多少个因素可能是一个很棘手的问题(例如,Zwick & Velicer, 1986)。当然,进行因素分析的一个重要动因就是从一大组变量(项目)出发,得到一小组的变量(因素),但所得到的这一小组变量要能够足够好地捕获大组变量的原初信息。这就是说,因素分析是浓缩信息。有几种途径可以决定多么好才是"足够好"。

有些因素分析方法,例如,基于最大似然估计的方法和基于结构方程建模程式的确认性因素分析进路(下面我们将讨论),都要用一个统计标准。这里,"统计标准"指的是根据推断统计的方法来确定,某特定结果发生的可能性是不是足够小,从而可以排除它是由偶然性造成的。这就等于说要通过统计检验来看一看在抽取每一个后继因素之后,剩下的残差所包含的协变按照统计学意义是不是大于零。如果是,这个过程还要继续进行下去,直到不是为止。依靠统计标准而非主观判断,是这些进路的一个很吸引人的特征。尽管如此,在量表研发中,这些方法却可能与我们找出一小组能够解释项目之间重要协变的因素这一目的不相匹配。基于统计方法的目的,是寻找对潜伏在项目集合深层因子的穷尽解释。如果某些源泉的协变存在,但却未能得到任何一个已抽取因素的解释,那么就还要进一步抽取因素。量表研发人员通常所追求的,是对因素的"经济性"解释。这就是说,在量表研发过程中,我们往往想知道的是少数几个潜伏在项目深层的最有影响的变异源泉,而不是每一个可能找出的变异源泉。研发量表时的典型做法是,先编写出一长串我们期望最终进入量表的项目。经过分析,把那些对几个重要因素没有贡献的项目一一剔除掉。我们的目的是,找出相对较少的一些与少数几个潜变量较强相关的项目。虽然一个练达的数据分析师可以运用因素分析方法,根据统计标准达到我们的目的,但一个统计经验欠缺的研究者却有可能根据主观性相对较强但潜在神秘性较小的向导,把同一项工作做得更好。这一点看似荒谬,但的确如此。

通常,这些主观性相对较强的向导的基础是,一组因素所能解释的项目全部变异方差的比例。在本质上,这个基础和统计标准的基础是相同的。在采用非统计标准(即不是以可能性为基础的)的情况下,数据分析师要评估每个后继因素所包含的信息量,并就回报降低点是否出现作出主观判断。这种做法有些类似于根据大小这一主观标准来解释相关系数(例如,信度系数),而不是根据 p 值这个统计标准。有两个非统计学向导(判断是否抽取了足够多的因素)被广泛使用,它们是特征值法则(Kaiser, 1960)和碎石检验(Cattell, 1966)。

特征值表示相应的因素所捕获的信息量。对于有些因素分析方法(例如,本章后面将讨论的主成分分析法)而言,总信息量就等于项目的个数。于是,如果要分析的项目集合有 25 个项目,那么总信息量就等于 25 个单位,每个因素的特征值对应于一定比例的信息单位。例如,对于 25 个项目,如果一个因素的特征值是 5.0,这个因素就可以解释总信息量的 20%(5/25);如果一个因素的特征值是 2.5,这个因素就可以解释总信息量的 10%(2.5/25);等等。项目数量和项目信息总量之间的这种关系告诉我们,如果特征值等于 1.0,那么与它对应的信息量是项目总变异方差的 $1/k$。换个说法就是,一个特征值是 1.0 的因素(假定用的是主成分分析法)所包含的信息量等于一个典型项目所包含的信息量。因此,如果因素分析的目的是得到一小组因素,以捕获原初变量(例如,项目)的大量信息,那么,因素上信息负荷量就应该大于原初项目上的信息负荷量。据此,特征值法则(Kaiser, 1960)坚决要求,不能保留特征值小于 1.0(因而所负荷的信息比一个典型的项目还要少)的因素。尽管这个排除因素的法则颇有道理,但是,对于那些特征值稍微高于 1.0 的因素该怎么办呢? 如果一个因素所能解释的信息比一个典型的项目高 1%,这个因素对于我们浓缩信息的目的能有多少实际意义呢? 很多时候,这个因素并没有多少实际意义。这就意味着,对于抽取因素来说,特征值法则可能会太宽松。我认为,以经典理论为基础的量表开发,情况通常就是这样的。

碎石检验(Cattell, 1966)也是以特征值为基础的,不过用的不是特征值的绝对量,而是相对量。碎石检验法的基础是特征值—因素图象。因为如前所述,每个后续因素都是从前一个因素提取后的残余矩阵中提取的,所以每一个后续因素的信息负荷量都小于它之前因素的

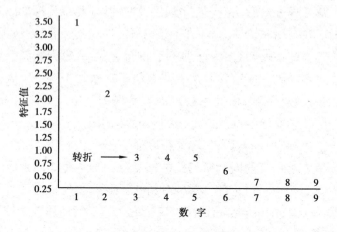

图 6.4　有明显胳膊肘的碎石图

信息负荷量。卡特尔建议,因素的正确数目应该根据后续因素信息负荷量的递减量(因此也是特征值)来确定。典型的特征值—因素图象看上去是左边陡峭(代表特征值大)渐渐过渡到右边平坦(代表特征值小)。卡特尔认为,与右边平坦图象对应的那些因素是可以丢弃的。用行外话说:山体崩塌之后,碎石先是沿着陡峭的山坡向下滚,然后在平坦的地面上慢慢停下来。这就意味着,图象的陡峭部分是重要因素的所在处,平坦部分是我们应该丢弃的因素所在处。理想的情况是,在图象的某个点上信息负荷量突然降低,即坡度由陡峭突然转变为平坦,形成一个明显的"胳膊肘",如图 6.4 所示。

卡特尔的标准要求保留图象中所有位于胳膊肘之上的因素。有时,转折并不突然,而是相对缓慢,在陡峭区和平坦区之间有好几个因素,一起形成一段平缓曲线,如图 6.5 所示。在这种情况下应用卡特尔的碎石检验法就不那么靠得住,因而在更大程度上涉及各种主观判断标准,例如,因素可解释性。可解释性是一个程度,当与一个因素相联系的几个项目彼此相似,在理论上和逻辑上都足以表示一个明确的构念时,我们就说这个因素可解释。

另一个越来越受欢迎的统计学标准是建立在平行分析(例如,Hayton, Allen, & Scarpello, 2004)基础之上的。这个方法的深层逻辑是,最后一个拟抽取的因素的特征值应该大于其他条件可比情况下的

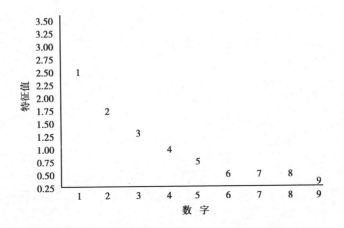

图 6.5 没有明显"胳膊肘"的碎石图

随机数据的特征值。换种说法就是,在真正的应用因素分析方法的研究中,譬如说,在 500 人身上测量了 20 个变量,那么任何一个保留下的因素的特征值,都应该大于一组随机生成的,用来代表从这 500 个人身上测量所得的关于这 20 个变量的数据的特征值。平行分析这一惯常分析方法是一个使用者为各种统计软件包自行开发的宏程序,可以用该程序生成大量的、其大小与实际数据集相应的分布。例如在这个例子中,我们就可以用算法生成很多(由研究者决定具体数量,通常是 1 000 组)关于这 500 个人在这 20 个变量上的随机数据集。抽取每一个这样的人造数据的特征值,形成一个对于因素 1、因素 2 等的特征值分布。找出这些分布每一个的代表值(例如中位值)。用图象把结果展现出来,如图 6.6 所示。图中有两条线,把对应于每个因素的特征值依次连接起来。看上去大体是直线的那条线,从左到右缓慢下降。这条线代表本质上随机数据的特征值中位值,即,在这组数据中,各变量并不和深层的共同因素相关联。图中另一条线就是实际的碎石图线,是建立在我们所关心的真实数据基础之上的线。图中,拟保留的因素个数是通过两线的交叉标示出的。特征值在代表随机数据特征值那条线之上,表明它们比随机数据的特征值大(即统计上显著);那些在代表随机数据特征值那条线之下的特征值不显著(即,它们仅凭机遇就可能发生)。从图中可以看出,对于这个例子,前两个因素的特

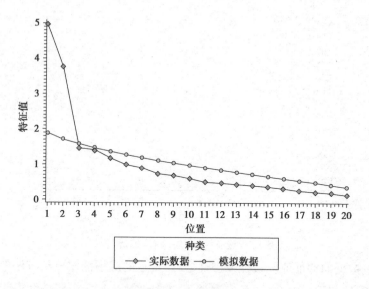

图 6.6 平行分析结果图，
表明了实际数据和随机数据各依次因素的特征值的大小。

征值超过了随机生成数据的相应因素的特征值。因此，只有前两个因素才达到了保留的标准。值得注意的是，即使是随机数据，也有几个因素的特征值大于 1.0，说明把 1.0 作为保留因素的标准是不够的。细看那条真实数据特征值线就会发现，根据保留碎石图曲线中"胳膊肘"（与第三个因素对应）之上因素这一准则，我们还是要保留两个因素。

由于各种统计软件包（包括 SAS 和 SPSS）用来做平行分析的宏程序很容易在互联网上得到，既没有任何限制，也能免费使用，应用该方法选择要保留因素的个数已经成了普遍的做法。我的经验是，该方法所能提供的指导，和根据碎石图的主观判断标准是一致的。不过，该方法有一个优势。那就是，它是建立在统计学的标准之上的，因此比主观方法受到更广泛的接受。鉴于此，我建议把平行分析作为确定要抽取多少个因素的首要基础。

有些情况下，出于内容（诸如对结果因素的解释）方面的考虑，我们要保留的因素个数可能要比分析（例如平行分析）结果建议的多一些或者少一些。出现这种情况时，我建议，先展示出方法（例如，平行分析)分析的结果,同时再拿出之所以脱离方法指南的理由。假如内容方面的考虑处于压倒地位,那就根据内容要求作出适当调整,无须顾虑不好说服读者和评审人员。另一方面,如果支持放弃原初方法结果的理由不够充分,那么,最好还是接受分析方法建议的结果。

因素旋转

提取因素的目的不过是为了确定恰当数目的因素以便研究诊断,把信息弄成最容易理解的形式并不是本意。未经旋转的原初因素不过是没有意义的抽象的数学概念。举个很粗糙的类比例子。试想象,我被要求对一间屋子里的全部人的身高加以描述。我决定这么做:首先从他们中间随机选定一个人——乔,测量一下乔的身高,然后用比乔高多少或低多少的方式描述其他每一个人的身高。因此,其中一个人的身高可能是"乔加 3 英寸",另一个人的身高可能是"乔减 2 英寸"。在这个例子中,关于身高的全部信息都包含在我所给出的数据之中,但信息的组织方式并不是最易懂的。要是我把这些数据变换成一种更容易懂的形式(例如,用英尺和英寸表示的每个个体的身高),我的数据就会容易解释很多。和这里的数据变换类似,因素旋转也是把已经可以得到的信息用一种更容易懂的方式展现。

试图解释因素之前(即根据属于各因素的项目确定与诸因素对应的构念或潜变量的意义之前),通常有必要施行因素旋转。因素旋转通过找出主要由一个潜变量所解释的项目聚团的方式增加因素的可解释性。所谓项目聚团,指的是几个都与同一个因素有强联系(因而在很大程度上由该因素决定)的项目小组。旋转以及由旋转所带来的更大可解释性并不是通过改变项目或项目之间的关系取得的,而是通过选择有利的描述角度实现的。

沿着检验时的优势角度总可以使同一组信息的意义或多或少有所显现,这一思想是很难理解的。以下,我将通过几个例子予以阐明。

一组项目之间的相(互)关(联)就好像一组物体在空间的物理位置一样,两个项目之间的相关越强,代表这两个项目的标记之间的距离就越靠近。如果我们按照这样的原则把很多项目一起放进空间之中,这些项目之间的相互物理位置关系就代表了它们之间的相关关系。当我们把关系限定在二维空间之中时,这种关系最容易视觉化。思考项目之间协同关系是由深层变量所决定的另外一种方法是,把物体之间的相互位置关系设想为是由某些深层规则所决定的。

旋转类比之一

旋转是如何使我们能看到那些变量之间一直存在但却并不明显的规则的呢?作为类比,我们可以想象有一个组织有序的物体阵列,例如一排排排列整齐的柱子。我们可以站在一定的位置,选择一个特定的角度来看这些柱子,从而使它们的纵横排列顺序看上去完全消失。通过改变我们的优势观察点,就可以揭示出柱子排列的深层秩序。试考虑,有 4 排柱子,每排 10 个,我们从不同角度看时会是怎样的排列情况。如果我们的视线不能揭示它们的横排纵列自然轴线,这些柱子就显得杂乱无序。换一个高一点的点,向左或向右挪上几步,或者就改换成沿着某条边看,其结果就可能揭示柱子的排列,使柱子排列的有序性显示出来。图 6.7 和图 6.8 就是对这种情况的图解。这两张图就是先把柱子的位置都绘出来,然后,就通过改变观察的点而得到其他的效果。因此,这两幅图是关于同一组柱子排列的不同视图。在第一幅图中,很难看出这些柱子是如何排列的。由于视线穿过前面柱子间的空隙后又落在了更远方的柱子之上,使得这些柱子看上去乱作一团。第二幅图是沿另一个角度观察的结果。图中,每一根柱子都和其他柱子要么形成一排,要么构成一列。于是,一排中的所有柱子就有一个共同点,即,它们有一个共同品性(是同一列的成员),而这一品性从之前的观察点未能看出来。可见,只改变一下我们的观察点,就可以把沿之前视角看不出来的物体性质清清楚楚地看出来。因素旋转与这个例子类似,也是试图找出一个"优势点",从这一点观察,数据间的结构(即项目之间共享某些性征的方式)便会悄然显现。

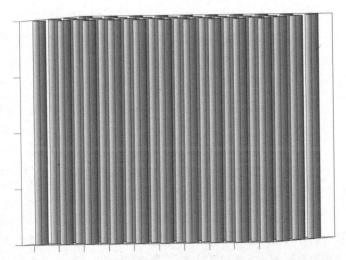

图 6.7　一组排列有序的柱子从某个角度观察所得出的无序结果

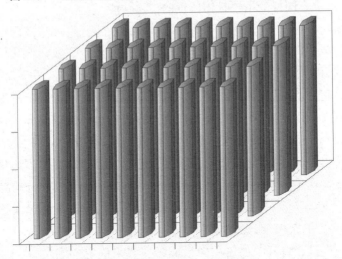

图 6.8　同一组排列有序的柱子从另外一个角度观察所得出的井然有序结果

旋转类比之二

　　值得指出的是,有了正确数量的垂直参照线,我们就可以对物体定位,而不管那些参考线的方向是什么。作为一个两维情况的例子,试想一下一个空旷的美式橄榄球场。为了使这个平凡的场景更有趣一些,我们就假定是一个教练在用一段比赛的视频给队员讲比赛的情况。该视频是从球场上方拍摄的。我们进一步假定,为了教学,教练把比赛中某重要时刻拍成了静像,并把静像通过电视大屏幕播放出来,以便自己在图象上面圈圈画画。教练可以沿任意方向在美式橄榄球场的图象上画一条直线,然后再画第二条直线,且使第二条线与第一条线垂直。例如,教练可以选择一条线端南正北,而另一条线端东正西。这样,教练就可以用基于南-北为经、东-西为纬的全球定位仪坐标描述美式橄榄球场上的任何位置。通过这两条线,教练就可以指出任何一个控球队员的确切场上位置。例如:"以球场的中心为参照,使用全球定位仪坐标,控球队员在球场中心以北 60 英尺,以西 32 英尺处。"教练也可以用任何两条相互垂直的直线,通过一定的语言调整,确切地指出控球队员的同一场上位置。对于这两条直线描述场上具体位置的充分性而言,这两条线的方向是任意的。任何一组相互垂直的直线,都有同样的描述具体位置的信息功能。

另一种情况是,教练可以不用南-北轴和东-西轴,而选择用球场已有的边线和(球)门线(底线)作为相互垂直的轴线。跟任何其他相互垂直的直线一样,球场的边线和底线也可以用来确定球场上任一点的具体位置。此外,这两条线还有其自身的优势,因为它们能使橄榄球场的意义显现出来(橄榄球场是用相互垂直的边线和码线分成格子来定义的)。因此,与使用东西南北参照线相比,说某控球球员进入 30码线 4 英尺,在距本队底线约 68 英尺处,他人更容易确定该队员的场上位置。这里的意思是说,两组参照轴都可以明确无误地确定控球队员在场上的位置,但是,那组利用了球场特性的参照系看起来要更合适且更容易理解(见图 6.9)。

我们已经看到了如何用向量或参照线来确定空间位置,下面,我们就来看看组成量表工具的项目是如何同类似的参照线联系起来的。诚然,要在考虑项目的内容和确定位置的抽象向量之间来回转换是一件很困难的事情。既要项目的内容为大家所熟悉,还要和代表它们的向量联系起来,这通常必须通过策划才能实现,因为作为社会和行为科学家,我们所要测量的典型东西,通常很难直接转换成空间概念。为了牵线架桥,我会编造一个基于项目的例子,这些项目能够和物理位置联系起来。

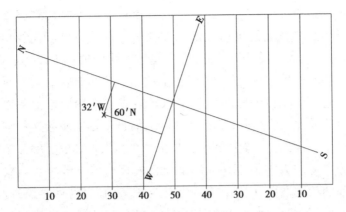

**图 6.9 美式橄榄球场,图中标识出了码线、边线,
以及南-北轴线和东-西轴线**

旋 转 类 比 之 三

把前述的橄榄球场例子再扩展一下。假定有一项使用问卷项目的研究,研究所用问卷中的项目是用来刻画橄榄球(控球的那个)运动员在球场上的位置的。我们就再具体一些,干脆假定有一组受访被要求观看一段橄榄球赛的视频,而这段视频的某处有静像,要求受访人员完成一系列的由 8 个项目组成的李克特型量表,其择答项从 1(= 坚决不同意)到 6(= 坚决同意)。具体项目如下:

A.控球运动员在容易得分位置。

B.控球运动员可能很快就被逼到场外。

C.控球运动员可能要被逼到自家的达阵区。

D.控球运动员到两边都有充分的空间。

E.如果控球运动员马上被擒抱,边线上的运动员就可能危险。

F.控球运动员要穿过门线还有很长的距离。

G.控球运动员在三分球范围内。

H.控球运动员要小心,以免出边线。

在我们继续分析这个橄榄球例子之前,我们还是先更正式地讲一下因素旋转是怎么实现的。当有两个因素时,旋转就可以通过图象来完成。我们可以获得一幅表示项目之间相关性强弱的散点图。

该散点图是通过项目之间的远近以及项目在两个未旋转因素相应的任意参照向量上的负荷决定相关性的强弱的。可以先找出坐标轴的踪迹,然后再旋转该踪迹,直到坐标线落到项目组团上。于是,就可以用参照轴生成坐标,用两轴上的相对长短来代表每个项目的位置。每一个项目的坐标值都可以转换成它在两因素上的对应负荷。尽管如此,建立在数学标准基础上的自动非图象旋转的使用要广泛得多。例如,像方差最大这样的方法,寻求的是把每一个项目的平方负荷的方差最大化。每个项目的负荷就是该项目与每个因素之间的相关系数,因素的基础是定义因素的向量(即参照线)的方向。因此,负荷会随着向量方向的不同而变化,这就和确定橄榄球运动员场上位置的值一样,或者,和散点图上点的位置坐标随着参照轴的不同而变化一样。当某些平方负荷相对大而其他负荷相对小的时候,该方差就会最大。因此,满足平方负荷方差最大化这一条件的效果是,让每一个项目上的负荷最大限度地不平衡。找出能产生该最大不平衡负荷和最大平方负荷方差的参照轴的方向,就等于找出一个能提供我们潜在信息的因素旋转。我们要找的,当然是特定形式的不平衡。在这种不平衡状态下,项目的某一个负荷(即项目在主因素上的负荷)相当大,而其他负荷(即项目在次因素上的负荷)却很小(理想情况是零)。当取得这种结果时,我们就可以说,这个项目主要受一个因素的影响,该因素就是该项目负荷很大的那个因素。我们把这种情况叫简单结构(simple structure)。仅用主因素刻画项目,有利于我们捕获项目信息的基本性质。这就是因素旋转的目标。

现在,我们再回到前面那个橄榄球控球队员的场上位置问题上来。作为例解,我(根据编造的数据)分析了那 8 个项目。前三个特征值依次是 3.67, 2.78, 0.59。根据前两个特征值远大于 1.0 而第三个特征值远小于 1.0 这一情况,我抽取了两个因素。我用 SAS 统计软件包对这两个因素做了方差最大(Varimax)旋转,旋转之前的 SAS 因素图见图 6.10,旋转之后的因素图见图 6.11。图中的项目位置,都是相对于两个因素的位置,是根据每个项目在这两个因素上的负荷确定的。

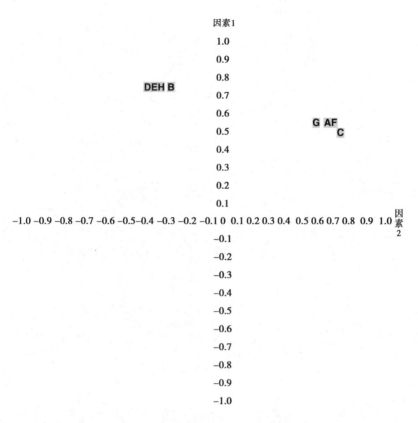

图 6.10　旋转前各项目在两个因素上的负荷情况

　　在 SAS 统计软件包直接输出的因素图中,每个字符都占同样的宽度,并在各行之间不能插入别的内容。因此,不能把点之间的相对位置,或者,点相对于因素向量的位置精确地标识出来。即使存在这样的局限,这两幅图还是揭示了相当多的信息。在第一幅图(图 6.10)中,八个项目(分别用带阴影的大写英语字母表示)聚集成了两个小团儿,一个小团儿由 B、D、E、H 组成,另一个由 A、F、C、G 组成。图中两两字母间的距离,与它们之间的相关性强弱相对应。所以,两个靠在一起的字母之间的相关性,要强于两个更分开的字母之间的相关性。图中两个小团儿的出现,表明团儿内项目之间的相关很强,而一个团儿里的项目跟另一个团儿里的项目基本上不相关。相对于两个轴的位置也为我们提供了信息,尤其是有关旋转问题的信息。A—F—C—

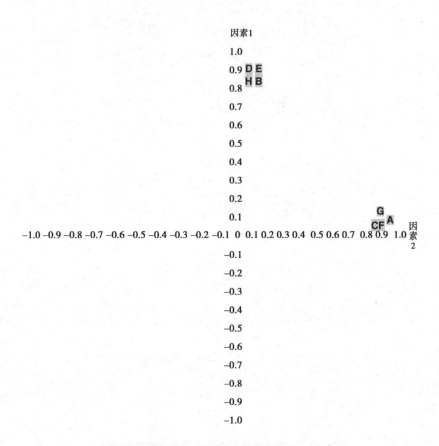

图 6.11　旋转后各项目在两个因素上的负荷情况

G 这一项目团儿处在离两个代表因素的向量距离差不多相等的位置。这就是说,该团儿在两个因素上的负荷值基本相同。尽管另一个项目团儿离垂直向量的距离更近一些,但离两个向量都有一定的距离。第二个团儿中的项目在因素 1 上的负荷更高一些,但它们在因素 2 上的负荷(负值)也不算小。因此就很难说,某个项目团主要反映了某个具体因素的水平。

与旋转前的情况不同的是,在因素旋转后的那幅图中,两个项目团儿分别离其中的一个向量距离很近。现在,第一个项目团儿(B—D—E—H)在因素 1(用纵轴代表)上的负荷高(约 0.8 到 0.9),在因素 2 上的负荷低(小于 0.2);第二个项目团儿(A—F—C—G)和因素 2(用横轴代表)连到了一起,这几个项目总体上在因素 2 上的负荷值高

（约 0.8 到 0.9），而在因素 1 上的负荷低（0.1 左右）。所以，旋转之后，我们朝简单结构这一目标更逼近了一步。也就是说，每个项目的负荷主要在一个因素上。

如果你再仔细地看一下两个项目团儿在因素旋转前后两幅不同图上的相对位置，那么你就会发觉，它们非常相似（在 SAS 输出图的局限之内）。在这两幅图中，A—F—C—G 项目团儿在 B—D—E—H 项目团儿顺时针大约 90 度的位置。本来就应该是这样的结果，因为，因素旋转并不改变变量之间的相互关系。如果把项目画在一张透明纸上，把因素坐标画在另外一张透明纸上，那你就可以旋转画有项目的那张纸，使项目和因素之间的位置关系从图 6.10 变成图 6.11 那样。（出于 SAS 统计输出图不够精确的缘故，纵轴和横轴的单位刻度稍微有些不一致，这就导致了两张图上显示出的两个项目团儿之间的相对位置的相似性，跟它们在数值上的本来相似性有点出入。）实际上，旋转是重新确定因素的方向，而不是改变因素之间的角度。旋转后的图实质上是沿顺时针方向转动了项目团儿，而不是沿逆时针方向转动了因素轴。

旋转了因素之后，我们现在就可以通过观察在某个因素上有高负荷项目的共性来解释每一个因素。在第一个因素上负荷高的项目都是关于离球场边线的远近的，而第二个因素上负荷高的项目则都是关于离球场门线的远近的。于是，我们就可以说，因素 1 是关于离边线距离的，因素 2 是关于离门线距离的。旋转允许我们区分一定的团组，从而使我们更容易地发现团组内项目的共同品性。

总之，以上例子所揭示的关于因素旋转的重点有以下五个方面。（1）（当不止一个因素时）知道因素的正确数目尽管重要，但这并不能揭示那些因素的本质。因素抽取过程解决的只是所需因素的个数，而不是这些因素在内容意义上的本质。（2）对于多个因素，在旋转缺席的情况下，项目之间的任何意义和可解释性模式结构都可能被淹没。初始阶段的因素抽取忽略了项目的内容方面，基于未旋转因素的项目聚团儿通常并不能揭示多少项目的意义。前面关于柱子群从优势视角和非优势视角的观察结果，就很好地说明了这个问题。（3）任何能确定因素正确数目的方法，都可以和其他方法一样用来确定项目之间的关系，或者，用空间语言讲，确定项目之间的相互位置。例如，用东西南北轴能够确定球场上的任何位置,用门线和边线也同样能够确定。(4)因素旋转的目的是,为参照轴找出一个具体的方向,从而能帮助我们以最简单的方式了解项目。当一个项目的大多数内容能够用尽可能少的(理想的情况是仅仅一个)变量解释时,这个目的就达到了。(5)旋转后的因素构念模式可以促进我们确定,同一个因素上的项目的共同点是什么,从而使我们能够推测造成这些项目被如此回答的深层原因是什么。在那个关于橄榄球运动的例子中,两组关于控球队员场上位置的项目截然不同。一组只关心控球队员离边线的距离,另一组则只关心离门线的距离。于是我们就可以推测,对控球队员离那些不同边界线的距离的感知,决定了受访人员对这两组项目的回答,最少暂时可以这样推测。当然,我们还需要更多的效验信息来支持我们的推断。

正交旋转与斜交旋转

至此,所有释例中的参照直线都是相互垂直的,这就等于说每个因素在统计学上是独立的,即它们之间不相关。这样的因素叫作正交因素。当两个因素互相垂直时,在一条参照线上的位置不提供在另一条参照线上的任何信息。这就相当于知道某人在北面多少米并不能告诉我们这个人在西面多少米一样。同样,在我们那个橄榄球的例子中,知道控球队员离门线的距离,我们并不能得知该队员离边线的距离。

诚然,因素之间也可能是相关的。因此用几何图象表示出来就是,轴与轴之间并不是互相垂直的。假如我们用来确定美式橄榄球场(见图6.9)位置的两条参照线的一条是零码底线到零码底线,另一条是正东正西线。于是,朝西运动也意味着朝其中的一个底线区移动。也就是说,在不改变离门线距离的条件下,是不可能东西移动的。因为,这两个维度在某种程度上是相关的。

同样,因素旋转也可以使参照轴(以及与之相对应的因素)相关联,因此,参照轴之间并不空间相互垂直。这种旋转叫斜交旋转,而不是正交旋转。在有理由认为底层潜变量之间存在一定关联的情况下,斜交旋转可能会有用处。简单结构这一目标要求,只有项目只归属于

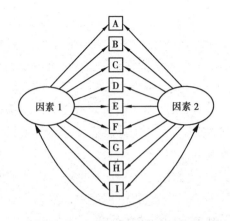

图 6.12 允许因素相关联的两因素模型

某个单一类别时才具有意义。这就是说,每一个项目只应该是"关于"一个东西的,因此只能负荷于一个因素。如果变量之间有某些相关,但代表变量的因素却由于因素分析方法的缘故而受迫完全相互独立,这个目标的实现就没有了可能。这就是说,由于因素之间相关的原因,可能有两个或者更多的因素与一些或者全部项目相联系,从而使我们受到限制,不能足够接近简单结构(见图 6.12)。

再回到前面关于同事品性的例子。假如"责任心"和"可靠性"真的相关,那么,关于其中一个品性的项目很可能与另外一个品性共享一些变异方差。然而,如果允许两个因素有某种程度的相关,情况就会大体变成这样:据了解,"责任心"和"可靠性"之间相互关联,因此允许代表这两个品性的因素也相互关联。撇开相关问题不说,现在的问题是,所编写的项目应该和哪个因素最强烈地相关呢?如果不强制要求代表因素"责任心"和代表因素"可靠性"的两个坐标轴相互垂直,那么,在其中一个变量上的分数的增加,也会引起在另外一个变量上分数的某种变化。如果实际情况是,一个项目在受到"责任心"重大影响的同时,还受到"可靠性"的影响。对于这种情况,允许代表那些构念的因素之间相关,这可以更准确地反映实际。如果不要求两个因素在统计学上独立,那么,一个既与"责任心"强烈关联,又同时与"可靠性"中度关联的项目,可能在第一个的因素上有强负荷,而在第二个的因素上有弱负荷。在某种意义上说,"可靠性"可能是影响该项目的某种因这一事实,已经通过允许两个因素相关而包括了进来。这样,就通过"责任心",提供了一个由"可靠性"到项目之间的因果路径(见图6.13),从而,就取消了项目直接与"可靠性"相关且交叉负荷于两个因素之上的需要。可见,允许因素之间相关可以使我们更明确地把项目归为这个或那个因素,从而使我们更接近于简单结构这个目标。给定项目对之间的相关在因素层面得以解决,结果,项目就再也没有和两个因素都发生联系的必要了。

在因素的斜交旋转之中我们所损失的是不相关维度的优美性和简单性。不相关因素的一个非常优良的特征是,所有因素的联合效应就等于各个因素单独效应的简单代数和。这样,反映在一个特定项目值中就是,由一个因素所解释的信息量可以和另外一个因素所解释的信息量相加,从而得到这两个因素联合起来所能解释的信息总量。对于斜交旋转,情况就不是这样了。由于因素之间相关联,两个因素所解释的信息总量之中就含有一定的冗余量。对于一个与"责任心"和"可靠性"都相关的项目,由这两个因素一起所解释的变异量要小于两个部分之和。一些(也许大量)由一个因素所解释的信息能与另一个因素所解释的信息重叠。于是,简单的代数和之中把重叠部分的信息算了两次,这就不能正确反映两个因素对项目的联合影响。

允许因素相关还会在另外一个方面使问题复杂化,即使得项目和因素之间的因果关系更加复杂。如果因素之间互相独立,具体项目和因素之间的关系就会唯一且直接。于是,因素层面的变化就会引起项目在一个单一、直接路径上的变化。但是,要是因素之间相关,情况就不是这样了。假如两个假想的因素都影响项目A,且这两个因素相关,每一个因素都会对这个项目既产生直接影响又产生间接影响。这就是说,因素1可以影响因素2,也可以通过因素2间接地影响项目A(见图6.13),而这种间接影响只是在直接影响之外的影响。

当然,通过平行的过程,因素B也可以影响项目,不仅直接地影响,而且还通过与因素A之间的关系间接地影响[①]。这种因素对项目的"直接+间接"影响对于其他项目也同样存在。因此,在谈及项目与

[①] 这里的"因素A"和"因素B"应该是"因素1"和"因素2"。——译者按

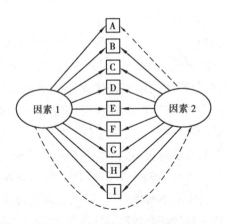

图 6.13 由于因素相关的原因,
因素 1 既直接(实线路径)影响项目 A,
也间接(虚线路径)影响项目 A

因素之间的关系时通常就不得不清楚地指出,到底是包括还是不包括
间接效应,不然的话就会模棱两可,造成潜在的混乱。

选择旋转类型

到底是选择正交旋转,还是选择斜交旋转,这是一个实践问题,因此
需要考虑的问题很多。其中,如何看待因素所代表的概念就是一个。如
果理论强烈地暗示概念之间相互关联,那么,因素分析(具体而言就是因
素旋转)时按照因素之间相关处理可能很有意义。因此,如果我们分析
的是关于"责任心"和"可靠性"的项目,允许因素之间相关将最符合这
两个概念的含义。另一种可能是,理论暗示我们因素之间相互正交。例
如,"可靠性"和"玩笑"是两个更接近正交的因素,因此更适合用正交旋
转。如果理论不能提供明显的向导(例如,正在开发的量表是关于以前
没有研究过的概念时),因素之间的相关程度就可以用作向导。具体地
讲就是,我们可以选定一种斜交旋转并审视一下结果的因素相关状况。
如果这些相关相当低(如小于 0.15),就可以选择正交旋转。就尽量接近
简单结构而言,这么做有一点点让步,但这么做的结果却能得到一个更
为简单的模型。例如,有些项目可能表现出二阶因素负荷(即在负荷最
多的因素之外因素上的负荷),这些二阶负荷相对于斜交旋转略微有所

增加,但仍然足够微小,从而使每个项目只和一个因素明确地联系在一起。据此,经过斜交旋转后,一个项目在三个因素上的负荷可能分别是0.78、0.16和0.05;如果选择正交旋转,因素负荷可能分别是0.77、0.19和0.11。尽管第二种负荷模式比第一种偏离简单结构稍许远了一些,不过,这个项目与第一个因素的联系却仍旧明明确确。因此,在这个例子中,选择更为简单的(即正交)模型并没有牺牲多少信息。倘若因素之间的相关更强一些,斜交旋转所得到的结果离简单结构的距离可能会大大缩小。例如,一个在正交旋转中为0.40的二阶负荷在斜交旋转中可能缩小为0.15。当然,情况不可能总会这样,只有通过检查两种不同旋转结果的差异,才可能具体把握两种旋转在逼近简单结构方面的差异。

最后一个实践问题是,两个因素之间的相关值以及这个值应该多大方可合并为一个更大的因素。关于这个问题并没有简单的答案,因为还需要考虑项目和因素之间的关系。在一些情况下,当两个因素高度相关时,斜交旋转的确可以揭示有些项目在两个因素上的负荷都很大。对于这种情况,可以提取一个更大的因素,看这两个高度相关的因素能否合并成一个因素。例如,现实数据很可能支持我们用一个因素把关于"责任心"和关于"可靠性"的项目合并起来,而不是把它们分开。

因素解释

在上面关于"责任心"和"可靠性"项目的例子中,我们假定事先已经确切知道潜变量到底是什么。很多时候,情况并不是这样。这时,我们就得依靠因素分析提供的线索来了解潜变量的本质。通常,我们是通过分析那些最能强烈反映每个因素的项目(即在该因素上负荷最大的项目)来完成这项任务的。负荷最高的项目与潜变量最为相似,因而相关最强。因此,这些项目就是我们窥视有关因素本质的窗口。如果有几个明显测量某共同变量的项目在同一个因素上的负荷很高(譬如大于0.65),探索这个因素本质的工作就非常容易了。我们再回到前面关于重要的同事品性的例子上来。如果"聪明伶俐""大脑反应敏捷""受过良好的教育"以及其他几个关于心智本领的项目都在同一个因素上有很高的负荷,而其他项目在该因素上的负荷都很低,我们就可以容易地得出结论说,"心智重要性"或者其他等价的描述就是这个因素的恰当名称。

虽然说在有些情况下给因素取一个名称会显得轻而易举,但是取名毕竟不同于确立效度。一个项目组团是不是能够继续发挥其名称所指的功用将最终决定效度。如果多个因素所能解释的成绩变异方差相对较少,而且有多个看似不同的项目分别负荷于这些因素,分析人员解释时就得格外谨慎。如果分析结果是看似不相同的项目负荷于一个因素,最好的做法可能是,不要那么严肃地把这个因素当作潜变量的指标。

解释时还有一点很值得我们牢记:因素分析只能发现解释所分析项目之间联系的结构,但未必能揭示现象自身的本质。例如,如果没有包括关于外向人格的项目,试图确定人格基本维度的研究人员就不可能得到"外向"这个因素。

有时,包括了某个特定的短语可能造成错觉,使人误以为存在一个概念上有意义的因素。例如,如果有些陈述用的是第一人称,而其他陈述用的不是第一人称,那么,人称就可能是造成所观察到的联系模式的原因。作为示例,我们考虑一下下面这些假想项目:

1.我喜欢苹果。

2.橘子味道很好。

3.水果之中我最喜欢苹果。

4.很多人都喜欢橘子。

5.我时而喜欢苹果。

6.橘子一般有一种芳香味。

7.我发现苹果的清脆很诱人。

8.新鲜橘子的味道可能不错。

假如所有奇数项目负荷于一个因素,偶数项目负荷于另外一个因素,我们就无法知道,导致这两个因素的原因到底是奇数项目中的措辞"我",还是人们对橘子和苹果这两种水果的态度。这两种解释都说得过去,但却互相混杂。这是一个我们可以或者不可以比较橘子和苹果的案例。

主成分与共同因素

　　一些人认为,因素分析技术和主成分分析技术是两大类本质上相同的数据分析技术,另一些则认为,这两类分析技术在本质上是不同的。有时用"因素分析"来泛指这两种技术,有时又把"因素分析"和"主成分分析"对立起来指称。相比之下,用术语"共同因素"和"成分"具体指称因素分析和主成分分析的结果通常要少一些歧义。当然,无论是主张两者之间的相似性还是差异性,都有一定的基础。

　　"主成分分析"(Principal Components Analysis, PCA)得到了一个或多个复合变量,这个/些复合变量捕获了原本包含在一组更大的项目集合之中的大量信息。根据定义,成分就等于原始项目的加权和。这就是说,主成分是原始变量的线性变换。它们以实际数据为根基,由实际项目衍生而出,仅仅是实际项目信息的重组。

　　"共同因素分析"(Common Factor Analysis, CFA)也得到了一个或多个复合变量,这个/些复合变量也捕获了原本包含在一组更大的项目集合之中的大量信息。不过,这些复合变量代表的是假设性变量。正因为它们是假设性的,所以我们所能得到的是这些变量的估计量。共同因素是一个理想化了的虚构性构念,可能就是这个构念导致了项目的如此回答。我们可以通过分析该构念如何影响着某些项目而推断出它的本质。

成分与因素的异同

　　上面的讨论扼要点明了成分和因素之间的差异。其中之一是,因素代表了我们拟估计的理想化了的虚构性变量,而成分则是把原始项目的信息合并在一起的原始项目的其他形式。提取共同因素的理念是,我们可以减去每个项目之中那些和任何一个其他项目都不共享的变异方差。从因素分析的视角看,没有被分享的变异从本质上讲是误差,这和信度的思想一样①。因此,在提取共同因素时我们所得到的组合,是假设性无误差底层变量的估计。正是在这个意义上,我们说共同因素是理想化的,即它们是确定一个项目集合的集体表现的无误差变量的估计(变量)。进而言之,因素决定了项目是怎样被回答的,而成分则是由项目被回答的状况所定义的。因此,在主成分分析中,"成分"是项目的最终产物,项目上的实际成绩决定了"成分"的本质。但是,在(共同)因素分析中,我们用了理想化的假设性变量这个概念,这个假设性变量是项目分数的因。因素不过是这个假设性变量的估计,所代表的只是项目分数的因,而不是果。

那么,两者之间的相似点又有哪些呢? 当然是几个方面的。首先,两者的计算过程差异很小。要记住的是,(共同)因素分析的目标是对一个理想化的无误差变量作出估计,但是,这个估计必须源自实际数据。诚如我们所指出的那样,因素分析方法一般都是建立在代表待分析的项目联系之上的。在第3章中我曾指出,协方差或相关系数矩阵中对角线以外的值代表的只是共享的方差或者共同方差,相关系数矩阵不过是标准化了的方差—协方差矩阵。具体地说,相关系数本身就是标准化了的协方差,"1"则是标准化了的项目方差,每一个标准化了的项目方差代表了一个项目所表现出的全部变异,包括共享变异和特殊变异。要创造一个理想的、没有误差的变量,就必须把包含在相关系数矩阵主对角线上的项目方差中的特殊部分(unique portion)加以清除。更具体些说就是,每个"1"必须被一个"共同贡献的估计值(communality estimate)"所取代。这个估计值小于1.0,只不过是因素分析中一个已知变量与其他变量所共享的变异的近似。例如,如果我们估计出某个变量总变异中的45%与相关系数矩阵中的其他变量分享,我们就给这个变量的共同贡献估计量赋值0.45,并用这个值取代相关系数矩阵中代表相应项目总变异的"1"。我们要对矩阵中的每一个变量都这么做,用其共同贡献的估计值取代其相应的项目总变异"1"(我们经常用回归的方法确定每一个所关注变量的共同贡献的估

---

① 把没有分享的变异方差看作误差(方差),这是量表分析中因素分析进路对信度问题的一般看法,这种看法并不是现代社会测量学对信度问题的主流看法。——译者按

计值,关注变量之外的其他变量是预测变量,确定系数 R^2 是共同贡献的估计值)。这个过程可以产生一个变化了的相关系数矩阵。如表6.1 所示,我们用这个矩阵提取共同因素,而不是确定成分。

表 6.1　主成分分析及共同因素分析的相关系数矩阵

1.0	0.70	0.83	0.48	0.65		0.45	0.70	0.83	0.48	0.65
0.70	1.0	0.65	0.33	0.18		0.70	0.52	0.65	0.33	0.18
0.83	0.65	1.0	0.26	0.23		0.83	0.65	0.62	0.26	0.23
0.48	0.33	0.26	1.0	0.30		0.48	0.33	0.26	0.48	0.30
0.65	0.18	0.23	0.30	1.0		0.65	0.18	0.23	0.30	0.58

注:左边的相关系数矩阵是主成分分析的,主对角线上的元素都保持为 1.0;右边的相关系数矩阵是共同因素分析的,主对角线上的元素是共同性,而不是 1.0。

用共同贡献的估计值替代"1"是提取共同因素和确定主成分在统计计算上的唯一差别。

可是,因果问题又是怎么样的呢? 无论是因素还是主成分,我们都是通过分析相同项目上的观测分数而获得的。正如关于共同贡献估计量的解释所表明的那样:归根结底,项目之间的实证关系是共同因素的基础。当然,这对于主成分也同样。因此,在统计计算上,两者都是以实验数据为基础的。进而言之,大多数的数据分析家都把主成分和共同因素视作理解项目潜变量的方法,也就是说,习惯上认为,成分和因素都揭示了项目观察成绩的致因。事实上,人们经常交换使用主成分分析和共同因素分析。在大多数项目间存在某种共同意义的情况下,这两种不同的方法会支持同样的结论。在很多因素分析的常规软件(例如,SAS 统计软件包的 PROC FACTOR 过程)中,把主成分分析设定为默认方式。也就是说,在未确定出共同因素之前,单位 1一直保留在相关系数矩阵中。因此,尽管主成分分析和共同因素分析在具体细节上既有相似之处,也有不同之点,两者之间的区分却常常被忽略,而这么做通常并无什么不良后果。

不过,两者之间有一个非常重要的差异:主成分与共同因素所解

释的变异方差的性质不同。主成分解释的是原初变量总变异方差的
一个特定部分,而共同因素解释的则是其中的共享或共同变异方差。
尽管提取共同因素时降低相关矩阵对角元素的值,既缩小了表示变异
比例的分子的值,也缩小了其分母的值,但是,它对分母值的缩小要多
一些。这是由分析中用来计算有关变异方差的特定方法造成的。结
果,一组主成分所解释的变异比例和一组共同因素所解释的变异比例
就不相等,在概念上也不等价。共同因素所解释的更加严格限定的变
异(即共享变异)的比例将会大一些,而主成分所解释的总变异的比例
则会小一些。因此,在讨论因素分析结果和报告因素所能解释的变异
比例时,分清分析的方法(主成分法还是共同因素法)以及说明所解释
的变异的类型(共享变异还是总变异)就至关重要了。

两种分析方法还有另外一点值得我们注意的差异:在一些统计软
件包中,有些通过提取共同因素所得到的结果显得有些荒唐而没有意
义,但通过抽取主成分得出的结果却不是这样。在这两种分析中,随
着抽取因素或成分的进一步增多,所能累积解释的变异的比例也在增
加。对于因素分析,这个比例值在某个点上可能会超过 1.0,而且之后
随着更多因素的提取还会持续增大。然而,在提取了第 k 个因素(即
最后一个可能因素)时,好像有什么魔法似的,又恰好返回到 1.0。这
种现象虽然看上去很离奇,但它不过是计算方法的产物,因此可以忽
略。如果数据分析家所用的提取因素的标准恰当,那么,所提取的最
后一个因素通常在这个离奇点之后。无论如何,所提取的共同因素还
是有可能解释原初项目几乎全部(即 100%)的共享变异。

确认性因素分析

因素分析方法还可以进一步分为探索性分析和确认性分析。起
初,探索性和确认性指的是数据分析家的工作意图,而并不是计算方
法。因此,对于同一组项目,可以用同样的分析,要么确定潜藏在它们
底层的结构(探索),要么确认某个理论或先前分析结果所预示的关系
模式(确认)。现在,越来越多的研究者用探索性和确认性来指称两种
不同的分析工具,而不是两种不同的研究目标。在提到确认性因素分

析时,人们通常指一套基于结构方程建模(Structural Equation Modeling, SEM)的分析方法。虽然这套方法只能用来作确认性因素分析,而不能用来作探索性因素分析,但是,标准的因素分析技术可以用来作这两种分析中的任何一种。因此,"确认性"并不必然地等同于"基于SEM"。

诚然,对于某些情况,基于SEM的方法确实有一些传统方法所不具备的长处。之所以有这些长处,是因为它非常灵活。传统因素分析方法所假定的一些条件(例如,项目误差项之间的独立性),在基于SEM的方法中可以有选择性地改变。此外,在大多数情况下,传统方法会约束数据分析家,使他们允许各因素之间要么彼此相关,要么彼此独立。相比之下,如果理论表示这样的模型可以,那么,基于SEM的进路就允许因素相关与因素不相关混合并用。

正如前面指出的那样,基于SEM的进路还可以提供一个统计学标准,以评价实际数据在多大程度上拟合所选模型。如果能恰当使用,这个标准的用处的确很大。不过,它有时会导致提取过多的因素,因为提取更多的因素可以改善模型的拟合度。然而,如果严格应用一项统计学标准,又很可能掩盖这样的事实:有些在统计学上显著的因素可能只解释很小比例的变异,简直小到无关痛痒。尤其是在工具开发的起初阶段,这可能会和研究者的总目标刚好相反。因为,此时的研究者关注的是,找出尽可能少的信息负荷量最大的因素,而不是解释最大量的变异。

基于SEM的进路还有另外一把常用的双刃剑,即检验备择模型和比较它们对于数据的拟合度。如果能审慎使用,这同样是一个很有价值的工具。但是,如果粗心大意,它可能会导致我们所选出的模型一方面没有多少理论意义,另一方面却表现出更好的统计拟合度。例如,如果取消项目误差彼此不相关这项限制,就可能产生一些低量值的相关,尽管如此,该模型仍然优于有限制条件时的模型。在这种情况下,甲研究者可能会决定忽视这些很低的相关,以选择一个更简单的模型;乙研究者却由于受到统计标准的左右,决定拒绝这个更简单的模型。又例如,一个把两个显然不同但却高度相关的因素(也许就像"责任心"和"可靠性"一样)分开的模型,很可能比把两个因素合并在一起的模型有更高的拟合度。如果它们之间的相关很高,那么,决定是否使它们保持分开可能就显得任意。倘若表示同一个构念的两个不同指标之间的相关系数是 0.85,那么,通常就认为有足够的证据支持我们作出决策:这两个指标是等价的。但是,把相关系数为 0.85 的两个指标分开的二因素模型,比把两个指标合并在一起的单因素模型能更好地拟合数据。

　　以上评论并不是说基于 SEM 的确认性因素分析方法就不好使,相反,这些方法的出现为理解各种测量问题作出了巨大的贡献。我想要说的是,这些方法所固有的灵活性,为错误地决策提供了更多的机会,特别是对于那些对这些方法不是非常熟悉的数据分析人员。主成分分析(在此之中,因素是项目的线性组合)还有可能有例外,其余的因素分析方法无一能够产生一个唯一正确的解。这些方法只能产生看似可能的解,而且解的数目可能会很多。而且,虽然一个更复杂的模型在统计性能上可能要优于一个更简单的模型,但这并不能保证,它对现实情况的反映就一定会比后者更准确。它可能会更准确,也可能不会。对于所有的因素分析方法,我们都需要根据常识作出最佳决策。这些分析只不过是我们决策过程中的向导,是支撑我们决策结果的证据。无论如何,它们都不能完全代替研究人员而作出决策。此外,在所发表的确认性因素分析报告中,要准确地描述决策的各种根据,包括统计根据和其他根据,这一点非常重要。

　　最后再说一点。某些领域(例如,人格研究)的研究人员认为,就确认性证据而言,根据传统因素分析方法取得的一致性结果比根据统计标准所获得的一致性结果模型拟合度更强。例如,索塞尔和哥德伯格(Saucier & Goldberg,1996,p.35)就指出:"由于探索性因素分析提供了比确认性因素分析更严密的重复性检验,所以前者比后者更为可取。"理由是:如果对来自不同个体样本、不同场次的数据使用探索性方法得到的是本质上相同的因素分析结果,那么,这些结果是复现性的怪现象的可能性就会相当小。试想,对于这种情况,如果用基于 SEM 的方法,数据分析人员先得指定变量间的预期关系模型,然后再用计算机程序来确定该指定模型是否与实证数据拟合。换句话说,我们给了计算机一个强烈的暗示,即结果应该是什么样子。相比之下,在没有此类暗示的条件下再次发现以前的因素结构,就非常有说服力了。重复使用探索性因素分析技术,实际上就是这么做的。

量表编制中因素分析的使用

为了使本节中拟讨论的概念更加具体,我们先看一下下面的几个例子。我和我的同事(DeVellis et al.,1993)编制了一套量表,这套量表旨在评估父母对于影响其孩子健康的人和事的看法。这套量表总共有 30 个项目,对看法的几个方面作了评估。作为例子,我们选下面的 12 个项目加以讨论:

　　A.我有能力影响自己孩子的健康。

　　B.我的孩子能否避免伤害,这全凭运气。

　　C.在决定我的孩子的健康状况方面,运气起着重要的作用。

　　D.在防止我的孩子受伤害方面,我能做很多事情。

　　E.在防止我的孩子生病方面,我能做很多事情。

　　F.我的孩子能否避免生病,这全凭运气。

　　G.我在家里与孩子一起做的事,是孩子健康的重要部分。

　　H.我的孩子的安全依赖于我。

　　I.我能做很多事以帮助我的孩子保持健康。

　　J.我的孩子健康状况良好,这在很大程度上来自好运气。

　　K.我能做很多事以帮助我的孩子强壮、健康。

　　L.我的孩子保持健康还是生病,这完全是命运问题。

我们把这些项目在 396 位父母身上施测,并对取得的数据进行了因素分析。分析的第一个目标是,确定有多少个因素蕴藏在这些项目的底部。分析所用的软件是 SAS,要求输出碎石图。图6.14与 SAS 输出的碎石图非常相似。注意:图中总共描出了 12 个因素(即全部项目的个数),但只有两个因素位于图象陡峭的左侧,其余的因素位于平坦的底部。这样的图象强烈地建议我们,两个因素就能解释大量的项目变异方差。

在决定选取多少个因素之后,我们得重新运行程序,并指定为两个因素,选择方差最大(varimax)旋转,即正交旋转。要是我们逼近的不是这么一个简单的因素结构,就得运行斜旋转,以改善项目和因素之间的拟合性。所幸,在我们的例子中,简单的正交旋转就产生了有

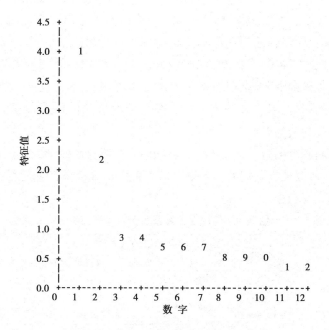

图6.14 所选项目因素分析的碎石图

意义的项目组团,以及明确的、没有歧义的负荷。

从表6.2中的因素负荷,我们可以清楚地看出这一点:每一列中的值是给定项目分别在这两个因素上的负荷。SAS软件有一个选项,可以把在每一个因素上负荷高的项目按照从高到低的顺序排在一起。

表6.2 两个因素上的项目负荷

	旋转后的因素模式	
	因素 1	因素 2
项目 I	**0.786 12**	−0.220 93
项目 K	**0.748 07**	−0.185 46
项目 D	**0.718 80**	−0.022 82
项目 E	**0.658 97**	−0.158 02
项目 G	**0.658 14**	0.019 09
项目 A	**0.597 49**	−0.140 53
项目 H	**0.518 57**	−0.074 19
项目 F	−0.092 18	**0.821 81**
项目 J	−0.108 73	**0.785 87**
项目 C	−0.077 73	**0.753 70**
项目 L	−0.172 98	**0.737 83**
项目 B	−0.116 09	**0.635 83**

在表 6.2 中,因素负荷大于 0.5 的均以粗体标出。每个因素都是由负荷最大的项目组团(即那些负荷用粗体标出的项目)定义的。通过分析这些项目的内容,我们就可以得知每个因素所代表的潜变量的本质。在该例中,所有在因素 1 上负荷大的项目,都是关于父母对孩子安康的影响;所有在因素 2 上负荷大的项目,则都是关于运气或命运对孩子健康的影响。

我们还可以进一步考究这两组同质性项目。例如,对于每组项目,我们可以计算它们的 α 系数。表 6.3 是 SAS 软件计算所得的每组项目的 α 系数。

表 6.3　两组项目全组的 α 系数及每个 $k-1$ 项目组合的 α 系数

全组项目的克伦巴赫 α 系数			
原始项目成绩:0.796 472		标准化项目成绩:0.802 006	
	原始项目成绩		标准化项目成绩	
所删除项目	与本组总成绩的相关	α 系数	与本组总成绩的相关	α 系数
项目 I	0.675 583	0.741 489	0.676 138	0.749 666
项目 K	0.646 645	0.748 916	0.644 648	0.755 695
项目 E	0.545 751	0.770 329	0.535 924	0.775 939
项目 D	0.562 833	0.763 252	0.572 530	0.769 222
项目 G	0.466 433	0.782 509	0.474 390	0.787 007
项目 H	0.409 650	0.793 925	0.404 512	0.799 245
项目 A	0.437 088	0.785 718	0.440 404	0.793 003

原始项目成绩:0.811 162		标准化项目成绩:0.811 781	
	原始项目成绩		标准化项目成绩	
所删除项目	与本组总成绩的相关	α 系数	与本组总成绩的相关	α 系数
项目 F	0.684 085	0.748 385	0.682 663	0.749 534
项目 C	0.596 210	0.775 578	0.594 180	0.776 819
项目 J	0.636 829	0.762 590	0.639 360	0.763 036
项目 L	0.593 667	0.776 669	0.592 234	0.777 405
项目 B	0.491 460	0.806 544	0.493 448	0.806 449

两个子量表的 α 信度系数都可以接受。注意,SAS 软件的 Corr 命令既可以计算原始项目成绩的 α 系数,也可以计算标准化项目成绩的

α系数。后者的计算就相当于基于相关系数的α系数公式。对于这两个子量表,根据两种不同方法计算出的α系数值非常接近。我们同时还注意到,对于这两个子量表,抛弃任何一个项目,都不能增加α系数的值。对于子量表1,抛弃项目H和不抛弃它所得的α系数基本一样;对于子量表2,抛弃项目B和不抛弃它所得的α系数基本一样。尽管如此,保留这两个项目既有助于保障在新样本上α系数足够高,也不至于大幅度增加量表的长度。

至此,我们关于量表开发过程中的一般性防范都适用于借助因素分析方法所得到的量表。例如,使用独立样本重现量表的信度系数就非常重要。事实上,如果能在新的独立样本上重现因素分析的全部过程,对于展示量表所获得的结果并非一次性的偶然现象更有用。

样本大小

原始分析所用样本的大小,至少部分地决定着因素结构重现的可能性。一般情况下,大样本所呈现出的因素模式比小样本所呈现出的因素模式更加稳定。于是,难免有人会问:"样本多大才算足够大呢?"这个问题很难回答(参见 MacCallum, Widaman, Zhang & Hong, 1999)。和其他统计技术一样,既要考虑被试的相对数量(相对于项目的数量),也要考虑被试的绝对数量,而且项目共同性等因素也要考虑(MacCallum et al., 1999)。要分析的项目越多,预期的因素个数越多,所需要的被试也就越多。这个原则很可能诱使人们去寻找一个标准的被试项目比。可是,随着样本的逐渐增大,被试项目之比可以缩小一些。如果要分析的项目是20个,那么100个被试可能就太少了一些;但是,如果分析的项目是90个,那么400个被试可能就足够了。廷斯雷和廷斯雷(Tinsley & Tinsley, 1987)建议,在300人之内,被试项目比在5~10即可;如果被试多达300,这个比值就可以通融一些。就在这篇论文中,他们还援引了另外一组由卡蒙瑞(Comrey, 1973)提出的导则:样本大小为100太少,200还说得过去,300良好,500很好,1 000非常好。卡蒙瑞(Comrey, 1988)指出,对于一般的40个以下项目的因素分析,在绝大多数情况下,200个被试就足够了。虽然样本大小和因素分析结果的有效性之间的关系比这些验法所表示的要复杂得多,但是,在大多数情况下,这些验法也许就够好了。

在实践中,用小一些的样本(例如,150 个被试)作项目分析的情况也屡见不鲜。不过,大家普遍接受这样一个观点:大样本可以提高根据因素分析所得结论的可推广性。当然,在另外一个样本上重现因素分析的结果是最好的展现推广性的方法。

小　结

因素分析是量表开发的基本工具。它让数据分析人员能够确定蕴藏在一组项目底层的因素个数,从而能正确地计算克伦巴赫 α 系数。此外,它还能帮助量表开发人员洞悉项目潜变量的本质。

7

项目反应理论概述

　　项目反应理论(item response theory, IRT)是经典测量理论或经典测验理论(CTT)之外的另一个备择方法。近年来, IRT 受到越来越多的关注, 并常常被说成是 CTT 的更好的替代理论(例如, De Boeck & Wilson, 2004; Embretson & Reise, 2010; Nering & Ostini, 2010)。这两种路线在多个基本特性上是相同的。例如, 经典理论和项目反应理论都需要假定量表的单维性。也就是说, 两者都假定, 要是项目的分数合成为一个量表分数, 那么, 在所有项目的底层必须要有一个而且只能是一个共同变量。换种说法就是, 无论是用哪一种理论, 构成量表的诸项目只能有一个共同的造因, 因而必须相互相关。如果有一组项目是多维的(因素分析可能会揭示出这样的结果), 那么, 每个分离的单维项目小团儿必须逐个分别予以处理。无论是用 CTT 还是用 IRT, 都得这么办。所以, 如果有 50 个项目, 共形成了 5 个分离的因素, 那么, 就必须单独逐个处理每个小团儿, 最后可能产生 5 个量表, 而不是 1 个。

　　项目反应理论和经典理论都区分了真分数变异和误差变异, 但两者区分真分数和误差的方法却不相同。经典理论的基本思想是, 观测分数等于真分数加误差。并没有把这里的误差进一步细成不同的种类,例如时间方面的、场景方面的,或者项目方面的①。相反,而是把所有的误差混合在一起。IRT 则对误差做了更加精细的区分,特别是,把误差和每一个项目的特征联系了起来。

IRT 的目标之一是,确定项目的有些特征时不依赖于是谁做的这些项目。这和物理测量有些类似。在物理上测量一个物体的品性(例如,重量)时,测量结果与物体特定本性没有关系。二十斤就是二十斤,体重计称出的物体重量与所称物体的性质没有关系。IRT 试图使问卷调查项目也取得这样的结果。经典法把测量工具和接受测量的人先天地联系在了一起,而 IRT 却没有,至少在理论上没有②。例如,在经典理论框架下,一个量表的信度要受组成该量表诸项目之间的相关性的影响。如果一组受测在待测量上的观测结果差异极小,他们的真分数变异范围就很小。结果,算出的项目之间的相关系数就小,据此计算出的信度就比较低。相反,如果一组受测在待测量上的观测结果差异很大,他们的真分数变异范围就很大。结果,算出的项目之间的相关系数就大,据此计算出的信度也就比较高。结果,在 CTT 框架下计算出的信度系数不仅是关于测量工具表现的,在有些情况下还是

---

① 事实上,项目反应理论也没有区分不同来源的误差,只有概化理论才区分不同来源的误差。IRT 所区分的,是同一个或同一组项目,对于不同能力水平受试,其测量结果的不确定度(即社会测量学者所谓的误差)是不一样的。相反,CTT 假定,同一组项目对于同一组受测,无论他们之间的差异多大,其测量结果的不确定度是相等的。这仅仅是一个假定,如果实际情况明显不满足这个假定时,CTT 中的信度理论就失效。(如果应用不当) CTT 的另一个局限是,计算信度系数时假定了平行测验条件,后来放松到真分数相等,再后来进一步放松到了真分数本质上相等。但应用界却常常忽视这些条件的约束。实际上,标准化项目阿尔法系数(standardized item alpha)就是解决方案。即,先把一组被试在每个项目上的成绩都转换成标准分,然后再用标准分来求项目间的平均相关系数,然后再把这个相关系数代入斯皮尔曼—布朗预测公式进行提升。这样做的目的,就是先把本来不满足平行测验条件的测验,通过标准化的手段,使它们满足平行测验条件。其实,SPSS 就能输出这个结果,只是很少有人使用它。不难看出,对于一般的应用,标准化项目阿尔法系数比克伦巴赫阿尔法系数要合适得多。——译者按

② 这是对 CTT 和 IRT 的又一个流行误解。实际上,CTT 和 IRT 都有关于这个问题的解决方案,只是路线不同,解决的阶段也不同。CTT 通过总分等值的方法解决这个问题,而 IRT 则是通过项目参数等值的方法解决这个问题。差别是,CTT 的总分等值方案,限制了它不能用于计算机自适应测验,但并不影响分数的解释。另一点需要指出的是,CTT 没有通过项目参数解决这个问题,但这并不意味着 CTT 就在项目参数层面上解决不了这个问题。——译者按

关于所研究被试样本的特性的。IRT 框架下的信度并不是以被试样本数据为基础的。当然,对于两种理论,关于项目的信息,最终还是从人身上取得的。因此,IRT 相对于 CTT 的优点是否得到体现,还有待于在各种异质性很强的大被试样本上对项目进行评估的结果。

　　本章不能讨论 IRT 和 CTT 在各个方面的区别,感兴趣的读者可参阅有关文献。汉布尔顿、斯瓦米纳坦、罗杰斯(Hambleton, Swaminathan, & Rogers, 1991)合写的小册子《项目反应理论基础》简单易懂,值得推荐。我不想全面比较 IRT 和 CTT,而是选择了三个方面。这三个方面是:(1)强调项目与强调量表总体,(2)根据待测品性水平选择项目,(3) 对项目和量表特性的视觉化表示。

　　第一个重要的区别是,IRT 非常关注构成量表的每一个项目,CTT 关心的却是量表整体的特性。例如,在信度方面就可以看出两者之间的明显差异。在 CTT 框架下讨论克伦巴赫阿尔法系数时就发现,通过项目之间相关的平均程度和增加项目的个数,都可以增加阿尔法系数。因此,更多的项目和更好的项目(项目都与潜变量强烈相关)都可以提高信度。在经典理论中,量表的信度往往通过增加项目的冗余(多增加项目)而提高。在项目反应理论中,增加信度的典型做法不是增加项目的冗余度,而是(在有可能的情况下)选择更好的项目[①]。也就是说,在 IRT 中,信度基本上是关于单个项目的,但在 CTT 中,信度则是从整个量表的角度看待的。尽管在 CTT 中看单个项目与总分之间的相关,也可以确定单个项目对整个量表的信度贡献,但这个过程在 CTT 中的烙印,远没有它在 IRT 中那么深。就量表编制而言是这样,就量表评价而言也是如此。

　　两个理论的第二个区别是,用 IRT 能够明确考察所测量的哪个水平对项目的影响最大。这样就可能让不同的项目"针对"不同的品性

---

① 这是实践工作者和部分研究者对项目反应理论的严重错误理解之一,也是 Rasch 项目反应理论与其他项目反应理论的重要区别之一。实际上,在测量阶段,项目反应理论也不允许根据某个项目参数作为选择项目的标准,以达到提高测量结果的可靠度,而是要随机地选择项目。因为只有这样,作为概率模型的项目反应模型才有效。换句话说,IRT 不能通过选择更好的项目提高所谓的信度,而必须和 CTT 一样,通过增加项目的个数来提高信度。——译者按

水平,因此对品性不同水平段的灵敏度也不一样。例如,"我有时感觉伤心",可能是一个测量较低水平忧伤感或抑郁感的项目;相比之下,"我感觉不值得活下去了"则可能是一个测量较高水平忧伤感或抑郁感的项目。对于区分偶尔感觉到伤感和时而感觉到伤感,第一个项目也许是合适的;但对于区分不时感觉到伤感和经常感觉到伤感,这个项目也许就起不到什么作用。相反,第二个项目也许只能用来区分处于非常严重的伤感端的情况,而大部分的处于其他段的伤感者对它就不会选择,只有那些严重伤感或抑郁的被试,才会选择该项目。在 IRT框架下,就可以对这两个项目贴上适合于两个极端水平的标签。通过确定哪个项目适合于测定待测变量(本例中的抑郁感)的哪个水平段,IRT 理论可以帮助量表编写者找出测量不同水平段的合适项目。也就是说,在 IRT 框架下,一个量表包括测量拟测定品性的不同水平(例如,高、中、低)的项目轻而易举,因为 IRT 理论明确地把项目和该项目所适合测定的品性水平联系了起来。尽管在经典理论框架下也可以达到类似的结果(例如,考察每个项目被选中的比例以及选中该项目和未选该项目的人的总分情况),但是,这已经不是根据 CTT 开发量表的常规内容或步骤。相比之下,评估项目的"难度"值是 IRT 中不可缺少的内容。

项目与潜变量的关联程度以及项目的难易程度,这两方面都会影响信度。与潜变量密切相关的项目,它们彼此之间的相关也高。于是,项目间相关系数的平均值就越高,最终量表的信度也就越高。进而言之,编制出适合测量拟测变量各个水平段的优良项目,可以确保最终的量表能够测量出拟测品性在各个水平段的可信结果,而不仅仅是在其中某(些)水平段的可信结果。因此,IRT 中这些常规的、以项目为中心的方方面面,都可以提高量表的信度。

IRT 理论和 CTT 理论第三个不同点与前两点密切相连。IRT 使用了大量的图象来刻画或表示单个项目以及整个量表的属性。下面,我们很快就会看到一些 IRT 常用图象。之前,我们还是首先讨论一些IRT 中常用的术语以及这些术语的根源,这些术语与 IRT 图象密切相关。

由于 IRT 源自于能力测验,因此,IRT 术语一般都和能力测验有关系。在能力测验中,对项目反应结果通常评定为"正确"或"不正确"(即使项目的原初反应选项不止两种形式);在 IRT 的经典应用和范例中,项目的反应取两种状态,即要么"通过",要么"不通过"。因此,讨论 IRT 时,最容易的做法是从这类反应形式的项目谈起,尽管没有什么理由说源自于这种理论的方法就不能(实际上已经)扩展到其他反应形式(例如,李克特型项目)的关于其他方面内容的项目。我们会在本章的后面讨论这些后面类型的项目。

事实上,IRT 并不是一套能导出一系列具体操作步骤的理论,而是一组数学模型。这组模型的具体差别在于模型中参数的多少。近年来,实践中最常用的模型一直是三参数模型。该模型涉及三个关于项目特征的参数,即难度、区分度和猜测度。拉希模型(Rasch,1960; Wright,1999)是最早的模型之一,至今仍在使用。该模型只涉及一个项目参数:难度。

项目难度

尽管"项目难度"这个术语是借自能力测验的,但是,该概念的使用范围要宽广得多。具体而言,项目难度指的是属性的这么一个水平:在这个水平上的被试,如果不考虑猜测因素的话,他们答对这个项目和答错这个项目的可能性一样大。我们大多数都看过描绘狂欢节和娱乐园的电影,这些节目大都与力量方面的奇迹有关。"测量装置"就是供重物上下运动的铅垂滑竿,滑竿顶部装了一个铃铛。一开始,重物停止在滑竿的底部,位于用作跷跷板的木板的一端。"被试"用一把大木锤用力打击木板的另一端,从而使重物沿着滑竿向上飞去。"被试"的目标是尽量用力将木锤打击木板的无重物的一端,以使得重物能够敲击顶部的铃铛,并发出声来。对于我们的目的,可以把整个装置看作"项目"(见图7.1)。

项目难度就是"被试"所必须具备的力气(更准确些说,就是他或

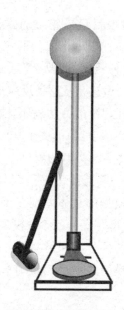

图 7.1　假定性测力装置:用锤子使劲击打木盘使重物击响铃铛

者她必须传输的力气),从而能够通过这个项目(即使重物能够撞响铃铛)①。很清楚,可以制作不同的项目,并使其具有各个水平的难度(例如,滑竿越长、重物越重,则难度越大)。应该有可能校准每一个具体装置的难度,并使难度与打击者打击木板时的任何特征都没有关系。

　　由于这个"项目"是一个物理实体,因此,要精确确定它的"难度"并不困难(暂时先不考虑打击时的偏差)。狂欢节的组织者可以预订一个 10 磅或 100 磅的装置,以提高或降低玩游戏的人的"通过率"。每套装置可以满足不同群体的需求,例如,参加学校展览会的学生和参加健身营的成人。

　　也可以用同样的方式刻画问卷项目。假如,有一个测量抑郁感的项目。我们可以把这个项目编得相对"易"一些,也可以把它编得相对

———————————

① 这是对 IRT 中项目难度的欠准确类比。如果用更准确的概率语言讲应该是:项目难度就是"被试"用木锤打击木板所用的力气,从而使重物以 50%的概率撞响位于顶部的铃铛。如果用更准确的统计语言讲应该是:项目难度就是"被试"用木锤打击木板所用的力气,如果让"被试"作无限多次这种打击,每次都用同样大的力气,那么,该被试就有50%次使重物撞响位于顶部的铃铛。——译者按

"难"一些。对于易一些的项目，只需要一定程度的抑郁感就可以"通过"。可以把这种"通过"操作化为：最少每周有一次某种感觉的被试选择该项。例如，项目"每一件我不得不做的事情都使我沮丧"就比较容易。难道"每周有一次或多次"那种感觉的可能性不是取决于所问的人吗？如果我们所问的是一些临床上患有抑郁症的人，可能更大比例的人会"通过"该项目；如果我们所问的是一般人群，则可能有更小比例的人"通过"该项目。确定项目难度的目的，是为了得知到底需要多少量的待测属性才能通过这个项目。如果实现了这个目的，那么，通过这个项目就和特定的抑郁感水平联系起来，因而获得了恒定的意思，且与谁通过这个项目无关，也与所研究样本的平均抑郁感水平无关。换个说法就是，被试的待测特质不仅可以通过参照特定样本来刻画，也可以用独立于任何特定样本的规度来刻画。

项目区分度

IRT 所着力解决的第二个问题是项目区分度，即项目能够把被试分为"通过"和"未通过"的程度。换个角度说就是，一个项目越能明确地把被试分为真的"通过"或真的"未通过"，这个项目的区分度就越高。我们还是用那个狂欢节撞铃铛装置来类比。有些时候，重物可能恰好触及铃铛，使得有些人可能听到微弱的铃声，有些人可能什么也没有听见。因此，观察者可能就铃铛是否响了有不同的意见。使得重物触及铃铛但却不使铃铛发出清晰可闻声音的打击力的范围，就是装置提供两可信息的范围①。换个角度看这个两可问题：用同样大的力多次击打木盘，有些时候观察者会得出铃铛响了，有些时候则会得出铃铛没有响的结论；一个再大一些的力可以使观察者得出铃铛肯定响了的结论，一个再小一些的力可以使观察者得出铃铛肯定没有响的结论。因此，在某个很小的击打力范围内，就是会得出两可的结论。另一套装置可能会有所不同，它的可能引起两可结果的范围会更小一

---

① 这个范围越大，该"项目"的区分度就越低。相反，这个范围越窄，该"项目"的区分度就越高。——译者按

些。例如,重物撞击铃铛时可能会使电路闭合,从而使灯泡发亮,且一直发亮,直至按下重置按钮。如果制造精当,该装置将在相当小的打击力范围内产生一致性的结果,因而,与前一个标准装置相比,能更好地区分打击力。如果还有一套装置,在滑竿上根本就没有安装铃铛,而是沿滑竿旁边标有刻度。当重物上升超过某个特定标记时,让一组观察者举手示意。显然,这套装置可能产生更多的两可结果,因而区分度更低。因此,一套装置或者一个项目,如果它的区分度高,它所产生的两可结果的范围就较小;反之,如果它的区分度低,它所产生的两可结果的范围就较大。

猜测度

IRT 模型中的第三个参数就是"猜测"参数,或者叫假真参数。"猜测"这个叫法是源自于能力测验的又一个遗产。对于多项选择型项目,即使被试不知道该如何回答一个题目,也可以凭猜测选对。这种猜中答案的情况就是假真事件。也就是说,猜测能在被试实际上并不知道题目正确答案的情况下,产生出被试具有某种水平的待测量这种虚假显示。不把这个参数看作猜测参数,而把它看作假真参数,可以使我们更容易地把 IRT 概括到能力测验之外的其他情况。为了说明这个参数,我们需要另外一个狂欢节的例子做类比。你可能见过这样的小屋:小屋内有一个某种挡板,挡板后面有个水箱,水箱上面有一个可以坐人的平台,平台与杠杆相连,杠杆从画有靶子的屋子的一边伸了出来(见图 7.2)。

要求:参赛人员把垒球掷向靶子,如果击中,平台就会垮塌,坐在平台上的人就会掉入水箱之中。我们可以把这套装置看作一个测量命中率的"项目"。对于这个项目,使人掉入水箱就是"通过"(至此,你应该会描述怎样就是提高或降低该装置的"难度"和"区分度")。对于这套具体装置,我们可以想象"假真事件"是如何发生的,即一个几乎没有任何能力的人却使得坐在平台上的人掉入水箱中,从而"通过了"这个"项目"。一种情况可能是,这个参赛者乱扔一通,结果垒球恰好击中了目标靶子(毕竟,球总是要击中某个地方);另一种情况

**图 7.2 假定性命中率测量装置:击中目标将导致
平台垮塌,从而使坐在平台上的人掉入水箱中**

是,装置发生了故障,使得平台垮塌。在此类情况下,参赛者/"被试"
之所以"通过",并不是由于他/她的能力,而是由于某种无关原因。于
是,即使没有能力或者能力很低也可能"通过"这项命中靶子测试。在
能力测验中,假真事件发生的最常见的情况是,尽管被试对某个问题
一无所知,但通过猜测却成功地回答了这个问题(在测量中,如果猜测
或其他假真事件发生的机会极小,例如称重量,通常二参数模型就足
够了)。

难度、区分度和猜测度这三个项目参数,每一个都与测量误差明
显有关。如果(1)项目的难度不合适,(2)"通过"与"未通过"之间的
两可区域较宽,或者(3)即使特征不存在项目也反应出它的存在,那
么,该项目就容易有误差。IRT 模型中引入了这三个定量参数,因此,
为我们提供了根据具体情况选择合适项目的方法。下面,我们就来看
一看这三个参数是如何与 IRT 模型的又一个特色(用图象刻画项目)
联系在一起,从而使 IRT 有别于经典理论。

项目特征曲线

对于项目的难度、区分度和猜测度,也可以通过"项目特征曲线(item characteristic curve,ICC)"以图象的形式直观地表示出来。典型的ICC 是一条 S 形曲线,曲线的不同部位反映着项目不同参数的信息。

图 7.3 是一个典型的项目特征曲线。X 轴是待测特征或属性的强度(例如,知识、力气、命中率、抑郁感、社会期望或者几乎其他任何可以测量的现象),Y 轴是"通过"该项目的概率。应用中,这个概率是以观察到的通过率和未通过率为基础的。通过项目反应曲线来比较两个项目的品质要比其他方法容易得多。

图 7.4 通过两条曲线对项目难度进行了图解。在该图中,以 50%的概率通过这两个项目的点是不同的。对于那条颜色浅一些的曲线,以 50%的概率通过的点要更偏右一些。这就是说,要以 50%的概率通过这个项目,所需的待测属性要比以 50%的概率通过颜色深一些的曲线所代表的项目多一些。根据这条标准就可以判断,浅颜色曲线所代表的项目难度更大。显然,项目难度并不是一种主观判断,而是一种对事实的描述,即对 X 轴上对应于曲线上概率 0.50 那个点的描述。

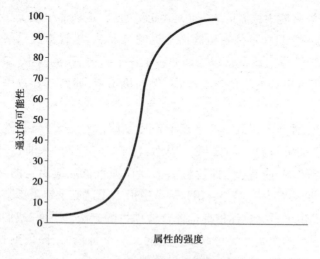

图 7.3　项目反应曲线举例

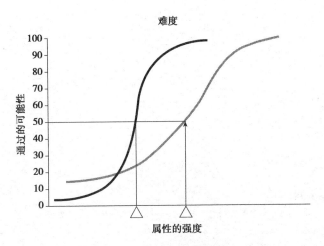

图 7.4　两个不同难度项目的 ICC

图 7.5 对项目区分度的图解，用的还是那两个 ICC。可以看出，在 50%那个通过点上，颜色深一些的那条曲线的斜率大，颜色浅一些的那条曲线的斜率小。因此，对于颜色深一些的那条曲线所代表的项目，稍微增加一些属性的量，就可能由不通过变为通过。可见，深色曲线在 X 轴上对应于两可反应的区间要窄一些，浅色曲线在 X 轴上对应于两可反应的区间则要宽一些。因此，深色曲线所代表的项目的区分度较高，而浅色曲线所代表的项目的区分度较低。

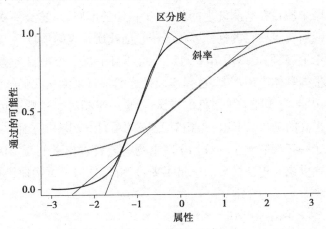

图 7.5　两个不同区分度项目的 ICC

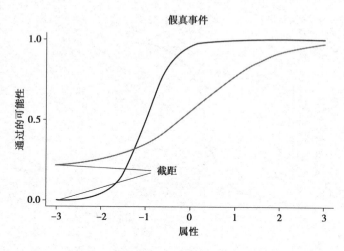

图 7.6　两个不同猜测度项目的 ICC

最后,在图 7.6 中我们可以看到,能力(或任何其他待测属性)基本为零时成功通过的情况。你也许已经猜到了,猜测度是由曲线下端与 Y 轴的交点表示的。对于那个深色曲线所代表的项目,其猜测度接近零。因此,如果被试根本就没有待测属性,或者待测属性很小,那么他/她通过这个项目的概率会相当小。对于那个浅色曲线所代表的项目,即使被试的能力为零,也能以相当高的概率(约15%)通过该项目。因此,用这个项目,就无法把能力很低的被试区分出来。图 7.6 清楚地反映出两个项目在猜测度上的差别(Y 截距的不同)。这又一次表明,深色曲线所代表项目的性能要优于浅色曲线所代表的项目。

　　理论上,我们可以用 IRT 确定一组项目中每一个项目的参数值,然后再根据具体应用需要,选择表现最优的项目来测量我们欲测量的目标。例如,对于能力水平低的被试,就选一组相对"易"的项目;对于能力水平高的被试,则选一组相对"难"的项目①。这和前面举过的学校展览会和狂欢节例子一样:10 磅重物的装置供孩子们玩,100 磅重物的装置供成人运动员玩。选错了项目,就像选错了重物撞铃铛装置

---

① 关于是否应该根据被试的能力水平选择项目组合,现在仍然在争议之中。拉希(Rasch)及其跟随者坚持,不能根据被试的能力水平选择项目组合。事实上,如果测量的是成绩、绩效及其相关的能力,就不能根据被试的能力选择难度适中的项目组合。不然,测试所用的项目就不能代表我们所感兴趣的全体项目。——译者按

一样,一方面可能使人感到受挫(如果任务太难的话),另一方面可能使人失去动力(如果任务太容易的话)。此外,如果测量结果被用作重要决策的基础,那么,使每个项目的两可区间最小,假真事件发生率也最小,就非常诱人了。

对 IRT 的思想加以拓展就可以用它来做适应性测验(adaptive testing)。在适应性测验中,可以用适合于特定个体水平的项目进行测量。前一个项目做对与否,直接影响到下一个项目的选择,从而使每一个所选择的项目都与被试的品性水平相匹配。在典型情况下,这一过程是由计算机完成的,因此也叫计算机适应性测验(computerized adaptive testing),英文缩写为 CAT。虽然适应性测验需要一个能覆盖所有能力水平的很大的题库,它的确是 IRT 理论使之成为可能的强有力的测验工具。

IRT 进路的明显优势是,它把我们的注意力集中到了关于项目表现的三个重要侧面(就现在流行的三参数模型而言)之上。用经典测量理论中的根深蒂固的方法,我们是可以知道(例如,通过因素分析或者计算 α 系数)一个项目的表现优劣[1],但是,我们并不能清楚地了解项目表现不足的本质。相比之下,IRT 能帮助我们更具体地评估项目的优点和缺点。

IRT 应用于多反应项目

以上所介绍的 IRT 理论仅适用于二元反应形式(例如,真、假)的三参数模型。前面的讨论已经暗示,IRT 的模型不止一个。在社会和行为科学中,我们通常要处理的是有序性的多级别反应。

对于这种有多级别反应选项的题目(例如李克特量表中的项目),要应用专门的 IRT 模型。其中最常用的一种就是鲛岛文子(例如,Samejima,1969)提出的 IRT 模型,可以用大卫·西森(David Thissen)

---

[1] 即使在经典理论的框架下,评估项目表现的基本方法也是项目分析,包括定性分析和定量分析、解析分析和图象分析,而不是因素分析和计算 α 系数。无论因素分析和 α 系数多么重要,它们都是在项目基本分析的基础之上/后进行的。经典理论中也有项目特征曲线,所缺乏的只是与项目特征曲线对应的数学模型和明确的参数。——译者按

开发的专用软件包 Multilog(Thissen, Chen, & Bock, 2003)。该模型能够提供关于每个选项与能力之间关系的信息。一个优良项目,各个选项要分布在能力连续统的各个明显的不同段上。

试想有这样一个项目:"每天早晨醒来我都感觉到头晕。(0)从来都不,(1)偶尔,(2)有时,(3)多数情况下,(4)几乎总是。"人们可以期望,选择选项的分数越高,与之相联系的早晨头晕的程度也就越高,即拟评估的品性的水平越高。从某种意义上讲,这种题目,一个就等于几个二元反应题目。所以,一个这样的题目就等于"每天早晨醒来我从来都不感觉到头晕","每天早晨醒来我偶尔感觉到头晕","每天早晨醒来我有时感觉到头晕"等几个题目。

如果这个项目在给定人群上表现良好,那么,低晨晕水平的人选第一个选项(即"从来都不")的可能性就高,而且随着该品性水平的增高最终降至几乎零的程度。所以,表示选择第一个选项的那条曲线,其最左端(连续统上与低水平晨晕相对应的部分)应该高,其最右端应该低。在量表的另一端,那些低水平到中等水平的晨晕者选择最后一个选项(即"几乎总是")的可能性几乎为零,并随着晨晕水平的升高,选择最后一项的可能性也逐渐升高,那些最高水平晨晕者选择最后一项的可能性接近100%。关于这种反应的曲线,应该在晨晕尺度连续统的低端表现得很低,并随着向右的移动不断升高,到最右端时升至最高。因此,关于这些极端反应选项的反应曲线是不对称的,其中一端很高,而另一端则很低。还有,这两条关于极端选项的反应曲线,也应该处在待测品性连续统的极端部分。表示处于中间选项的那几条反应曲线,则应该大体对称,应该反映出极端情况的被试选择它们的可能性低,而处在平常情况位置的被试选择它们的可能性最高。对于高分选项,其可能性的峰值应该分布在拟测品性连续统的较高水平段;对于低分选项,其可能性的峰值则应该分布在拟测品性连续统的较低水平段。

我们可以根据被试的品性水平高低,绘出他/她选上每个选项的可能性的图,这是一幅由一系列类别反应曲线组成的图象。对于前面讨论过的五级反应项目,其反应曲线图看起来就和图 7.7 一样。

在图 7.7 这个理想化的图解中,每一个带标号的曲线对应于一个

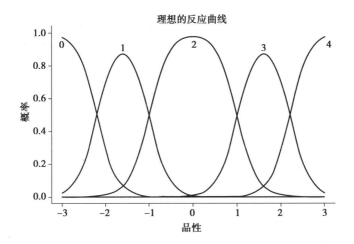

图 7.7　理想状态下的五级选项项目的类别反应曲线

前面例子中的晨晕选项,基线表示该项目所拟测量的品性的强弱。该基线是一个能力尺度,以 0 为中心向两边对称延伸。该尺度的意思就和标准分的意思一样。注意,这个例图只是关于理想情况的,而不是根据真实数据绘制的。该例图保留了真正项目反应曲线的一个特征:在品性的任何水平上,被试选择每个选项的可能性之和等于 1.0。所以,在基线的任意点画一条垂线,各条曲线与垂线相交处到基线的距离(即左边竖轴上的对应值)之和等于 1.0。换句话说就是,对于任何拟测品性水平的被试,他/她作出某种反应的概率等于 1。

图 7.8 是又一个虚拟的例子,但不像图 7.7 那么理想化。每条反应曲线在品性维度上的位置表示该选项的"难度"。我们可以看到,和所期望的一样,每条曲线的峰值都按顺序排列,排在左边的表示晨晕频率相对较低,排在右边的晨晕频率相对较高。也就是说,晨晕频率较高与更靠品性连续统右端的曲线相联系,这和我们的希望相一致。

图 7.8 中的另一个显著特性是,反应曲线看上去拥挤在品性尺度的左边。这种情况的意思是,这个问题能较好地区分相对有一点儿晨晕感的人,而不能较好地区分相对多一点儿晨晕感的人。如果考虑在 −1.5 到 −0.5 品性段的反应情况我们就会发现,所有五个选项偶尔被位于该区域的被试选择,尽管选项 1 和 3 被选上得最多。就在这 1 分的范围之内,那些处于较高端的最有可能选择选项 3("多数情况

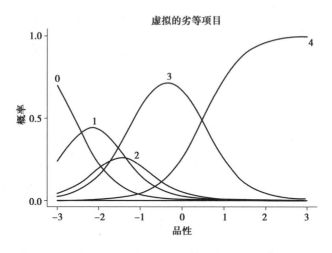

图 7.8　聚集在品性尺度低端的类别反应曲线

下"),而那些处于较低端的则最有可能选择选项 1("偶尔")。可见,即使在很小的范围内,我们仍然可以把低水平晨晕的人与高水平晨晕的人区分开来。

如果我们再进一步沿品性尺度向上(右)看就会发现,在 2.0 至 3.0 段的反应者选择选项 4("几乎总是")的可能性很大。事实上,任何一个品性大于 0.8 的反应人,其选择"几乎总是"的可能性都最大。可见,对于 0.8 到 3.0 晨晕水平的人,这个项目的区分度是很小很小的。

图 7.8 中的项目反应曲线还能告诉我们更多的信息。注意,选项 2("有时")与选项 1("偶尔")以及选项 3("多数情况下")重叠的部分很多。几乎没有什么"能力"段的人最有可能选择"有时"这个选项。本质上,"有时"这个选项几乎没有什么作用,它所能做的,选项 1 和选项 3 也都能替它做。一个具有相当于-1.5 分晨晕感的人,即选择选项 2 可能性最大的人,既更可能选择选项 1,也更可能选择选项 3。在该虚构的例子中,选择反应项 2 就相当于在偶尔感到疲劳和有时感到疲劳两者之间含糊其词。如果仅仅考虑这个项目,而不考虑同一个量表中的其他项目的话,丢弃这个"有时"选项也许是明智之举。

每一条单个反应曲线的形状也向我们提供了关于该选项区分度的信息。这在图 7.8 中的第四条曲线上表现得最为明显:这条曲线最像我们讨论过的三参数二元反应模型(图 7.3)。最左边的那条曲线粗略像三参数模型反应曲线的镜像,在最左端该曲线达到了最高水平,然后向右逐渐降低。同样,这条曲线的斜度反映了自身的区分度。对于中间的几条曲线,其斜度(也许更确切些说叫峰度)反映出了自身的区分度。哪个选项的反应曲线越高越尖,它的区分度就越高;哪个选项的反应曲线越低越扁平,它的区分度就越小。在图 7.8 中,选项 2("有时")就相当扁平,表明该选项区分得不好。这又进一步支持了前面的建议:丢弃这个选项也许是明智之举。

在结束本节之前,我们还要看一组由实际数据生成的类别反应曲线图。这组图由我的两位北卡(罗兰纳大学)同事戴润・德瓦尔特(Darren Dewalt)和大卫・西森提供,并允许我在本书中使用。我将用它们说明另外一个问题。图 7.9 是一幅抑郁症量表开发过程中的项目反应曲线,数据取自一组女性儿科病人。该项目所问的儿童的问题是,最近一段时间儿童比平常更爱哭叫的频率。与我们前面例子相似但却不完全相同的是,这个项目的反应选项是 0("从不"),1("几乎从不"),2("有时"),3("经常"),4("几乎总是")。这组反应曲线都聚集到了右端这一现象表明,要作出"从不"之外的其他回答,反应者的抑郁水平要相当高才行。

图 7.10 是在女孩反应的基础上又加上了男孩反应的曲线。图中的曲线看来有些拥挤,但却揭示出,尽管男孩和女孩的情况大体类似,

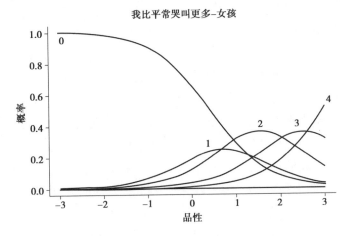

图 7.9　女孩子比平常哭叫更多项目的类别反应曲线

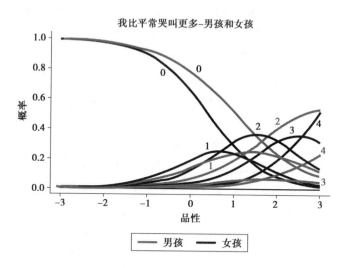

我比平常哭叫更多-男孩和女孩

图 7.10　男孩子和女孩子比平常哭叫更多项目的类别反应曲线叠加

可是两者绝不是完全等同的。为了使男孩和女孩反应曲线的区别明显可见,我通过简化图 7.10 画出了图 7.11。在图 7.11 中,我去掉了关于中间三个选项的曲线,只留下了"从不"和"几乎总是"这两个选项。简化后的图揭示,对于选项 0,男孩的反应曲线比女孩的高;但对于选项 4,女孩的反应曲线则比男孩的高。

那么,我们该怎么解释这一差异呢? 结果暗示,几乎在抑郁品性的各个水平上,男孩子都比女孩子更容易说"我没有"比平常更多哭叫,即更倾向于选"从不"这个选项。在抑郁品性的高水平端,女孩子比男孩子更容易承认自己比平常更喜欢哭叫,即更倾向于选"几乎总是"这个选项,在整个所感兴趣的时间区间内都是如此。这表明,(1)要么女孩子比男孩子更压抑;(2)要么低水平的抑郁感会导致女孩子比男孩子更高水平的反应。也就是说,这个项目要么反映出了男孩子与女孩子之间存在的性别差异,要么反映出该项目在男女孩身上的作用不相等。我们怀疑,让男孩子承认自己易哭要比让女孩子承认困难。因此,除选择"从不"项外,选择任何其他选项的男孩,都比选择对应项的女孩的抑郁水平更高。这说明该项目存在功能差异(differential item functioning, DIF)。这就是说,相同品性水平的不同组反应人(本例中的男孩子和女孩子)在该项目上的得分不一样,表明

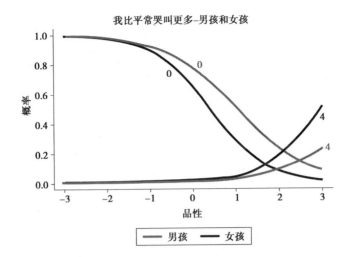

**图7.11   男孩子和女孩子比平常更喜欢哭叫项目的类别反应曲线叠加，
只显示两端的选项**

组别的不同错误地导致了品性水平不同的结果。通过分析哭叫之外
的其他测定抑郁的项目，看分数基本相同的男孩组和女孩组的项目表
现情况，我们就可以得到关于所研究的那个项目的 DIF 证据。尽管还
有其他方法能研究 DIF，但很多研究者认为，项目反应理论软件包所提
供的视觉化项目反应信息，对于研究 DIF 尤其方便。

　　总而言之，研究项目类别反应曲线可以发掘关于项目表现情况的
多方面信息。常见的信息有 5 种：（1）项目在多大程度上反映了整个
拟测量品性段上的情况；（2）按顺序排列的反应选项是否准确反映了
品性的递增或递减变化；（3）每个选项都有必要且有用；（4）项目对不
同品性水平的区分优劣情况；（5）项目是否存在 DIF。除此之外，IRT
软件包还能提供其他种类的图象，而这种关于项目表现情况的视觉化
信息，正是 IRT 最有用的特性之一。

IRT 的复杂性

　　尽管 IRT 的吸引力很大，但它并不是一种解决测量问题的速效方
法。和经典理论一样，IRT 并不决定项目的特征，它只是量化了它们。

因此,IRT 技术自身只是使得研究者能够评估项目的表现,并不能直接使我们编出更好的项目,也不能使编制粗劣的项目一下子就变好。而且,使用 IRT 技术评估项目的过程,可能会复杂得令人望而却步。经典理论以精密性为代价换取了简易性:它不区分误差的来源,而是采取了一种更便于处理的笼统误差思想。IRT 则相反,它以简易性为代价换取了精密性。因此,IRT 方法对使用者的要求很高,主要限专家使用。直至 2002 年夏天,大多数的 IRT 软件用的还不是 Windows 图形化界面,而是过了时的 DOS 操作系统。此外,应用 IRT 方法涉及相当高程度的专家判断。目前,IRT 方法仍处于快速发展阶段,不时会出现一些新的问题和新的解决方法。

为了确信对项目特征的评估独立于被试样本的特性(这是 IRT 的首要目标),研究者就必须展示,把这些项目施测于各种不同特性的样本(包括能力水平不同的样本),所得到的项目特征是一致不变的。使项目特征与其他属性的独立样本特性无关,譬如与性别、年龄或者其他不应该和欲测目标相关的变量无关,这一点非常重要。项目分数只能随我们欲测属性的变化而发生变化,绝不能因其他变量的不同而变化。因此,如果我们假定拼写能力与性别无关①,我们就应该用实际数据展示,具有相同拼写能力的男孩和女孩以同样的概率通过了项目。如果不是这样,性别或拼写能力之外的因素就可能影响着项目。就像经典理论一样,放在一起审查的项目集(即构成测量同一个变量的测量工具)必须只共享同一个潜变量。

这些要求的后果是,为了准确地刻画项目,研究者必须能够在大量各种各样反应者身上采集反应数据。IRT 理论的中心目标之一是,把项目与具体的拟测品性的水平联系起来。为此,优良的项目和大量的样本是必需的。项目特性与反应者样本特性在理论上的独立这个闪光点就要求,应该在拟测定品性的整个区间上评价项目,测量工具所包括的项目应该在整体上对拟测定品性的各个水平都很灵敏。

关于对人和项目的这一系列要求,反映出另一个潜在的棘手问

---

① 拼写是针对拼音文字而言的,对于汉字而言,拼写能力就相当于写对字的能力。——译者按

题:量表开发者如何确定属性的真实水平(通常用 θ 表示),才能够画出 ICC 呢? 再回到那个木锤铃铛类比:如何定义力气,才能够确定在那台装置上需要多大的力气才能让重物把铃铛撞响? 在很多情况下,如果欲测属性已经可以通过某种可行的方法测定,就没有多大必要再开发新的测定方法了。理论上,如果已知一大批人在一组项目上的反应结果,就可以通过计算机软件对不同项目及被试的特性作出区分。还是用前述的狂欢节装置(重物撞铃铛装置和落水装置)来类比。如果同类装置中任何两个装置中的每一套都有足够多的人用过,那么,就应该有可能确定其中哪套装置更难,且可以判断个体在这两个任务上所表现出的技能。实践中,通常需要一些反反复复的过程,其中包括把一组项目施测于特定组群的被试,以确定他们属性的高低水平,然后,用这些估计出的属性水平做向导,以估计其他项目组团的特征。在此基础上,挑选出最好的项目,然后再用这些最好的项目对个体属性水平作出更好的估计,并以此为基础作下一轮的项目选择,如此不断往复。有些研究者凭借锚项目来完成其他项目的参数校准。这些锚项目都是一些在不同样本上没有不同表现的项目①。

　　知道了 IRT 过程的这些本性,就不难看出,IRT 技术为什么备受一些商业化能力测验机构的青睐,例如,组织主办 GRE 考试的教育测试服务中心 ETS。在一个时期内对同一组项目进行重复使用和评价,使得这类机构能够找出特征稳定的项目,即使被试群体的特征变化很大②。

　　另一个关于 IRT 的复杂性问题是,要在不同的时间用不同的项目测量相同的东西。前面,我已经粗略提到了计算机适应性测验(CAT; Van der Linden & Glas,2000),这是一种经常和 IRT 联系在一起的数据采集路线方法。在 CAT 中,要根据 IRT 模型对项目逐个进行参数标

---

① 这句话有些言过其实。事实上,我们只是假定:对于不同的被试样本,锚项目的参数估计值保持不变,而不是根据不同被试样本的实际反应数据所估计出的参数值相等。——译者按

② 事实上,像 ETS 这样的机构并非完全使用 IRT 技术而不使用 CMT 技术。这类机构之所以大力宣传它们应用了 IRT 技术,更重要的恐怕是出于对社会舆论的考虑,而不是对 IRT 优越性的考虑。——译者按

定,因此施测时,可以根据具体受测人的能力水平高低选择与之相匹配的项目。这就隐含着,对于不同的项目,都有与之匹配最优的能力水平。这种能力水平上的差异可以是不同受测人之间的,也可以是同一受测人不同时间点之间的。

因此,使用 IRT 常常就包含了,在根据不同项目所得到的分数之间进行比较。例如,如果某品性由于干预的结果而发生变化,那么,与受测人干预前匹配的项目就和干预后相匹配的项目不一样。对于那些建立在成功干预基础上的报告,其"消费者"就需要对数据在信念上有所飞跃。因为这涉及对根据不同项目获得的数据之间的比较,包括不同受测人(由于一开始各人能力的不同需要用不同的项目测定)之间的比较,也涉及相同受测人之内(由于同一人干预前后能力的不同需要用不同的项目测定)的比较。如果 IRT 模型使用得当,加上项目参数是根据来自大量的、多种多样反应人样本的数据仔细标定的,那么,根据不同项目所得到的测量结果是可以转换到同一个尺度上的,这就和把英寸转换成毫米一样。如果项目映射到品性维度的精度较低,解释由不同项目得出的成绩时就会有问题。还有,由于研究报告的"消费者"并不完全理解 CAT 所涉及的不同项目测定结果之间的比较问题,报告作者会遇到更高程度的怀疑。

小 结

尽管基于 IRT 的测量方法有许多吸引人的特性,但是,无论用哪一个理论框架指导实践工作,编写出好的项目都是一项艰苦的工作。编写出的项目能一致性地测量所研究的属性,且对其他性征并不敏感,这的确是一项绝技。根据经典理论开发的量表,各项目可以在一定程度上补偿其他项目的不足,但是按照 IRT 的逻辑,每一个项目都是自足的,因而其性征优劣也要单独评判(尽管我们肯定可以开发一个工具,组成该工具的所有项目可能测量同一个现象,但是,就像前面讨论的那样,每个项目却有着不同的难度)。因为可以发现(例如,通过 ICC)项目表现的良莠并不意味着就会发现,所以,应用 IRT 时要求我们具备可信的关于待测属性的独立知识。诚然,要严格满足这个要求很难,但是,通过对大量大异质样本的重复测试,我们可以充分接近这一要求。如果不这样做,要使批评者相信 IRT 的假定得到了充分满足,就会非常非常困难。

我个人的观点是,只要经典测量理论的假定能够成立(也就是说,只要项目是某单个底层变量的等价指标),最好还是用经典理论。因为它毕竟容易驾驭,且表现不错。另一方面,如果所研究的问题隐含着固有的等级性反应或者涉及 DIF 问题,IRT 方法可能是最好的选择,因为它可以处理这些经典理论所不好处理的复杂问题。不过,仅仅使用 IRT 方法一点也不能保障最终产品的质量。因此,研究者就必须展示,所用方法赖以成立的假定在可接受的限度内得到了满足,而且,最终所编制出的量表的信度和效度都是可核验的。

难道 IRT 就使得经典方法过了时吗?如果说 CMT 和 IRT 各有其用途,很多 IRT 倡导者都会认可。例如,艾布瑞逊和哈希伯格(Embretson & Hershberger,1999)在他们首次推介当代测量方法时写道:"IRT 和 CMT 方法应该整合为一个综合性的进路"(p.252)。

至少有两项大型的经验研究(即 Fan,1998;Stage,2003)比较了项目反应理论和经典测验理论在教育测验中的应用情况。结论是,经典测验理论和 IRT 表现得同样良好,甚至还更好。范息涛(Fan,1998)的研究以 40 个 1 000 人的样本为基础。这些样本是取自大约 193 000 个德克萨斯州的学生总池,他们都参加了阅读和数学技能考试。项目特征和受测人特征在不同方法之间很一致。斯得智(Stage,2003)使用瑞典标准能力倾向测验(Swedish Standard Aptitude Tests)对经典方法和 IRT 方法做了比较研究。她从 82 506 个学生总池中随机抽取了 2 461个参试样本。结果,三参数的 IRT 模型与数据的拟合很差,而经典理论模型却表现良好。更近一些时候,希尔维斯托-忒裴(Silvestro-Tipay, 2009)做了一项相似的研究,不过他的样本规模要小得多:只有 326 个大学新生。他的结论是:

> 这里的发现只不过表明,就项目和受测人统计量、项目的难度水平、内部一致性,以及两种理论框架之间的差异项目功能而

言,两种测量框架产生出的项目和受测人统计结果都非常相似。(p. 29)

同样,来自美国教育测试服务中心和大学入学委员会的两位研究者在最近的一篇会议论文中,描述了他们关于 IRT 和 CTT 的模拟研究结果(Davey & Hendrickson, 2010)。他们的研究是针对具体测验形式的,结论是:"在理论和实践上,两种理论路线都有其优势和缺点,就其所知,没有哪一个能明显胜出"。他们还进一步指出:

> 研究最令人瞩目的结果是,IRT 理论和 CTT 理论在构卷方法方面只有相对细小的差别。……不同方法间表现出了相似的结果,这可能意味着,实践工作者对于测量理论框架的选择,在很大程度上取决于他们自己的喜好和操作上的方便。(p. 2)

我们不能把这些报告解读为,IRT 理论在任何情况下都没有其自身的优势。以上研究都未形成定论,而且比较中还发现了一些差异。在有些情况下,IRT 比 CTT 能提供更详细的信息。就像我们从多级反应项目反应曲线中看到的那样,IRT 可以产生更多的洞见卓识,例如,不是所有的反应选项都必要,项目不能在所有拟测定品性水平之上捕获信息。IRT 路线还有明显的理论优势,例如项目特性与受测样本特性无关。而且,随着方法的改进,IRT 在应用中的一些障碍会有效降低。至少,这些研究主张,IRT 并不比经典测量方法必然优越。简言之,要得出经典测量理论可以寿终正寝的结论还为时过早。

在论及 IRT 和 CTT 各自优缺点时,泽克和卜罗德福特(Zickar & Broadfoot, 2008)指出:

> 正像 CTT 有其自身的局限一样,研究者也指出了 IRT 的严重局限。这些局限使得应用 IRT 方法在有些情况下非常困难,不可能,或者不切合实际。这些局限包括需要大样本量,很强的单维性假定[对于经典理论也是如此],以及很难的计算机程序。(p. 48)

在同一本书的后面一些地方,这些作者还指出,

> 虽然城里人的传说是 CTT 已然死亡,但我们还是坚信,有些情况更适合使用 CTT。绝大多数的理由都可以归结为两个方面:

数据上的各种局限可能排出 IRT 方法,实践方面的考虑也可能使得 CTT 更加可取。(p. 50)

随着时间的推移,IRT 势必会更受欢迎。在有些情况下,IRT 有一些之前方法所没有的明显优势。就像回归分析和结构方程建模会同台共舞一样,IRT 和 CTT 也将并肩共存。虽然说 IRT 和结构方程建模比各自的先驱更进一步,但老方法仍然有自己的用处。

8

广阔研究背景下的测量

什么时候测量？为什么要测量？本书开篇一章通过例子对这两个问题的回答，对理论在测量中的作用的讨论，以及对忽视测量过程这种伪省事问题的强调，为之后各章的讨论搭好了舞台。实质上，这是在讨论具体问题之前，先对大的研究背景作了描绘。这一章，我们再回到大背景上来，在广阔的研究背景之下，简要讨论一下量表问题。

编制量表之前

寻找现存工具

在本书的开头部分我就指出过，之所以要编制量表，往往是因为没有合适的现存量表以供使用。确定确实没有合适的相关量表，这一点非常重要，事关效率问题。在其他地方（DeVellis，1996），我也建议过寻觅合适量表的方法，主要包括在已经出版的纸质工具和电子概要中去寻找，看是否已经有合适的工具存在。连续性纸质出版物《心理测量年鉴》（*Mental Measurements Yearbook*）（例如 Spies，Carlson，& Geisinger，2010）和《纸质测验》（*Tests in Print*）（例如 Murphy，Spies，& Plake，2006）中，主要收录了临床量表，包括能力测验和人格测验。这些都是应用心理学家用来评估顾客用的工具。主要用于研究的量表并不那么著名，不过，这些连续性出版物中也包括一些此类量表。另一类资源是专业资料汇编，例如，《人格与社会心理态度量表》

(*Measures of Personality and Social Psychological Attiudes*)（Robinson，Shaver，& Wrightsman，1991）。相关学刊也是一个很好的地方，在那里，对相同构念感兴趣的同仁会发表一些自己成功使用过的量表。

目前，越来越多的测量工具信息汇编会发布在互联网上。事实上，测量有关信息扩展最快的地方正是互联网。例如，《心理测量年鉴》（Spies et al.，2010）和《纸质测验》（Murphy et al.，2006）上的内容，现在都可以通过内布拉斯加大学林肯分校的巴罗斯心理测量研究院（Buros Institute of Mental Measurements）的网站 http://www.unl.edu/buros/搜索。另一个社会测量的网络资源是"病人报告结果测量信息系统"（Patient-Reported Outcomes Measurement Information System [PROMIS]）。PROMIS 是一项研究计划，由美国国立卫生研究院资助，是该研究院医学研究路线图（Roadmap for Medical Research；有关该路线图的概况，请参见 Ader，2007）的一部分，目的是使健康研究中的重要终端状态的评估更加有序，更加清晰（PROMIS，2010）。该网站是一系列多家大学合作研究信息的门户，研究由国立卫生研究院发起。PROMIS 计划的研究人员审定、评价、分类、修订、编写用来评估五大方面健康问题的项目，包括身体功能、社会功能、精神损害、疼痛、疲劳。他们应用项目反应理论对所有项目都进行了严格地审查。因此，每个方面题库中的项目，可以说是同类项目中经过最严格审查的项目的代表。随着 PROMIS 计划的继续，已有的项目要接受更广泛的校验，新的项目集合也可能会增加进去。

虽然会有一些例外，例如上面提到的情况，但是，放在互联网上的大量的使用过的测量量表很可能是暂时性的。资金的告急，人员的短缺，以及管理方面的其他问题，都可能影响这类网站的维护，最终，大多数的这类网站几年之后便不复存在。尽管这样，对于研究者而言，互联网仍不失为寻找量表的有价值资源。互联网上的搜索引擎是寻找以具体变量为测量目标的量表的卓越工具。在某种意义上讲，搜索算法的进步降低了地域性资源库存在的必要性。如果存在测量某变量的量表，那么，通过互联网搜索，要么能够找到该量表，要么能够得到关于该量表的信息。

就像对于其他网上信息一样，使用者务必考虑信息的来源及其可信度。大学、政府机构以及其他已经确立的机构或组织的网站上的信息通常准确、可信。通常,谨慎总是必要的。就像有大量的"垃圾科学"书籍一样,很多网站也披着科学的外衣,学着科学的调调,但它们的实际所为却与科学格格不入。至此,你从本书中所学到的知识,应该能够帮助你对任何形式的测量信息资源作出合理的评价,从而确定所刻画的测量工具是否展示了足够的信度和效度。量表是否发表在有同行评审机制的学刊上是又一个评价量表可信性的标准。当然,除了通过同行评审之外,量表所测量的还必须与研究者拟测定的变量相吻合。如果不吻合,一切都是枉然。因此,光看一个量表是否在学刊上发表还不够,还要进而了解其他方面,然后才能作出该量表是否适合你的特定研究问题的选择。

在受测总体背景下审视构念

作为研究者,我们常常就所研究的问题提出一个理论构念,这个构念是不是就是我们准备研究的人群所实际觉察到的东西呢? 对这一点进行评估是非常重要的。可以用焦点小组分析(参见 Krueger & Casey,2000)和其他定性研究(例如,DeWalt, Rothrock, Yount, & Stone, 2007)方法来确定,我们所感兴趣的构念背后的思想,对于待测是否具有意义。作为例解,我们考虑一下归因问题,即人们对某个结果致因的解释或说明。通常,归因是沿着这类维度评估的:"在我的掌控之中"与"不在我的掌控之中","仅适用该特定情况"与"适用于大多数情况","这是我的性征"与"这是环境或情况的性征"。对归因过程的探究很有成效。大多数人都可能沿着这样的维度看问题:如面试之后便有人提供了一份工作。然而,在有些情况下,此路可能不通。例如,让乡下居住的、没有受过良好教育的、不习惯用这种方法思维的老年人对他们的生病结果或购物决策沿上述三个维度进行评定,就可能行不通。经验告诉我们,这些人可能根本就不懂自己要完成的任务是什么,因为这种思维方式与他们考虑事情的方式格格不入。可以让潜在的研究对象讨论一些相关概念,而焦点组分析法可能暴露此类问题,从而排除一些必然失败的测量方法。

焦点组分析法还可以揭示哪些是人们表述该概念时用的自然的

日常生活语言。同是对于某个产品的反应,年轻妈妈的语言就可能不同于市场专家的语言。年轻妈妈很可能用"假装"二字来描述孩子在没有特定玩具的情况下玩该玩具,市场专家则可能用"非产品指向型"来描述孩子的这种玩法。因此,应该用年轻妈妈的语言来编写项目(例如,"在没有玩具的情况下,您的孩子花多长时间假装玩玩具"),而不是用专家的语言(例如,"您的孩子花多长时间玩非产品指向型游戏")来编写,这样的量表才更适合于测量年轻妈妈们对她们孩子与各种产品相互作用的知觉。

认知访谈是又一种定性研究方法,能用来确定潜在的反应人是如何解读和理解项目的意思的。尽管还有多种其他方法(例如,Willis,2005),但基本思路都是,通过询问来了解反应人是如何理解项目的意思的,是如何对项目作出反应的。该方法常常可以揭示与反应选项有关的词汇或概念混淆,或者各种误解情况。要是不用认知访谈法,这些问题就可能被忽视。这样就能进一步确保,研究者和研究对象对项目意思的理解是一样的,从而强化量表的效度。

请注意:有些研究者主张,问卷要经过调查对象总体的同意。这个提议值得赞美,在研究过程中,这样很可能给调查对象一种强烈的积极参与感。重要的是要认识到研究对象的知识界限。他们可能比研究者更了解自己以及和他们有相似背景的人是如何谈论有关事项的,他们还有独特的资质向研究者提供他们自己是如何理解有关项目的内容的情况。焦点组和认知访谈这两种方法,能最大限度地通过他们来了解目标人群对这些问题的理解情况。然而,他们并不是严格技术意义上的量表编制专家。所以,就不应该期望这些非专家能够懂得项目编制过程中所涉及的一些像第5章所讨论过的那些技术性问题。例如,调查对象可能希望用听起来更舒适、更温和的字眼表述项目,但是,经验丰富的量表开发者则可能认识到,这样的措辞得不到多大的变异,从而使该项目形同虚设。我个人的建议是,如果合适,可以通过各种方式使调查对象有积极参与感,要充分利用他们关于项目措辞方面的语言或文化知识,为了目标人群总体,还要注意他们关于项目意思的观察。但是,还是应该保留让他们同意项目最终措辞的权利。如果由于我们的不经意造成了对研究对象的观点、感觉或看法的不准确测量,就不仅没有给他们脸上增光,反而白白浪费了他们的时间。我们的最终目标是了解如何表达有关概念才能使之对反应人最清晰,但同时还能保持那些概念内容的完整性。做这个的目的就是要从研究对象和研究者两方面的特殊洞见中受益,从而使两方面的优势最大限度地得到利用。

当然,还有别的方法可以确定调查对象是不是按照我们所期望的方式理解了调查问题。例如,要么直接问他们某问题是什么意思,要么让他们以出声思维的方式答题。在量表的试点测试阶段,这些方法非常有效。更具普遍性的问题是:了解我们旨在调查的对象,以他们最清楚的方式表达概念。

决定量表的施测模式

研究者可以通过各种方式采集数据(例如,Dillman,2000),而且,他们可以根据研究对象的喜好选择施测模式。根据对象的喜好,研究者可以考虑使用面试的方式,而不用纸质问卷调查的方式。重要的是,我们应该认识到,一份原本准备以纸质问卷形式施测的量表,如果改用口头形式,其很多属性就可能发生巨大的变化。例如,与纸质问卷施测模式相比,用口头面试模式时,父母不大愿意认可自己孩子的崇高志趣(希望对自行施测模式之外的其他数据采集模式进行进一步反思的研究者,可以参阅 Lavrakas,1993;Fowler & Mangione,1989)。一般情况下,对于一套新量表,开发过程中用的是什么施测模式,应用时也应该严格使用这种模式。我们也许可以用 G 研究(参见第 3 章)来确定量表跨施测模式的可推广性①。

在其他量表或程序的背景下考虑所开发量表

在所开发量表之前都存在哪些问题或研究程序? 这些问题会如何影响被试在所开发量表上的反应? 农纳利(Nunnally,1978:627-

---

① 的确,概化理论中 G 研究的结果可以用来作可推广性解释或决策,但是,概化理论的初衷并不是用来作可推广性研究的,而是用来作信度研究的。通常,可推广性研究是效度研究的内容,而不是信度研究的内容。——译者按

677)把反应形式、疲劳以及动机之类的背景因素称作"伴随变量"(contingent variables)。农纳利还指出,这些因素可能从三个方面对研究产生不良影响:①降低量表的信度;②通过构成可靠的、所研究构念之外的变异方差来源来降低效度;③通过改变变量之间的关系,而使得它们显得(譬如说)比实际关系更为密切。为了说明伴随变量如何发生影响,我们看一个"情绪感应(mood induction)"和"认知定势(cognitive sets)"的例子,因为它们都适用那个市场研究的例子。如果市场研究人员决定把抑郁(或自尊)量表和志趣量表放进同一个问卷,而测定这些(或其他)构念的量表经常包含一些表达消极自我观点的项目。例如,罗森伯格自尊量表(Rosenberg,1965)就包含了"我觉得我没有多少值得自豪的"这样的项目,同时,该量表也包含了一些表达积极自我评价的项目。如果研究者对情绪感应的潜在效应不够敏锐,他就可能选择一系列全是自我批评性的项目以伴随新量表的开发。阅读一系列清一色从消极面评估自我的项目,可能使被试烦躁不安。而这种烦躁不安的状态可能导致被试之后的感觉发生变化(Kihlstrom, Eich, Sandbrand, & Tobias, 2000; Rholes, Riskind, & Lane, 1987)。对于这种情况,农纳利提到的三方面不良影响中的任何一种都可能产生。也就是说,在负面情感项目出现的情况下,关于志趣的项目的意思可能发生微妙的变化,从而降低这些项目的变异方差在欲测潜变量的变异方差中的比例。在极端情况下,有些志趣项目的反应,可能主要是感应情绪的影响,从而使得志趣量表成为多因素量表,也降低了它作为志趣量表的效度。最后,被试情绪影响他们对志趣项目反应的程度,可能使得该志趣量表上的得分和其他情绪相关量表上的得分之间的相关虚高。

认知定势是同一种现象的更一般性情况。也就是说,可能因为把被试的注意力集中于某特定主题而引发了某种非情绪参照系。例如,仅在志趣量表之前呈现一些关于被试收入、家庭财产、每年在各类消费品上的花费之类的项目,这样被试就可能产生一种心理定势,这种定势临时改变了他们对自己孩子志趣的期望值。结果,他们在量表上的反应就可能反映了这种我们所不期望的暂时心理状态。和情绪一样,这种认知定势也可以通过污染量表清楚反映志趣的程度而对信度和效度产生不良的影响。

量表施测之后

在量表被用来研究实际的专业问题之后，还会出现其他一系列问题。此时，最主要的问题是对量表所生成数据的分析和解释。

数据分析

数据分析中的一个问题是量表的属性和各种统计技术的匹配。根据本书所推介的理论和方法所编制的量表，其生成的数据适合多种分析方法。虽然严格地讲，如果项目采用的是李克特型或意义差异（semantic differential）型反应模式[①]，量表生成的数据应该是定序性的。尽管如此，大量的经验却都支持用基于定距数据的分析方法分析这类量表生成的数据。诚然，在社会科学诸领域，哪类方法适合哪类数据的问题一直是，而且将来肯定还是一个热烈争论的课题。确定不同的反应模式如何影响深层变量的估计值，这本身就是一个很活跃的研究领域。对于如何处理数据，不同的群体有着不同的期望。例如，心理学工作者对于李克特型量表可以生成定距数据这一点很是乐观，但流行病工作者就不是这样。也许，最实用的方法是：密切注视自己相关领域中的流行做法，并和这种做法保持一致[②]。

数据解释

假定研究者对于新开发量表采集的数据已经在心中有了合适的数据分析方案，那么，接下来的问题就是数据解释。此时我们仍须牢记，在开发过程中，量表的效度还没有牢固确立，因为效验是一个不断累积的过程。而且，效度实际上是关于如何使用量表的问题，而不是关于量表自身的问题[③]。例如，抑郁感量表可以有效地评估抑郁感，但

① 有些文献中把 semantic differential 翻译成"语义差异"或"语义差"，但实际上，这里的 semantic 泛指"意义"，而不仅仅是"语义"。——译者按
② 作为一个负责任的独立研究者，应该时刻注视本领域的流行做法，但不可盲目跟随流行做法。因为流行不一定就正确。——译者按
③ 更确切些说，效度是关于测量结果的有效使用或有效解释的问题。——译者按

却不能有效地评估一般性的负面情感。

此外，反复考虑自己的发现也很重要，特别是在结果与直觉或理论预测相反时。这时，研究者就必须考虑所用量表对于该具体研究（如果不是对更广泛研究）无效的可能性。问题可能出在效度的概化程度上，包括跨总体、跨情境、跨具体的施测细节或其他许多方面。以那个假想的父母志趣量表为例。如果开发时，研究者心目中的被试总体是相对富裕一些的总体，那么，对于来自资产更加有限总体的个体来说，量表的有效性可能就不可接受。根据任何有限定范围的量表所生成的数据得出结论时，都应该考虑以下三个方面：（1）目前的应用情境与原初效验背景之间的差异；（2）这些差异局限量表有效性的可能性；（3）这些局限对目前研究的含义。

概括性

上一段中，我们提醒大家要注意跨总体、跨情境以及跨研究的其他方面之类的问题。这类问题很值得我们进一步强调。在得出团体之间存在（或不存在）差异这样的结论时，本身就有混杂被测现象和量表表现情况这个潜在问题。要是我们可以假定量表表现情况的差异微不足道，就可以把观察到的差异归咎于组别。很多情况下（例如，比较两组随机选取的儿童的任务外投入时间），情况的确如此。然而在有些情况下（例如，比较两组不同文化背景的被试），我们就不能假定，量表对于两组不同的被试有着等同的表现。这就涉及第 7 章中讨论过的 DIF 问题。目前，DIF 是心理计量学中一个活跃的研究领域。虽然大多数的研究者不会把 DIF 问题作为他们研究的焦点，但他们还是应该认识到 DIF 出现的可能性以及 DIF 现象可能给结论带来的局限性。

最后的思考

测量是社会和行为研究的一个极其重要的方面。无论研究的其他方面设计得多么完美，实施得多么好，测量既可以促成研究，也足以毁掉研究。我们假定，我们所感兴趣的变量与我们所使用的评估程序相对应。往往，我们主要感兴趣的关系是两个或多个不可观察变量之间的关系，譬如对某种结果的渴望和对其他结果的未加考虑。我们是不能直接测量"渴望"或"考虑"的,于是,我们就希望通过编制量表来捕获它们。在某种意义上,这些量表不过是深层概念的数量隐喻。这些隐喻越恰当(即量具越有效),我们观察到的测量结果之间的关系就越能反映我们所期望评估的但不可观察的构念之间的关系。精心的抽样、高超的研究设计以及考究的实施过程,所有这些,都不能改变这个事实。研究者如果不确实懂得量表和量表所代表的变量之间的关系,他们就不知道自己到底在讲些什么。由此可见,投入到测量中的任何努力,都会在整个研究的收获中得到巨大的回报。

参考
文献

Ader, D. N. (2007). Developing the Patient-Reported Outcomes Measurement Information System (PROMIS). *Medical Care*, 45(5, Suppl. 1), S1-S2.

Ajzen, I., & Fishbein, M. (1980). *Understanding attitudes and predicting behavior*. Englewood Cliffs, NJ: Prentice Hall.

Alder, K. (2002). *The measure of all things: The seven-year odyssey and hidden error that transformed the world*. New York: Free Press.

Allen, M. J., & Yen, W. M. (1979). *Introduction to measurement theory*. Monterey, CA: Brooks/Cole.

Anastasi, A. (1968). *Psychological testing* (3rd ed.). New York: Macmillan.

Asher, H. B. (1983). *Causal modeling* (2nd ed.). Sage university paper series on quantitative applications in the social sciences (Series No. 07-003). Beverly Hills, CA: Sage.

Barnette, W. L. (1976). *Readings in psychological tests and measurements* (3rd ed.). Baltimore: Williams & Wilkins.

Blalock, S. J., DeVellis, R. F., Brown, G. K., & Wallston, K. A. (1989). Validity of the Center for Epidemiological Studies Depression Scale in arthritis populations. *Arthritis and Rheumatism*, 32, 991-997.

Bohrnstedt, O. W. (1969). A quick method for determining the reliability and validity of multiple-item scales. *American Sociological Review*, 34, 542-548.

Bollen, K. A. (1989). *Structural equations with latent variables*. New York: Wiley.

Buchwald, J. Z. (2006). Discrepant measurements and experimental knowledge in the early modern era. *Archive for History of Exact Sciences*, 60, 565-649.

Campbell, D. T., & Fiske, D. W. (1959). Convergent and discriminant validation by the multitrait-multimethod matrix. *Psychological Bulletin*, 56, 81-105.

Carmines, E. G., & McIver, J. P. (1981). Analyzing models with unobserved variables: Analysis of covariance structures. In G. W. Bohrnstedt & B. F. Borgatta (Eds.), *Social measurement: Current issues* (pp. 65-115). Beverly Hills, CA: Sage.

Cattell, R. B. (1966). The screen test for the number of factors. *Multivariate Behavioral Research*, 1, 245-276.

Cohen, J. (1960). A coefficient of agreement for nominal scales. *Educational and Psychological Measurement*, 20(1), 37-46.

Cohen, P., Cohen, J., Teresi, J., Marchi, M., & Velez, C. N. (1990). Problems in the measurement of latent variables in structural equation causal models. *Applied Psychological Measurement*, 14, 183-196.

Comrey, A. L. (1973). *A first course in factor analysis.* New York: Academic Press.

Comrey, A. L. (1988). Factor analytic methods of scale development in personality and clinical psychology. *Journal of Consulting and Clinical Psychology*, 56, 754-761.

Converse, J. M., & Presser, S. (1986). *Survey questions: Handcrafting the standardized questionnaire.* Sage university paper series on quantitative applications in the social sciences (Series No. 07-063). Beverly Hills, CA: Sage.

Crocker, L., & Algina, J. (1986). *Introduction to classical and modern test theory.* New York: Holt, Rinehart & Winston.

Cronbach, L. J. (1951). Coefficient alpha and the internal structure of tests. *Psychometrika*, 16, 297-334.

Cronbach, L. J., Gleser, G. C., Nanda, H., & Rajaratnam, N. (1972). *Dependability of behavioral measurements: Theory of generalizability for scores and profiles.* New York: Wiley.

Cronbach, L. J., & Meehl, P. E. (1955). Construct validity in psychological tests. *Psychological Bulletin*, 52, 281-302.

Cureton, E. E. (1983). *Factor analysis: An applied approach.* Hillsdale, NJ: Lawrence Erlbaum.

Currey, S. S., Callahan, L. F., & DeVellis, R. F. (2002). *Five-item Rheumatology*

Attitudes Index (RAI): *Disadvantages of a single positively worded item*. Unpublished paper, Thurston Arthritis Research Center, University of North Carolina at Chapel Hill.

Czaja, R., & Blair, J. (1996). *Designing surveys*: *A guide to decisions and procedures*. Thousand Oaks, CA: Pine Forge.

Dale, F., & Chall, J. E. (1948). A formula for predicting readability: Instructions. *Education Research Bulletin*, 27, 37-54.

Davey, Z. Z. T., & Hendrickson, A. (2010, May). *Classical versus IRT statistical test specifications for building test forms*. Paper presented at the annual meeting of the National Council of Measurement Education, Denver, Colorado.

De Boeck, P., & Wilson, M. (2004). *Explanatory item response models*: *A generalized linear and nonlinear approach*. New York: Springer.

DeVellis, R. F. (1996). A consumer's guide to finding, evaluating, and reporting on measurement instruments. *Arthritis Care and Research*, 9, 239-245.

DeVellis, R. F. (2005). Inter-rater reliability. In K. Kempf-Leonard (Ed.), *Encyclopedia of social measurement* (Vol. 2, pp. 317-322). San Diego: Elsevier.

DeVellis, R. F., & Callahan, L. F. (1993). A brief measure of helplessness: The helplessness subscale of the Rheumatology Attitudes Index. *Journal of Rheumatology*, 20, 866-869.

DeVellis, R. F., DeVellis, B. M., Blanchard, L. W., Klotz, M. L., Luchok, K., & Voyce, C. (1993). Development and validation of the Parent Health Locus of Control (PHLOC) scales. *Health Education Quarterly*, 20, 211-225.

DeVellis, R. F., DeVellis, B. M., Revicki, D. A., Lurie, S. J., Runyan, D. K., & Bristol, M. M. (1985). Development and validation of the child improvement locus of control (CILC) scales. *Journal of Social and Clinical Psychology*, 3, 307-324.

DeVellis, R. F., Holt, K., Renner, B. R., Blalock, S. J., Blanchard, L. W., Cook, H. L., et al. (1990). The relationship of social comparison to rheumatoid arthritis symptoms and affect. *Basic and Applied Social Psychology*, 11, 1-18.

DeWalt, D. A., Rothrock, N., Yount, S., & Stone, A. A. (2007). Evaluation of item candidates: The PROMIS qualitative item review. *Medical Care*, 45(5, Suppl. 1), S12-S21.

Dillman, D. A. (2007). *Mail and Internet surveys*: *The tailored design* (2nd ed., 2007 update). Hoboken, NJ: Wiley.

Duncan, O. D. (1984). *Notes on social measurement*: *Historical and critical*. New

York: Russell Sage.

Embretson, S. E., & Hershberger, S. L. (1999). Summary and future of psychometric models in testing. In S. E. Embretson & S. L. Hershberger (Eds.), *The new rules of measurement* (pp. 243-254). Mahwah, NJ: Lawrence Erlbaum.

Embretson, S. E., & Reise, S. P. (2010). *Item response theory* (2nd ed.). New York: Routledge Academic.

Fan, X. (1998). Item response theory and classical test theory: An empirical comparison of their item/person statistics. *Educational and Psychological Measurement*, 58, 357-381.

Festinger, L. (1954). A theory of social comparison processes. *Human Relations*, 7, 117-140.

Fink, A. (1995). *The survey kit*. Thousand Oaks, CA: Sage.

Fowler, F. J., Jr. (2009). *Survey research methods* (4th ed.). Thousand Oaks, CA: Sage.

Fry, E. (1977). Fry's readability graph: Clarifications, validity, and extension to level 17. *Journal of Reading*, 21, 249.

Ghiselli, B. E., Campbell, J. P., & Zedeck, S. (1981). *Measurement theory for the behavioral sciences*. San Francisco: Freeman.

Gorsuch, R. L. (1983). *Factor analysis*. Hillsdale, NJ: Lawrence Erlbaum.

Hambleton, R. K., Swaminathan, H., & Rogers, H. J. (1991). *Fundamentals of item response theory*. Newbury Park, CA: Sage.

Harman, H. H. (1976). *Modern factor analysis*. Chicago: University of Chicago Press.

Hathaway, S. R., & McKinley, J. C. (1967). *Minnesota Multiphasic Personality Inventory: Manual for administration and scoring*. New York: Psychological Corporation.

Hathaway, S. R., & Meehl, P. E. (1951). *An atlas for the clinical use of the MMPI*. Minneapolis: University of Minnesota Press.

Hayton, J. C., Allen, D. G., & Scarpello, V. (2004). Factor retention decisions in exploratory factor analysis: A tutorial on parallel analysis. *Organizational Research Methods*, 7(2), 191-205.

Idler, E. L., & Benyamini, Y. (1997). Self-rated health and mortality: A review of twenty-seven community studies. *Journal of Health and Social Behavior*, 38, 21-37.

Jöreskog, K. G. (1971). Simultaneous factor analysis in several populations. *Psychometrika*, 36, 109-134.

Kaiser, H. F. (1960). The application of electronic computers to factor analysis. *Educational and Psychological Measurement*, 20, 141-151.

Keefe, F. J. (2000). Self-report of pain: Issues and opportunities. In A. Stone, J. S. Turkkan, C. A. Bachrach, J. B. Jobe, H. S. Kurtzman, & V. S. Cain (Eds.), *The science of self-report: Implications for research and practice* (pp. 317-337). Mahwah, NJ: Lawrence Erlbaum.

Kelly, J. R., & McGrath, J. B. (1988). *On time and method*. Newbury Park, CA: Sage.

Kihlstrom, J. F., Eich, E., Sandbrand, D., & Tobias, B. A. (2000). Emotion and memory: Implications for self-report. In A. Stone, J. S. Turkkan, C. A. Bachrach, J. B. Jobe, H. S. Kurtzman, & V. S. Cain (Eds.), *The science of self-report: Implications for research and practice* (pp. 81-103). Mahwah, NJ: Lawrence Erlbaum.

Kirk, R. E. (1995). *Experimental design: Procedures for the behavioral sciences* (3rd ed.). San Francisco: Brooks/Cole.

Krueger, R. A., & Casey, M. A. (2000). *Focus groups: A practical guide for applied research*. Thousand Oaks, CA: Sage.

Levenson, H. (1973). Multidimensional locus of control in psychiatric patients. *Journal of Consulting and Clinical Psychology*, 41, 397-404.

Lipsey, M. W. (1990). *Design sensitivity: Statistical power for experimental research*. Newbury Park, CA: Sage.

Loehlin, J. C. (1998). *Latent variable models: An introduction to factor, path, and structural analysis*. Mahwah, NJ: Lawrence Erlbaum.

Long, J. S. (1983). *Confirmatory factor analysis*. Sage university paper series on quantitative applications in the social sciences (Series No. 07-033). Beverly Hills, CA: Sage.

Lord, F. M., & Novick, M. R. (2008). *Statistical theories of mental test scores*. Charlotte, NC: Information Age.

MacCallum, R. C., Widaman, K. F., Zhang, S., & Hong, S. (1999). Sample size in factor analysis. *Psychological Methods*, 4, 84-99.

Mayer, J. M. (1978). Assessment of depression. In M. P. McReynolds (Ed.), *Advances in psychological assessment* (Vol. 4, pp. 358-425). San Francisco: Jossey-Bass.

McDonald, R. P. (1984). *Factor analysis and related methods*. Hillsdale, NJ:

Lawrence Erlbaum.

Messick, S. (1995). Validity of psychological assessment: Validation of inferences from persons' responses and performances as scientific inquiry into score meaning. *American Psychologist*, 50, 741-749.

Mitchell, S. K. (1979). Interobserver agreement, reliability, and generalizability of data collected in observational studies. *Psychological Bulletin*, 86, 376-390.

Mlodinow, L. (2008). *The drunkard's walk: How randomness rules our lives*. New York: Pantheon.

Murphy, L. L., Spies, R. A., & Plake, B. S. (2006). *Tests in print*. Lincoln: University of Nebraska Press.

Myers, J. L. (1979). *Fundamentals of experimental design* (3rd ed.). Boston: Allyn & Bacon.

Namboodiri, K. (1984). *Matrix algebra: An introduction.* Sage university paper series on quantitative applications in the social sciences (Series No. 07-028). Beverly Hills, CA: Sage.

Narens, L., & Luce, R. D. (1986). Measurement: The theory of numerical assignments. *Psychological Bulletin*, 99, 166-180.

Nering, M. L., & Ostini, R. (2010). *Handbook of polytomous item response theory models*. New York: Routledge.

Nunnally, J. C. (1978). *Psychometric theory* (2nd ed.). New York: McGraw-Hill.

Nunnally, J. C., & Bernstein, I. H. (1994). *Psychometric theory* (3rd ed.). New York: McGraw-Hill.

Osgood, C. E., & Tannenbaum, P. H. (1955). The principle of congruence in the prediction of attitude change. *Psychological Bulletin*, 62, 42-55.

PROMIS. (2010). *Patient-Reported Outcomes Measurement Information System: Dynamic tools to measure health outcomes from the patient perspective.* http://www.nihpromis.org/default.aspx

Radloff, L. (1977). The CES-D scale: A self-report depression scale for research in the general population. *Applied Psychological Measurement*, 1, 385-401.

Rasch, G. (1960). *Probabilistic models for some intelligence and attainment tests.* Chicago: MESA.

Rholes, W. S., Riskind, J. H., & Lane, J. W. (1987). Emotional states and memory biases: Effects of cognitive priming and mood. *Journal of Personality and Social Psychology*, 52, 91-99.

Robinson, J. P., Shaver, P. R., & Wrightsman, L. S. (1991). *Measures of personality and social psychological attitudes*. San Diego: Academic Press.

Rosenberg, M. (1965). *Society and the adolescent self-image*. Princeton, NJ: Princeton University Press.

Rotter, J. B. (1966). Generalized expectancies for internal vs. external control of reinforcement. *Psychological Monographs*, 80(1, Whole No. 609).

Samejima, F. (1969). Estimation of latent ability using a response pattern of graded scores. *Psychometric Monograph* (Suppl. 17).

Saucier, G., & Goldberg, L. R. (1996). The language of personality: Lexical perspectives on the five-factor model. In J. S. Wiggins (Ed.), *The five-factor model of personality* (pp. 21-50). New York: Guilford.

Shrout, P. E., & Fleiss, J. L. (1979). Intraclass correlations: Uses in assessing rater reliability. *Psychological Bulletin*, 86, 420-428.

Sijtsma, K. (2009). On the use, the misuse, and the very limited usefulness of Cronbach's alpha. *Psychometrika*, 74, 107-120.

Silvestro-Tipay, J. L. (2009). Item response theory and classical test theory: An empirical comparison of item/person statistics in a biological science test. *International Journal of Educational and Psychological Assessment*, 1, 19-31.

Smith, P. H., Earp, J. A., & DeVellis, R. F. (1995). Measuring battering: Development of the Women's Experiences with Battering (WEB) scale. *Women's Health: Research on Gender, Behavior, and Policy*, 1, 273-288.

Spielberger, C. D., Gorsuch, R. L., & Lushene, R. E. (1970). *State-trait anxiety inventory (STAI) test manual for form X*. Palo Alto, CA: Consulting Psychologists Press.

Spies, R. A., Carlson, J. F., & Geisinger, K. F. (2010). *The eighteenth mental measurements yearbook*. Lincoln: University of Nebraska Press.

Stage, C. (2003). *Classical test theory or item response theory: The Swedish experience* (EM No. 42). Umeå, Sweden: Umeå Universitet Department of Educational Measurement. Available online at http://www8.umu.se/edmeas/publikationer/index_eng.html

Sterba, K. R., DeVellis, R. F., Lewis, M. A., Baucom, D. H., Jordan, J. M., & DeVellis, B. M. (2007). Developing and testing a measure of dyadic efficacy for married women with rheumatoid arthritis and their spouses. *Arthritis & Rheumatism* (*Arthritis Care & Research*), 57(2), 294-302.

Strahan, R., & Gerbasi, K. (1972). Short, homogenous version of the Marlowe-Crowne Social Desirability Scale. *Journal of Clinical Psychology*, 28, 191-193.

Thissen, D., Chen, W.-H., & Bock, R. D. (2003). Multilog (Version 7.0) [Computer software]. Lincolnwood, IL: Scientific Software International.

Tinsley, H. E. A., & Tinsley, D. J. (1987). Uses of factor analysis in counseling psychology research. *Journal of Counseling Psychology*, 34, 414-424.

Van der Linden, W. J., & Glas, C. A. W. (2000). *Computerized adaptive testing: Theory and practice.* St. Paul, MN: Assessment Systems.

Wallston, K. A., Stein, M. J., & Smith, C. A. (1994). Form C of the MHLC Scales: A condition-specific measure of locus of control. *Journal of Personality Assessment*, 63, 534-553.

Wallston, K. A., Wallston, B. S., & DeVellis, R. (1978). Development and validation of the multidimensional health locus of control (MHLC) scales. *Health Education Monographs*, 6, 161-170.

Weisberg, H., Krosnick, J. A., & Bowen, B. D. (1996). *An introduction to survey research, polling, and data analysis.* Thousand Oaks, CA: Sage.

Willis, G. B. (2005). *Cognitive interviewing: A tool for improving questionnaire design.* Thousand Oaks, CA: Sage.

Wright, B. D. (1999). Fundamental measurement for psychology. In S. E. Embretson & S. L. Hershberger (Eds.), *The new rules of measurement* (pp. 65-104). Mahwah, NJ: Lawrence Erlbaum.

Yu, C. H. (2005). Test-retest reliability. In K. Kempf-Leonard (Ed.), *Encyclopedia of social measurement* (Vol. 3, pp. 777-784). San Diego: Elsevier.

Zickar, M. J., & Broadfoot, A. A. (2008). The partial revival of a dead horse? Comparing classical test theory and item response theory. In C. E. Lance & R. J. Vandenberg (Eds.), *Statistical and methodological myths and urban legends.* New York: Routledge Academic.

Zorzi, M., Priftis, K., & Umilitá, C. (2002, Máy). Brain damage: Neglect disrupts the mental number line. *Nature*, 417, 138-139.

Zuckerman, M. (1983). The distinction between trait and state scales is not arbitrary: Comment on Allen and Potkay's "On the arbitrary distinction between traits and states." *Journal of Personality and Social Psychology*, 44, 1083-1086.

Zwick, W. R., & Velicer, W. F. (1986). Comparison of five rules for determining the number of components to retain. *Psychological Bulletin*, 99, 432-442.

附录
现行效度理论的外延和内涵

作者:席仲恩

1.效度与效验

纵观教育和心理测试一百多年的发展史我们不难发现,效度理论在本学科中已经由起初的不起眼位置上升为统帅位置。就取得的成就和获得学界的共识程度而言,效度方面的成果也最为成熟。

起初,效度被当作测量结果所能代表或者预测待测量的量的程度,自 1980 年代之后,效度的意义发生了根本性的变化。此后,效度的实质稳定了下来。现在,效度指的是关于从哪些方面对一项测试进行效验的框架理论,主要是关于测试的发起方对测试应该负什么具体责任,测试的实施方应该对测试结果的解释提供哪些方面的支撑材料等。效度理论和原则是在效验的过程中落实的,是以效验的方式得以落实的。

效验是一个论证过程(Kane,2006),是从各个方面根据效度理论的一般要求和具体测试项目的实际,采集有关的理论依据和经验证据,以支撑测试结果的解释和使用,一方面使测试结果可用,另一方面防止或减少测试的误用和滥用。支撑材料不仅应该归档,而且应该适当公开,材料的收集过程也应该足够透明,从而使有资质的测试使用者能够进行知情决策。

2.经验证据的取证方面

考虑到篇幅的限制,本附录根据现行美国行业标准《教育和心理测试标准》(*Standards for Educational and Psychological Testing*,下称《标准》)(第5版)的第1章,择要介绍证据收集通常考虑的五个方面,即:内容、反应过程、内部结构、与其他因素之间的关系以及项目实施的后果。对其他方面证据和证据归档感兴趣的读者,可参见相关著作(Downing & Haladyna,2006)。

2.1 基于内容的证据

基于内容的证据主要涉及两个方面的内容,一个是所测试的内容是否充分代表了欲测量目标的全部,另一个是测试内容相对于所提议测试结果的使用或分数解释是否合适。测试的内容包括试卷的主题、题目的形式和措辞、要求被试所完成的测试任务和评分程序等(AERA,APA & NCME,1999:11;席仲恩,2005:195),其中的评分程序主要包括评分标准的制定。对于评分问题,特别是涉及主观评分的情境,评分标准的制定过程以及具体落实情况都需要效验和归档。因为,对于这类测试情境,测试任务和评分标准都是测量工具的核心内容。

采集基于内容的证据时,可采用逻辑分析法、实证研究法或者专家判断法(席仲恩,2005:196),其中的专家判断法分试卷开发过程中的事中判断和试卷开发完以后的事后判断(Popham,1990:98)。这里的专家是广义上的相关学科内容专家。

基于内容的证据对于选择测试和分数解释都非常重要,特别是对于教学过程中的诊断性测试。因为,对于这一种测试,测试内容往往就是课程目标,测试的目的是为教学提供反馈信息。试想,如果一项测试的内容和教学目标不匹配,这项测试的结果怎能为教学提供准确的反馈信息,好让教学人员弥补教学中的具体不足呢?

2.2 基于反应过程的证据

反应过程是一个心理过程,通常包括被试答题时的心理反应过程和评分员评分时的心理反应过程。前者可以提供关于测试所关注的心理构建和测试过程中被试的实际心理过程之间的吻合程度的信息,后者可以提供关于评分标准落实情况的信息(AERA,APA & NCME,1999:12;席仲恩,2005:198)。对于根据被试在测试条件下完成特定任务的情况来推断其在非测试条件下完成同类任务的情况的测试而言,后者显得格外重要。因为,如果我们缺乏测量工具核心部分在测量过程中工作情况的证据,测量结果或考试分数将失去意义,测量结果的有效使用也将无从谈起。

显然,访谈法和过程跟踪法(或示踪法)可以用来采集基于反应过程证据,其中的跟踪法或示踪法可以通过现代跟踪或示踪仪器来实现,也可以通过出声思维法来完成。

基于反应过程证据的用途主要有四种:(1)发现研究问题,圈定问题范围,确定进一步研究的对象;(2)帮助试卷研发人员确切定义测量目标或及时修订测试任务,从而使试卷所声称的测量目标和实际测量目标更好地啮合;(3)用来制定或修订评分标准,确定或修订评分员培训方案和培训内容;(4)帮助人们对分数进行解释,以及根据分数进行推断或决策(席仲恩,2005:199)。

2.3 基于内部结构的证据

内部结构方面的证据是关于测量目标维度的证据。一份试卷可以测量一个维度,也可以同时测量多个维度。在设计试卷或测试项目时,通常把测量同一个维度的测试任务编入同一份试卷或者子卷(subtest),这样,一方面便于分数的得出和分数得出过程的透明化,另一方面便于提高测试的效率。内部结构方面证据的内容通常涉及为什么要测试特定维度的理据,以及具体试卷实际所测量的维度是否或者在多大程度上和期望测量的维度一致。对于一份多维度的试卷,通常希望构成同一维度的子卷的题目尽量同质,同时也希望构成不同子卷的题目尽量异质。

　　以翻译测试为例,基于内部结构的证据和采集证据的方法取决于测量结果的具体使用。例如,对于翻译证书考试,科技英语翻译证书考试试卷的结构就不应该等同于一般日常生活翻译证书考试的结构。

　　和其他证据一样,基于内部结构的证据也是分数有效解释或使用的必要条件。此外,这方面的证据也可以帮助我们更好地解释项目的差异功能现象,即一个项目对于几组不同背景的相同水平的被试表现出不同的难度。采集内部结构证据的统计方法比较复杂,经常要涉及因素分析(其中包括探索性因素分析和确认性因素分析)或者更复杂的统计技术——结构方程建模。

2.4　基于与其他因素关系的证据

　　根据《标准》,其他因素指的是外部因素,它可以是所效验测试欲预测的准则,也可以是另外一些测量程序的测量结果。这些测量程序有些与欲测目标一致,有些则是关于其他测量目标的。基于与其他因素关系的证据主要涉及两个方面的内容:一个方面是关于收敛性和区别性的证据,另一个方面是关于与准则之间关系的证据。

2.4.1　收敛性和区别性证据

　　对于同一组被试,他们在关于同一个测量目标上的不同测量程序之间的关系,构成了关于待效验程序的收敛性证据,而他们在关于不同测量目标上的测量结果之间的关系,构成了关于待效验程序的区别性证据。显然,在"不同测量程序"或者不同测量结果之中,必须包括待效验程序或待效验程序的测量结果。例如,如果大量的研究结果表明,英语听力理解表现与英译汉交替式传译表现高度正相关,我们就有理由期望,对于任何一组被试,他们的听力理解成绩越高,交替式传译表现成绩也越高。假如我们的这个期望得到了经验证据的支持,那么,我们就说,我们得到了关于待效验交替式传译测试的收敛性证据。

　　可见,这里的收敛关系是指两个变量之间此高彼也高或者此低彼也低的关系。相比之下,区别关系则是两个变量之间此高彼不高或者此低彼不低的关系,关于变量间这种期望关系的经验证据就是区别性证据。例如,大家都知道,写作能力不是朝夕之间就可以显著提高的,因此我们有理由期望,一组好的写作能力测试题目,其考前辅导效应(coaching effect)应该不显著。如果经验证据支持我们的期望,我们就获得了关于由这组写作题目组成的写作测试的区别性证据;如果经验数据显示,测试题目有显著的考前辅导效应,那么,我们就未能获得必要的有关区别性证据。

不难看出,收敛性证据和区别性证据是从两个相反的方向保障测量目标不被偏离。具体地讲,收敛性证据所保障的是该测试测量的是这个目标;区别性证据保障的是该测试测量的不是那个或那些目标。

2.4.2 与准则关系的证据

这指的是被试的测试分数与准则分数之间的关系。这种关系的实质是:被试在所研发的测试上的分数在多大程度上能够预测他们在准则(criterion)上的分数。这个准则既可能是我们所关心的最终测量目标,也可能是其他已经确立的测试。这里的程度取决于我们要根据测试结果作什么决策(AERA, APA & NCME, 1999:14)。

传统上,测试分数与准则分数之间的关系有历时(diachronic)和共时(concurrent)两种:所谓历时关系是指,被试当下的测试成绩能够在多大程度上反映(或者以一定的概率预测)他们在未来对应实践中的绩效;所谓共时关系是指,被试当下的测试成绩能够在多大程度上反映(或者以一定的概率预测)他们当下在相应实践中的绩效。显然,对于招生或选拔性测试,历时关系往往是我们所关心的,但对于证书考试,共时关系则是我们需要考虑的。

需要特别指出的是,从前,与准则关系的证据是通过相关法采集的,证据也是用相关系数表示的。但是,根据现行《标准》,回归方程比相关系数更为有用。这一点是显而易见的,因为,回归方程原本就是用来进行预测(即表示预测关系)的,而相关系数则是用来表示协变关系的(席仲恩,2005:204)。

2.4.3 与准则关系证据的可推广性

为了便于操作,也为了保障测试结果的可比性,测试通常是在高度标准化的条件下进行的。可是,测试的真正目标却存在于复杂多变的非标准化环境之中,因此,与准则关系证据的可推广性就非常重要(《标准》,p.15)。

通常,关于可推广性的研究是关于相关研究的研究,这种研究所用的统计方法是综分析法(meta-analysis)。值得指出的是,可推广性的研究性质,决定了它的研究结果在很大程度上取决于以往研究的质量和累积效应。诚然,可推广性研究可以为把此情境下的测试结果推广到彼情境之中提供证据,但是,研究所需要的数据是很难得到的,这就限制了测试结果推广的程度(AERA, APA & NCME,1999:16)。

例如翻译,特别是笔译,通常需要使用大量的工具书,但翻译测试中一般不允许被试使用任何的工具书。如何根据不使用工具书条件下的翻译表现预测使用工具书条件下的翻译表现呢? 这就是一个典型的可推广性问题,这同时也是一个实证问题,而不是理论问题,因此,需要用实在的证据来回答。

2.5　基于测试实施后果的证据

测试后果就是一个测试项目实施之后对测试有关方面产生的影响。影响有好的,也有坏的;有我们期望发生的,也有我们期望不发生和不期望发生的;有些是我们意料中要发生的,有些是在我们意料之外发生的。严格地说,测试的实施后果指的是由于测试结果的使用而产生的社会效果。实施一项测试对社会所产生的影响也叫测试的"反波效应(backwash)"。

对于以科学研究采集数据为目的的测试,基于测试实施后果的证据没有什么重要意义,但是,对于以人才选拔和资格认证为目的的测试,其实施后果的证据就非常重要了。因为,我们实施一项测试,除了提供一项新的社会服务之外,通常还希望通过提供这项社会服务而产生一定的良性社会效果,甚至消除一些不良的社会现象,从而使一定的社会或社团受益。鉴于证书考试的直接社会效用性,效验一项证书测试时,可先从实施后果的证据开始。

基于测试实施后果的证据,就是通过实施这项测试,我们所期望产生的影响产生了,我们所期望不产生的影响没有产生的经验证据。为了收集后果的证据,测试主办方或者开发方必须首先毫不含糊、毫无掩饰地向测试其他方说明,哪些使用是经过效验的,因而是合适的,是主办方或开发方所推荐的;哪些使用是没有经过主办方效验的,是没有理论依据的,因而是不合适的,是主办方或开发方所不推荐的,甚至是反对的。例如,对于一项口译翻译证书的测试结果,一般不宜用来衡量老师的口译课教学效果,更不宜用来衡量学生的一般翻译能力。例如,美国的教育测试服务中心 ETS 在 GRE 分数解释指南中就明确指出,根据 GRE 成绩决定是否雇佣某个应聘人员是不当的(ETS 2003)。

由于测试的后果在测试项目实施一段时间之后才可能显现出来,有些甚至需要很长一段时间,因此,关于后果的证据在测试实施之前是不可能提供的,而且即使在测试项目实施之后,也需要渐渐地提供。由于社会环境的动态性,测试的使用和期望产生的后果也是动态的,因此,不仅基于测试实施后果的证据是动态的,是需要不断更新的,而且整个效验过程都是不可间断的。

3.结　语

汉语中的"效度"是英语 validity 一词的翻译,它的专业性很强,使用范围很小。尽管在社会和行为测量领域,效度是一个非常重要的概念,但是,必须指出的是,在以自然科学和工程技术为代表的其他计量学领域并没有这个概念。即使在用到 validity 一词时,也是作为一般性的非专业词汇使用的,相当于汉语中的"有效性"。而在社会和行为测量领域,validity 一词有时用作专业术语,有时用作普通词汇。这种用词给有效的学术交流带来很多的不便。

第二点需要指出的是,由于关于社会和行为测量基本原理的研究主要集中在教育和心理测量/测试领域,因此,由于学科部门间的隔离,在社会和行为测量其他应用领域里工作的研究者很容易在测量的基本原理方面落伍,有时很可能非常落伍。为了及时了解基本原理方面的共识,建议在其他社会科学领域中工作的研究者及时阅读最新版的《教育测量综览》(*Educational Measurement*)和最新版的《教育和心理测试标准》。从本附录的简单介绍中不难看出,所谓的效度,现在已经名存而实亡了。换句话说,尽管文献中用的是"效度"之名,但讨论的却是"效验"之实。

　　鉴于"效度"的这种使用情况,再继续说"某量表的效度高或者低"就显得不大合适。因为,一方面,"效度"之中的"度"已经丧失了原本的"程度"之义;另一方面,目前尚未设计出一个综合指标,以整合取自各个方面的经验证据或理论依据。

参考文献

American Educational Research Association [AERA], American Psychological Association [APA], & National Council on Measurement in Education [NCME].(1999).*Standards for educational and psychological testing.* Washington, DC: American Educational Research Association.

Brennan, R. L (Ed.).(2006).*Educational measurement* (4th ed.).Westport, CT: American Council on Education and Praeger.

Downing, S.M., & Haladyna, T.M (Eds.).(2006).*Handbook of test development.* Mahwah, NJ: Lawrence Erlbaum.

ETS.(2003).*Guide to the use of scores—GRE 2003—2004.* Princeton, NJ: Educational Testing Service.

Kane, M.T.(2006).Validation .In R.L.Brennan (Ed.), *Educational measurement* (4th ed., pp. 17-64).Westport, CT: Praeger Publishers.

Popham, W.J.(1990).*Modern educational measurement*: *A practitioner's perspective.* Englewood Cliff(2005), NJ: Prentice Hall.

席仲恩.(2005).效度. 邹申(主编),语言测试(pp.183-224).上海:上海外语教育出版社.